北幢村志

《北幢村志》编纂委员会　编

方志出版社
Publishing House of Local Records

图书在版编目（CIP）数据

北幢村志/《北幢村志》编纂委员会编.—北京：方志出版社，2024.5

ISBN 978-7-5144-6146-6

Ⅰ. ①北… Ⅱ. ①北… Ⅲ. ①村志—无锡 Ⅳ. ①K295.35

中国版本图书馆CIP数据核字(2024)第024846号

责任编辑：丛　珺

责任校对：张玉霞

责任印制：梅中英

出 版 者：方志出版社

地　　址：北京市朝阳区潘家园东里9号（国家方志馆4层）

邮　　编：100021

网　　址：http://www.zgfzcg.cn

发　　行：方志出版社图书经销中心（010-67110500）

印　　刷：宜兴市德胜印刷有限公司

开　　本：787毫米×1092毫米　1/16

印　　张：22.25

字　　数：424千字

版　　次：2024年5月第1版

印　　次：2024年5月第1次印刷

定　　价：198.00元

《北幢村志》编纂委员会

主　任：季小军

副主任：高玉祥　朱静安

委　员：章晓平　叶建忠　杨雪峰　叶　菲　吴轩铭

华卿纯　吴浩清　吴建伟　薛文燕　任　娟

顾　问：许振华　唐金虎　吴兴荀　吴浩星　高建新

万茂根　冯汉生　高淳芳

《北幢村志》编纂人员

主　编：季小军

副主编：高玉祥　王鹤松　杨汉民

组　员：季金林　朱静安　叶伟裕　严荣生　吴兴根

季金祥　吴丽娟

北幢村在前洲街道的位置示意图

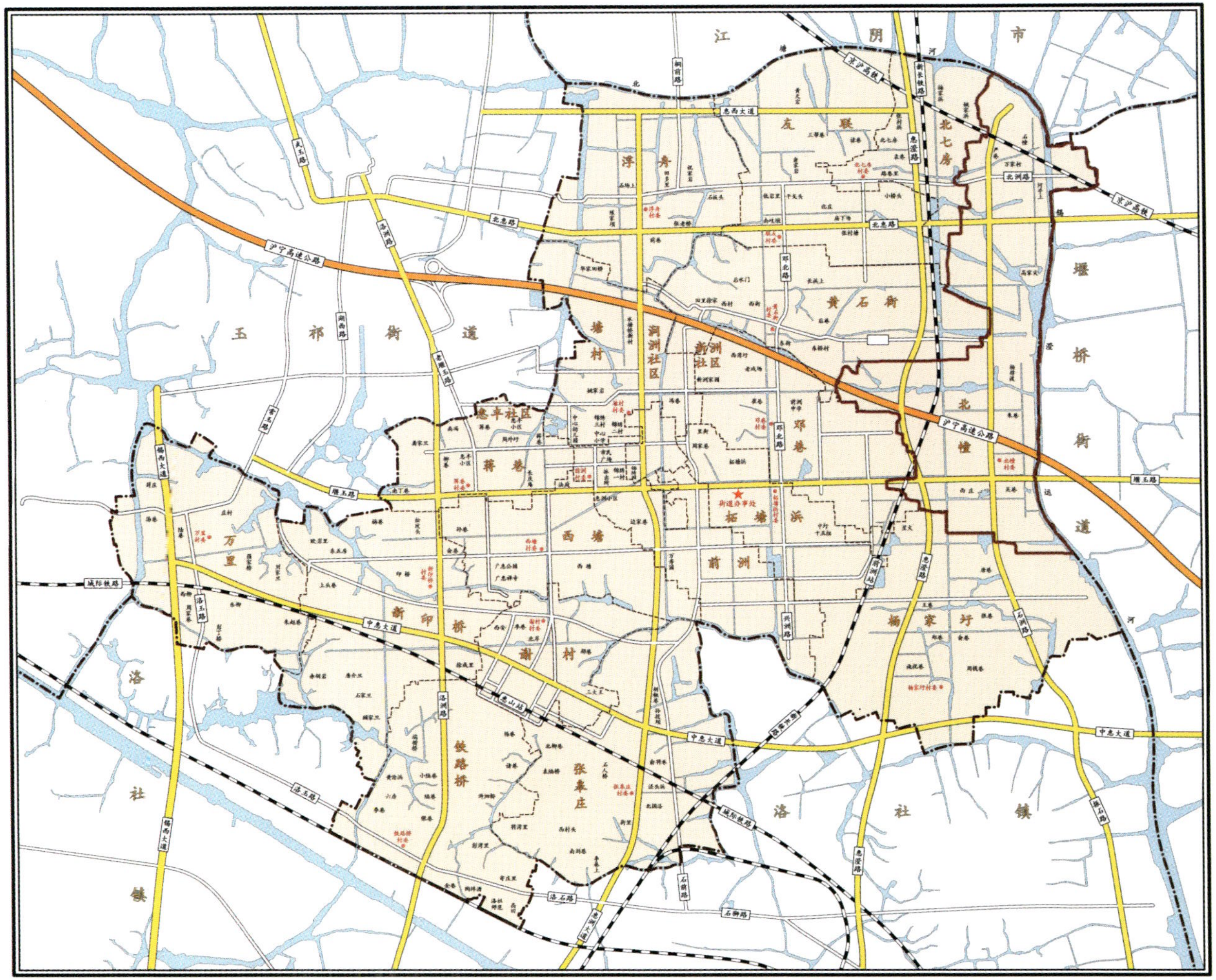

前洲街道北幢村2010年村域示意图

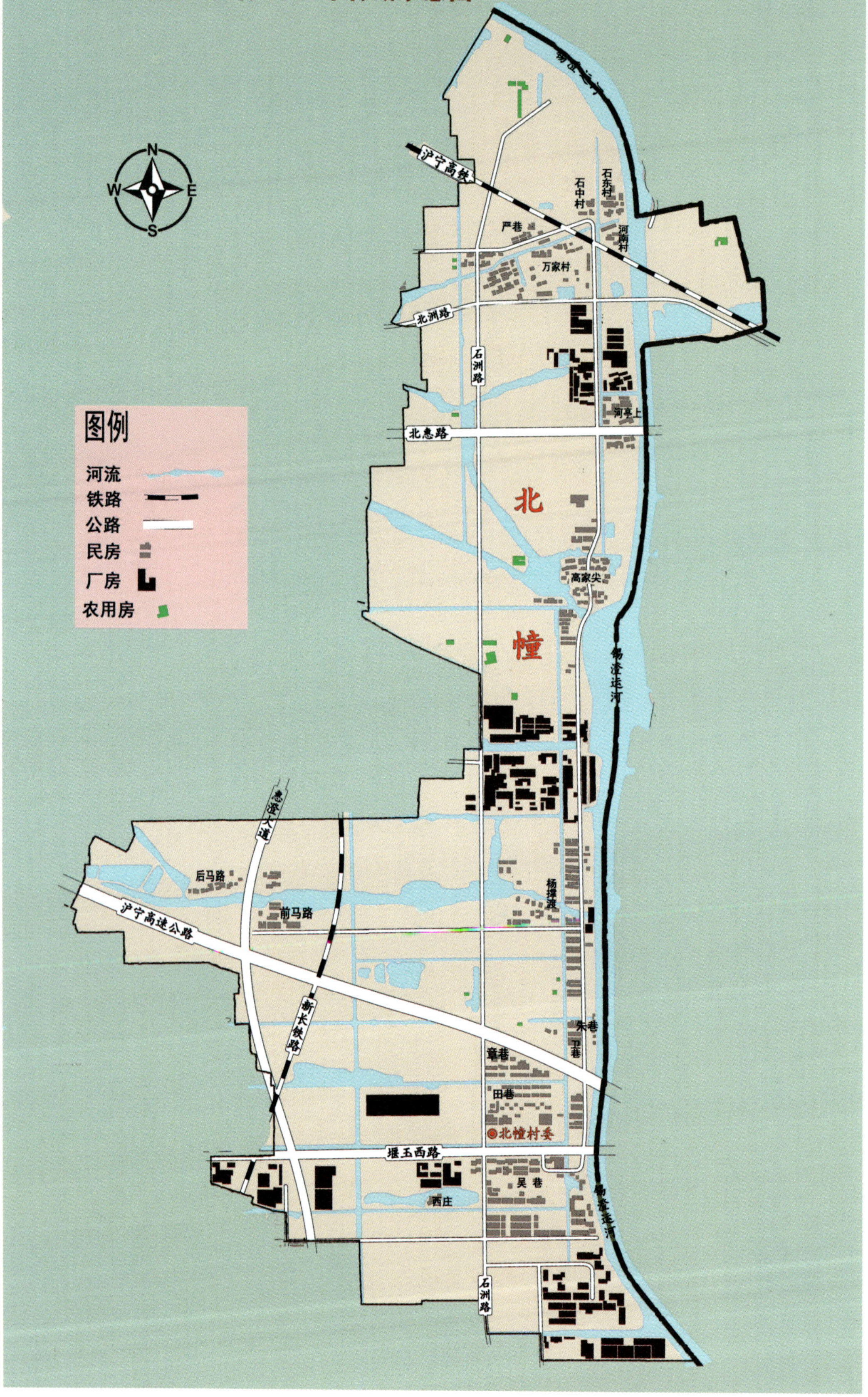

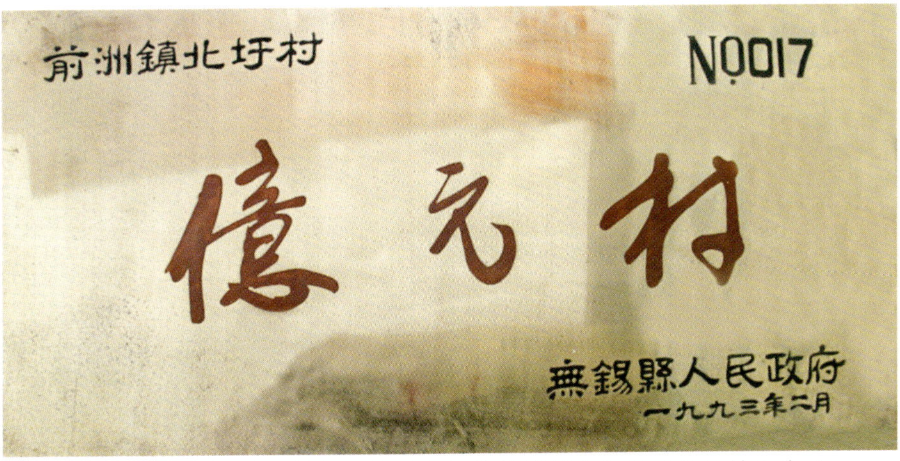

1993 年 2 月无锡县人民政府授予前洲镇北圩村“亿元村”称号

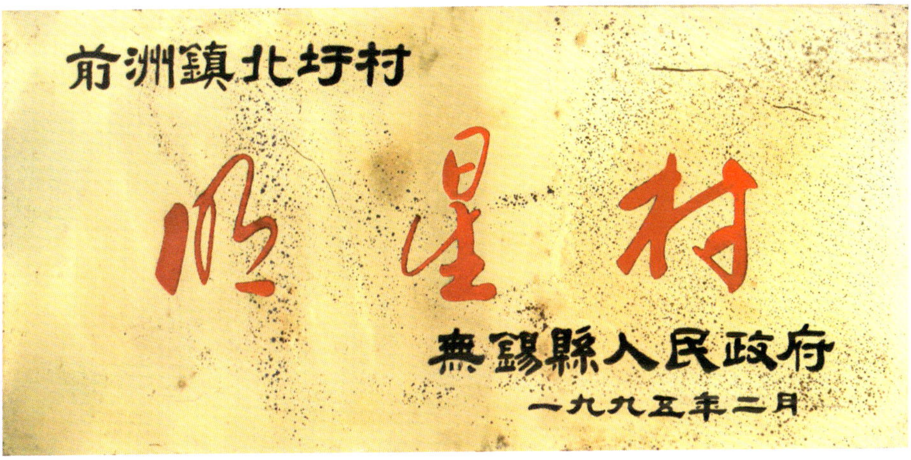

1995 年 2 月无锡县人民政府授予前洲镇北圩村“明星村”称号

北幢村在各项赛事中获得的奖杯

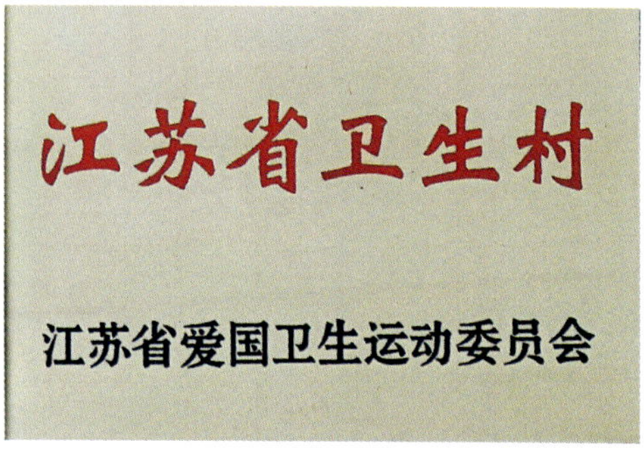
江苏省卫生村
江苏省爱国卫生运动委员会
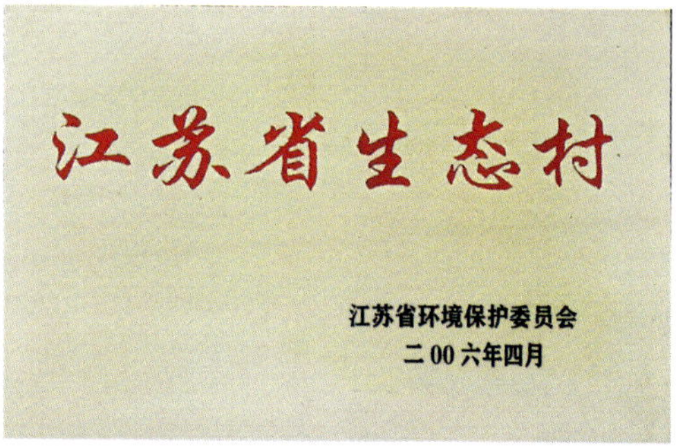
江苏省生态村
江苏省环境保护委员会
二00六年四月

2004-2005年度
文明村
中共无锡市惠山区委
无锡市惠山区人民政府
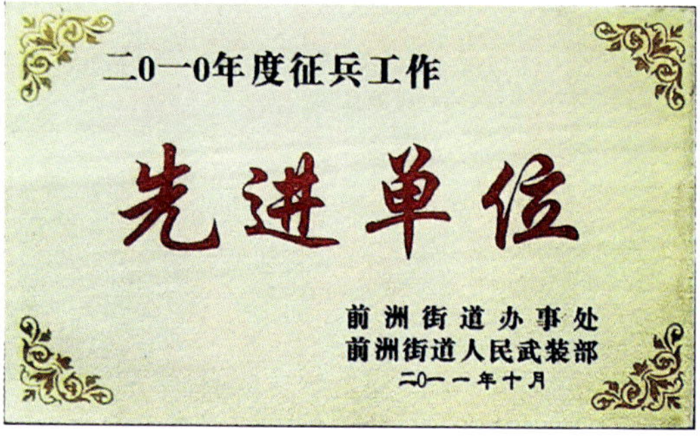
二0一0年度征兵工作
先进单位
前洲街道办事处
前洲街道人民武装部
二0一一年十月

关心下一代工作
“四有五无”
先进村
无锡市惠山区关心下一代工作委员会
二〇〇三年

二00六年度人口计生工作
先进集体
无锡市惠山区人民政府
二00七年一月
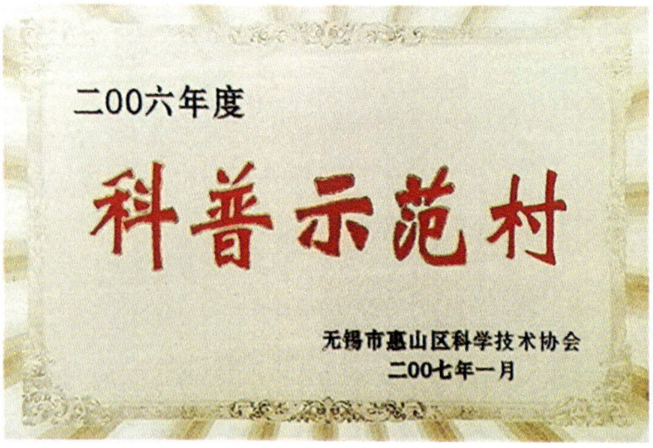
二00六年度
科普示范村
无锡市惠山区科学技术协会
二00七年一月

二〇〇七年度
社会治安安全村(社区)
中共无锡市惠山区委
无锡市惠山区人民政府
二00八年元月

北幢村获奖铭牌

北幢村“两委”成员合影
前排左起：杨雪峰　华卿纯　叶　菲
后排左起：吴轩铭　章晓平　季小军　吴建伟　吴浩清

北幢村工作人员合影
前排左起：吴浩斌　叶　明　薛文燕　华卿纯　任　娟　叶　菲　吴丽娟　杨雪峰
后排左起：吴胜勇　吴轩铭　叶建忠　季小军　章晓平　季志平　吴浩清　吴建伟

《北幢村志》编纂人员合影

前排左起：吴丽娟 叶伟裕 王鹤松 季金祥 严荣生

后排左起：吴兴根 朱静安 季小军 季金林 高玉祥 杨汉民

1993 年 8 月，印度国家教育代表团考察北圩小学

序

古人云：治天下者以史为镜，治郡国者以志为鉴。

国史、方志、家谱是传承历史文化的三大主要载体。方志记载了一个地方在某一历史时期的重要历史文化，其价值非同一般。《北幢村志》的编纂问世，将有益于缅怀先贤，惠及当代，泽被后世。随着经济建设和城市化的不断推进，历史上的北幢村落已经不复存在，适时出版的《北幢村志》，尤值珍之。

北幢村位于无锡市惠山区前洲街道东部，由原来的北圩村、石幢村于 2009 年合并成立，属于太湖平原典型的水乡农村，村落皆傍水而居。宋元丰八年（1085 年）至明万历年间，属无锡兴道乡第六都，至今已有近千年的历史。

史籍记载，北幢村地处古芙蓉湖的低洼地区，唐代时还属湖区。经历代先民治湖建圩，逐渐成陆。明宣德年间，江南巡抚周忱筑溧阳东坝以挡上水，开黄田港泄下水，围堰塞湖造田，大片成圩。境内属杨家圩北部。成圩以后，只能种一季水稻，称为“不麦之地”。一直是一个“大雨到来白茫茫，十年倒有九年荒”的穷地方。

中华人民共和国成立后，在中国共产党的领导下，北幢村人民团结奋斗、艰苦创业、开拓创新，从原来单一的个体小农经济走上互助组、初级社、高级社、生产大队到两村合并成立集体股份合作社的道路。从单一的农业经营变成工业、商贸服务业、农业等多种产业发展的模式。全村由原来的贫穷落后、日子艰难到基本实现全面小康，经历了由贫到富、由弱变强的沧桑巨变。

《北幢村志》是留给全村人民及其子孙后代宝贵的精神财富，以数十万文字和百余幅照片，全面记述了北幢村的历史变迁，收录了北幢村的历史沿革、自然地理、经济社会、风土人情、掌故习俗等方面的大量珍贵资料，记载了经济、文化等社会发展的丰硕成果，尤其是大力发展村办工业，实现农村工业化、城镇化和现代化的辉煌业绩，展现了北幢村人民改造自然、建设社会、提升自我的豪迈精神风貌。

《北幢村志》的编纂者，都是土生土长的北幢人，虽然他们文化程度不高，但他们热爱北幢村，怀着“对北幢村历史负责，并为子孙留笔精神财富”的高度责任感，广征博采，反复论证，数易其稿，使《北幢村志》能如愿如期同北幢村人民见面。在此，我们谨向他们表示崇高的敬意，同时也衷心感谢指导和关心村志编纂的顾问、专家、学者、老领导、老同志和村民们。

《北幢村志》的出版，对全村人民是一个巨大的鼓舞。在新的征程中，我们将不忘初心、牢记使命，奋发图强，开创美好未来。在践行社会主义核心价值观的今天，高举中华优秀传统文化旗帜，为地方持续科学发展不懈努力，实现中华民族伟大复兴的中国梦。

中共无锡市惠山区前洲街道北幢村总支书记
无锡市惠山区前洲街道北幢村村民委员会主任　　季小军

2023 年 5 月

凡　例

1. 本志以马克思列宁主义、毛泽东思想、邓小平理论、“三个代表”重要思想、科学发展观、习近平新时代中国特色社会主义思想为指导，坚持辩证唯物主义和历史唯物主义的立场、观点和方法，全面系统地记述北幢村的历史及现状。

2. 上限不限，追溯主体事物的发端，下限至2020年底。大事记延至2023年6月。

3. 采用章节体，坚持事以类聚，一般设章、节、目三个层次。

4. 采用语体文、记述体、简化汉字，力求准确、朴实、精练、流畅。

5. 体裁以志为主，述、记、志、传、图、表、录等诸体并用。

6. 纪年，清及清以前的朝代年号用中文书写，并加注公元纪年。民国纪年用阿拉伯数字书写，并括注公元纪年；中华人民共和国成立后用公元纪年，用阿拉伯数字书写。

7. 数字用法、标点符号用法分别采用国家标准《出版物上数字用法》（GB/T15835－2011、《标点符号用法》（GB/T15834－2011），计量单位采用国家技术监督局1993年12月发布的《量和单位》系列国家标准。历史上使用的计量单位，如斗、石、里、尺、磅、华氏度等，在引文时照录。考虑到社会使用习惯，全书中亩不统一换算。

8. 地名和机构名称，以现行区域标准地名和法定机构名称为准，历史名称则沿用当时规定名称，必要时加注说明。

9. 资料主要来源：市、区、街道档案及《前洲镇志》，部分采自口述历史、碑石遗存资料和实地调查。

目　录

概　述

杨家圩大桥及北圩吴巷

北幢村位于无锡市惠山区前洲街道东部，由前洲街道的原北圩村、石幢村合并而成。东隔锡澄运河与堰桥街道仓桥、界泾相望，南连杨家圩村，西邻邓巷、黄石街、友联、北七房村，北倚北塘河与江阴市青阳镇停塘村、泗河口相望。全村东边紧靠锡澄运河，村南端至村北端长约 5 千米，东西最宽处 1.9 千米，地形总貌呈长方形，属于典型的太湖圩区。

2009 年 10 月，北幢村下辖 11 个自然村 15 个村民小组，总人口 4640 人，总面积 4.26 平方千米，耕地面积 2680 亩。其后的十年间，因城市化和高铁等交通建设，自然村陆续全部搬迁。2020 年，自然村虽然搬迁了，北幢村的辖区没有变，村民虽不在辖区居住，仍属北幢村管辖。

北幢村历史悠久，宋朝后期就有村落，村名几经变迁。中华人民共和国成立后，20 世纪 50 年代后期分别定名为北圩大队、石幢大队，1983 年改称为北圩村、石幢村。2009 年 10 月，两村合并为北幢村。从农耕时代到 20 世纪 80 年代的工业化、21 世纪迈进城市化的历程，北幢村经历了沧桑巨变。

北幢地区，古属芙蓉湖，唐代还是湖区，烟波浩渺，每至夏天便见一望无际的荷花。后经历代堰湖筑圩，逐渐泄水成陆地。明宣德六年（1431 年），江南巡抚周忱治芙蓉湖区，围芙蓉东湖为杨家圩，成田 4 万多亩。北幢地区为其北部，是无锡西北地区地势最低洼的地方，吴淞水位 1.8～2 米，曾连年水灾，物产贫乏，圩民生活困苦。民谣“有女不嫁杨家圩”，即是杨家圩常年水患的真实写照。

中华人民共和国成立前，北幢村村民主要依靠低生产力的手工劳动从事农业生产，一家一户为一个生产单位，稻麦产量低下，生活贫困。1949 年 4 月 23 日无锡解放，1950 年实行土地改革。1952 年 8 月，从互助组发展为初级农业生产合作社、高级农业生产合作社，走上了农业生产合作化道路。1958 年 9 月，实行人民公社化，1959 年起粮食作物连续三年减产，村民生活遇到了严重困难。1962 年，贯彻中央“调整、巩固、充实、提高”八字方针，执行“三级所有、队为基础”的经营制度，农业生产逐步恢复。20 世纪 70 年代，在前洲公社党委领导下，开始大规模兴修水利，大搞农田基本建设，整田平地，新开了大联圩中心河、北圩副业新河、北圩新村河、吴巷新河、东陪河、石幢陪河、石幢中心河、高家尖新河，并在北圩吴巷、杨掌渡、石幢高家尖、河亭上新建了排涝站，防洪排涝能力大大提高，农业生产水平逐年提高，群众的生活条件大为改善。

1982 年底，农村实行家庭联产承包责任制，农民的生产积极性得到了充分发挥。后来又实行土地流转，大户承包种田，实行多种经营。改革开放后，村级工业快速发展，土地的承包经营由村委会统一管理。

20 世纪 50 至 60 年代，北圩、石幢建起了一批电力排灌站，大队利用排灌站的电力先后办起了粮饲加工厂，基本实现了排灌、稻麦脱粒、粮饲加工的电气化。1966 年 4 月，石幢大队在荷花泾灌溉站东边的八万家村前队的仓库里办起棉花“回纺厂”，北圩大队办起了农机厂、磷肥厂。村办企业从无到有，从小到大，从少到多，从差到优，经历了起步、发展壮大、腾飞的阶段，以机械行业、冶金行业等为支柱产业，零打碎敲的小作坊逐步变成了上规模成气候的大企业。改革开放后，社队办企业进入发展的快车道，从 20 世纪 80 年代起，两村形成了自己的工业园区，涌现了一批创新型、外向型、科技型的企业。20 世纪 90 年代末期，根据锡山市政府的指示，北圩、石幢的集体企业逐步转制，改为民营企业。2009 年并村时，工业销售 5.7 亿元，村级集体收入 781 万元，村民人均纯收入 16075 元。2017 年，北幢村的经济总量达 5.8 亿元，位于前洲街道前列，集体积累不断增加，公益事业不断发展，各项事业全面推进、落实，广大村民共享改革开放的成果。

1949 年前，北幢村与外界连接的交通方式主要是水运，石幢虽然建有横跨锡澄运河的石幢大桥，因为没有便利的陆路（公路），至无锡或江阴还是依靠锡澄运河。20 世纪七八十年代至 21 世纪，农田基本建设相继完成，乡镇工业不断发展壮大，堰玉公路、惠澄大道等省市级公路建成通车，形成了四通八达的公路网。无锡市公共交通公司在锡玉公路吴巷段设有公交车站，有 607、610、639 路公交专线。

北幢村文脉厚重，居民崇尚读书，素有“读书入仕，诗礼传家”的思想。明清时，较大的宗族办有私塾，民国时期就建立了 2 所国立小学、4 所民办小学。1949 年后，村级经济得到发展，办学条件不断改善。又办过戴帽初中和农中，办起了幼儿园。1990 年，北圩村易地重建的北圩小学，成为前洲街道东大门的一道亮丽风景。2001 年，北圩、石幢的小学随着全镇教育布局的调整，分别并入杨家圩小学和北七房小学。北幢村走出了明代“东林八君子”之一叶茂才、抗日志士高祖羔、优秀企业家高仲芳、医学专家吴浩荣等。

民国时期，工商界人士田夏林在北圩开办施药局，石幢的杜少芸开办中医外科诊所。20 世纪 60 年代，北圩、石幢办起合作医疗。21 世纪发展新农保和医疗保险，百姓深受其益。

连接锡澄运河的石幢港，商船进出频繁，民国初年形成街市。1949 年 10 月中华人民共和国成立后，北幢村开办过一定规模的合作商店，供销社也在村里办起为百姓服务的代销店。20 世纪 80 年代起，不少村民经营个体商店。

20 世纪 90 年代起，因沪宁高速公路、京沪铁路、惠澄大道、万顷良田建设，以及城镇化建设的推进，北幢村整村拆迁。2018 年底，完成了拆迁的扫尾工作，全体村民分别入住新洲社区、润洲社区、惠丰社区、惠洲苑。2014 年，村民签署了双置换协议，年满 50 周岁的男性村民、年满 40 周岁的女性村民，每人每月都能领到失地农民生活补贴。2015 年，北幢村成立了集体股份合作社，全体村民年年有股金分红。2015 年，每人分到红利 500 元；2020 年，每人分到红利 1000 元。

北幢村在建设中国特色社会主义进程中，取得了不俗的成绩，谱写了崭新的篇章，多次受到上级表彰，先后获得无锡县亿元村、无锡县明星村、无锡市社会主义新农村建设示范村、江苏省文明卫生村、无锡市惠山区先进基层党组织、无锡市惠山区社会治安先进村、无锡市惠山区人口与计划生育先进村、江苏生态村、无锡市文明村等荣誉称号。北幢村的自然村落虽已消失，但北幢村人仍在建设中国特色社会主义现代化国家的征程上，继续为实现中华民族伟大复兴的中国梦而奋斗。

大事记

明朝

宣德八年（1433年）

周忱巡抚江南时发动百姓治理芙蓉湖，筑堤围芙蓉圩，其中东芙蓉圩（杨家圩，包含北幢地区）围圩田三万六千亩。是年始，每亩圩田仅征糙米五升（不作田赋），积存官仓，以备圩区旱涝歉收时开仓赈济。多年后，杨家圩百姓在吴巷建造了尚书庙纪念周忱。

成化十七年（1481年）

七月多下大雨，八月连续下雨，九月下旬又是大风雨，到了冬天，雨水仍不断，杨家圩（含北幢村域）全部被淹。

隆庆元年（1567年）

无锡全境22个乡裁减为13个区，境内属青城区上扇，部分属万安区上扇。

万历十年（1582年）

海瑞巡抚江南时亲临圩区，察看灾情，见堤岸已被冲塌，即想方设法，修筑圩堤。县丞杨光春亲赴杨家圩，率民工筑堤修圩。

万历十五年（1587年）

夏季多雨，七月二十一日风雨特大，杨家圩尽淹。到冬天1斗米涨至千钱。

万历十七年（1589年）

叶茂才（祖籍北幢村，后为“东林八君子”之一）中进士，授刑部主事。

万历三十六年（1608年）

四月至六月，雨水多且大。杨家圩被大水所淹，小船航行只能以浮树为标志，因无收获，圩区大闹饥荒，圩民困苦不堪。

天启四年（1624 年）

五月，连续下雨，河水大涨，杨家圩受淹。

清　朝

康熙九年（1670 年）

夏季发大水，芙蓉圩东西两湖数处决堤，田间可行小船，房屋倒塌无数，圩民架木栖身，惨不忍睹。知县吴兴祚捐俸赈荒米三千三百六十石，动员圩民全力兴修圩堤，全圩受益，芙蓉东湖圩田每亩仅纳芦荡税二分。芙蓉东湖圩民为感念吴兴祚恩德，几年后在杨家圩卫泾建造了吴公祠，以永垂纪念。

康熙十九年（1680 年）

这年发洪水，杨家圩多处决堤，田地都被淹没，民居大多毁坏，小船航行找不到原来的河道。圩民遭受饥荒，瘟疫流行，路有僵尸，野有饿殍。巡抚慕天颜委派乡贤孙兰楷筑芙蓉圩堤岸七十里。

康熙二十年（1681 年）

巡抚慕天颜自捐白银三千两，又从常州府库调拨仓米给无锡、武进二县，告示圩民修筑圩堤，派赈粮道刘鼎督工。无锡知县曾子驹自出赈灾钱二十万贯，亲赴芙蓉东西两湖（北幢地区位于芙蓉东湖），督察民工修堤，制定了“派修圩堤之法”。

康熙年间（1662－1722 年）

杨绍雍在石幢建造横跨锡澄运河的龙寿桥（百姓称石幢大桥）。

雍正二年（1724 年）

无锡县划分为无锡、金匮两县，境内属无锡县青城区。

乾隆二年（1737 年）

六月初一开始，大雨连下五昼夜，杨家圩六二图圩岸被冲决。岸甲杨天生、陆文在带头拆屋毁墙堵塞决口，禾苗仍遭淹没。无锡县知县吴翼祖三次亲赴杨家圩探荒，见圩民苦不堪言，即免辖圩民要缴纳的芦课、田赋和漕米，并向常州府请得官银四千五百五十二两，修复杨家圩大堤。

嘉庆六年（1801 年）

石幢大桥重建，改名为仁寿桥。

嘉庆九年（1804 年）

无锡发大水，县城西北芙蓉圩之水漫到惠山脚下，杨家圩农田全淹，村庄不见炊烟，水面浮有棺材。

道光二十九年（1849 年）

四月二十九日至五月二十日，连降大雨，河水猛涨，高过道光二十年（1840 年）之洪水二尺多，杨家圩堤决，绅董孙元楷主持重修杨家圩堤，经三度寒暑竣工。

光绪元年（1875 年）

无锡知县廖纶修建杨家圩堤，筑北塘岸，将锡澄运河沿线多处芦荡滩围成小圩，扩大了杨家圩的圩田。

光绪五年（1879 年）

知县裴大中资助四百千文，垫款七百千文修筑六三图、七一图圩岸。光绪六年（1880 年），裴大中将图董收齐的修圩垫款七百千文存入石板头等济源公典，每年的利息作杨家圩的修堤费。

光绪十八年（1892 年）

冬天，天气非常寒冷，十二月二日，河湖全部结冰，数十年来第一次。

光绪三十四年（1908 年）

无锡县裁减为 5 个乡、3 个市，原青城区撤销，境内属青城市。

中华民国

民国 2 年（1913 年）

是年，高家尖小学创办。

民国 7 年（1918 年）

1 月，严寒，河道冰封断航。三麦、蚕豆等大半冻死，蔬菜枯萎。

2 月，杨家圩王竹霖出资购买 18 马力柴油机和 11 英寸水泵一套，在王巷西大堤建抽水机站，为无锡县第一座固定排灌站，受益农田千亩，圩民开始种麦，一年稻麦二熟。

民国9年（1920年）

是年，石幢小学创办。

民国10年（1921年）

6月19日，大雨倾盆，持续两昼夜，河水陡涨，杨家圩（含北幢）等低洼地区河水与田岸齐平。6月24日至27日，又连续大雨，田禾均被淹没。

民国12年（1923年）

6月至7月，连日淫雨，河水暴涨，北圩境内水深1米，稍高的石幢地区都淹入水中，最深处没膝。

民国13年（1924年）

是年，市董唐以成，图董孙鹤卿、华觐韩，提捐修筑杨家圩大堤东塘岸。

民国17年（1928年）

是年，市董唐以成，图董孙鹤卿、华觐韩，向澄锡轮船公司索赔银洋500元，修筑高家尖以南石岸。

民国18年（1929年）

5月，太湖水利委员会派员测量杨家圩，8月测竣，测得面积为12.51平方公里，合18765亩。

民国19年（1930年）

是年，杨撑渡小学创办于杨氏祠堂。

民国20年（1931年）

5月，入夏以来连续一月淫雨，河水暴涨，圩田一片汪洋。8月11日，锡澄运河水位高达4.7米，境内圩田被淹。

民国21年（1932年）

是年，朱子贾在开办私塾的基础上创办马路上小学。

民国25年（1936年）

是年，田夏林、吴福林等在吴巷尚书庙创办幼吾小学。

民国34年（1945年）

11月，无锡县10个区以地名命区名，境内属前洲区，区署设玉祁。

1949年

4月23日，无锡解放。

4月25日，前洲镇人民政府成立。

7月，连日暴雨，尤以11—13日为甚，运河水位高达4.6米，发生特大洪涝灾害，低洼区农田全淹。

中华人民共和国

1951年

8月19日，无锡县建立第一座电力排灌站“杨家圩电力排灌站”，同时向境内新渎、高渎、永丰、下甸4个戽水站送电试机。

1952年

是年冬起，北圩、石幢先后有18名村民参加中国人民志愿军。

1953年

8月，石幢叶楚振互助组成立。是月，各村建立常年互助组。

1954年

春，石幢地区成立以叶楚振为社长的新星初级农业生产合作社。

6月至7月，连续淫雨，出现特大洪涝灾害，最大雨量达82.8毫米（6月24日），农作物受灾严重。

1956年

4月，杨家圩乡成立，同时建立中共杨家圩乡总支委员会。成立北圩分支部，吴云生任党支部书记，杨连竹任高级社社长。北七房乡成立，同时建立中共北七房乡总支委员会，成立石幢分支部。叶仲裕任党支部书记，叶楚振任高级社社长。

1958年

9月19日，成立前洲人民公社，实行政社合一体制。

12月，成立北圩、石幢生产大队，孙金清任石幢大队党支部书记，吴云生任北圩大队党支部书记。

是年，在秋收秋种中采用“大兵团作战方式”，大部分劳力集中住宿，大搞深耕深翻，大建集体养猪场，社员自留地收归集体，全社会大办食堂，实行“吃饭不要钱”。

是年，两大队队部通上了电话。各生产队的食堂通了有线广播。

1959 年

6 月，各生产队恢复社员自留田。

1961 年

2 月，季听荣任北圩大队代理党支部书记，兼任北圩大队大队长；朱伯兴任大队会计。

2 月，各生产队食堂停办。

4 月，设立北圩大队保健站。

9 月 12 日，贯彻《农村人民公社工作条例（修正草案）》（简称“农业六十条”）推行“三包一奖”。

12 月，实行以生产队为基本核算单位。

1962 年

是年，北圩大队部分生产队实行“包产到户”，被上级当作“单干风”批判，并强令纠正。

是年，冯喜生任北圩大队党支部书记，叶仲裕任石幢大队党支部书记。

1963 年

12 月 5 日，开展社会主义教育运动，运动中进行了“四清”（清账目、清仓库、清财物、清工分）。1964 年 3 月底结束。

1964 年

是年，石幢村荷花泾建排灌站通电，农户还未用上电。

1965 年

9 月，冯喜生调前洲公社农技站工作。季锡庆任北圩大队党支部书记，主持全面工作。

1966 年

4 月，石幢建成轧花加工厂。

9 月，石幢 10 个生产队、石幢小学、粮食加工厂通电，部分农户也通上照明电。

1967 年

是年，大队以民兵营长为主，建立生产领导小组。

1968 年

5 月，北圩大队、石幢大队成立“三结合”的革命领导小组，部分老干部恢复工作。

1969 年

6 月，北圩大队创办农机厂。

是年，北圩大队成立起重队。

是年，北圩大队、石幢大队分别成立革命委员会。

是年，各大队实行合作医疗制度。

是年，全村架设有线广播线，户户通广播，设村级广播室。

1970 年

是年，响应前洲公社革委会“大寨治山我治水”的号召，北圩、石幢两村学习“大寨精神”，大搞整田平地，开河治水，开凿杨家圩中心河。

是年，两村开始使用手扶拖拉机耕田。

是年，堰玉公路开工建设筑路基（路基宽 8 米）。

1972 年

6 月，杨家圩大桥建成。

10 月 25 日，无锡县委、县革委会在北圩大队召开“学大寨、赶塘桥、打好三麦翻身仗”誓师大会。

1974 年

是年，前洲公社在北圩建办无锡县磷肥厂，由北圩大队经营。

1975 年

是年，县委书记曹鸿鸣带领各村社书记到北圩召开三麦现场会议。

1976 年

11 月，北圩大队汽配厂创办。

是年，南方水稻现场会议召开，省委书记彭冲、水稻专家陈永康到北圩指导工作。

是年，创办石幢幼儿园及高家尖幼儿园。石幢小学拆除老校舍，建造 8 间二层楼房的新校舍。

1977 年

去冬今春，大雪连续十多场，小麦、油菜受灾减产，亩产低于百斤，大部分生产队未交征购，部分生产队吃返还粮。

8 月 1 日，锡玉公路通车，在北圩吴巷设公共汽车北圩站。

10 月，北圩小学流行性甲肝暴发，小学休学一年，校舍改为临时医疗点，收治近百名学生。

是年，创办北圩幼儿园。

是年，北圩大队在卫巷新建北圩小学。1978 年 8 月，师生迁入新校舍。

1979 年

是年，高淳芳任石幢大队党支部书记。

1980 年

1 月，北圩大队建办针织厂，石幢大队创办纺配厂。

2 月，北圩大队创办纺机配件厂。

10 月 26 日，在南京召开的国际水稻研讨论会代表到北圩大队考察水稻种植情况。

是年，两大队开始使用中型拖拉机耕田。

1981 年

9 月，冯焕生任北圩大队代理党支部书记，主持全面工作。

1982 年

12 月，实行农田家庭承包制。耕田按人分口粮田、按劳力分责任田，全部划分到户经营。

1983 年

1 月 24 日，撤销人民公社体制，分别建立村民委员会、农工商联合社和村民小组。

3 月，冯焕生任北圩村村主任，万茂根为石幢村村主任。

5 月，邓琴珍任石幢村党支部书记。

4 月，石幢人造毛皮厂创办。

9 月，北圩村往复泵厂创办。

10 月，北圩创办剪板厂。

12 月，北圩金属压延厂创办。

是月，北圩村锡安印刷厂创办。北圩村易地新造小学校舍，石幢村原地翻建小学校舍。

是年，建设前洲大联圩，含杨家圩（含北幢）联圩。

1984 年

3 月，吴兴荀当选北圩村党支部书记，朱静安任北圩村代理村主任。

4 月，北圩村金属压延厂与上海第三钢铁厂联营，创办前洲三前轧钢厂。

9 月，12 级龙卷风袭击前洲，北圩、石幢受灾严重。石幢万家村万永太家正在建造的 3 间二层楼房倒塌，邻居亦受损失。北圩前马路 16 队季鸿祖家的 1 间平房被吹倒，逃离时女儿季彩娣头部受伤。

10 月，高淳芳任石幢村党支部书记，叶伟裕任石幢村村主任。

12 月，无锡羊毛衫厂前洲分厂在北圩村创办。

是月，北圩村创办汽车改装厂。

是年，高家尖小学撤并至石幢小学。

1985 年

1 月，石幢村创办气泵厂。

8 月，石幢村创办轻纺设备厂。

1986 年

5 月，北圩村创办节能设备厂。

10 月，刘芗任石幢村党支部书记。

1987 年

是年，锡玉公路路基拓宽。

是年，北圩创办彩印厂。

1988 年

是年，高祥兴任石幢村村主任。

1989 年

是年，石幢村第二化工厂创办。

是年，叶鸣皋任石幢村村主任。

1990 年

8 月，建于吴巷杨家圩大桥西面的北圩小学落成，占地面积 15 亩。

是年，高玉祥任石幢村村主任，朱静安任北圩村村主任。

是年，沪宁高速公路开工建设。

1991 年

7 月上旬，大雨连绵，锡澄运河堤岸多处出现险情。

是年，叶鸣皋任中共石幢村支部书记。

1992 年

去冬今春，两村启动加固大联圩堤岸工程。

是年，北圩村获无锡县亿元村称号。

1993 年

是年，印度国家部长级教育代表团到北圩小学考察。

是年，石幢毛纺厂创办。

是年，沪宁高速公路建成通车。

1996 年

是年，锡玉路向南拓宽，北圩吴巷 42 间民房拆迁。

1997 年

4 月，高成机械制造有限公司、石幢兴扬业印花有限公司创办。

是月，北圩出土春秋战国时期青铜剑。

是年，村集体企业进行转制。

1998 年

5 月，朱静安任中共北圩村支部书记。

9 月，徐月清任中共石幢村支部副书记，主持全面工作。

是月，吴浩星当选为中共北圩村支部副书记，主持全面工作，书记、主任“一肩挑”。

1999 年

9 月，吴浩星任中共北圩村支部书记。

是月，徐月清任中共石幢村支部书记。

2000 年

是年冬，锡澄运河拓宽。

是年，北圩小学、中圩小学、南圩小学撤并为杨家圩小学，校址设在原杨家圩初级中学。石幢小学撤并至北七房小学。

2001 年

2 月，无锡市区划调整，惠山区成立，两村分别称为惠山区前洲镇北圩村、惠山区前洲镇石幢村。

9 月，高建新任中共石幢村支部书记。

是年，铺设国家西气东输管道途经石幢村。

2003 年

是年，江苏省 1999 年开始建设的新长铁路通车，途经北幢村，南北走向穿村而过。

是年，沪宁高速公路拓宽。

2004 年

9 月，杨锡忠当选为北圩村村主任。

2007 年

是年，铺设无锡长江水自来水浑水管道途经石幢村。

2008 年

是年，因京沪高速铁路经过石幢村，石幢村部分民房拆迁。

是年，京沪高速铁路石幢大桥建成，自来水清水管道在杨撑渡北、河亭上南两个自然村间通过。

2009 年

10 月 5 日，北圩村与石幢村合并为北幢村。吴浩星任村党支部书记，高玉祥任村委会主任。

是年，惠澄路建设，北圩村的马路上自然村部分民房拆迁。

2010 年

是年，因建设万顷良田，马路上自然村整村拆迁，其他自然村开始拆迁。

2011 年

8 月，吴浩星调任前洲水利站站长，季小军任中共北幢村总支书记。

是年，北幢村开始整村拆迁。

2012 年

是年，重建吴巷、杨撑渡、高家尖、石幢排涝站。

2014 年

是年，办理失地农民补贴。

2015 年

是年，实施村级股份制，开始登记造册。

2016 年

1 月，实施村级股份制分红。当年年底每人分红 500 元。

是年，石幢大桥向南 300 米易地重建，成为北惠路横跨锡澄运河的公路大桥。

是年，北惠路通车。

是年，季小军兼任北幢村村主任。

是年，江苏省交通厅启动锡澄运河“五改三”航道整治工程，锡澄运河从五级航道升级为三级航道。

2017 年

是年，已搬迁村民户口根据居住地分别迁移到新洲、润洲、惠丰社区。

是年，在原址重建的“尚书庙”竣工。

2018 年

12 月，吴巷、章巷、杨撑渡部分村民的房屋拆迁。全村双置换工作基本完成。

2020 年

1 月起，开展新冠疫情防控工作。

5 月，《北幢村志》编纂委员会成立，开始编纂《北幢村志》。

第一章 区划沿革

据历代《无锡县志》记载，境内所处为古芙蓉湖区，且为湖心极洼之地。“此湖自唐宋元明之前本属大川，为蛟龙出没之处，汪洋浩荡，湖滨烟渚，蒲柳萦回，浴鸥飞鹭，夹岸芙蕖，唐宋诸贤乘舫载酒，为游览之地。”（《锡山志・芙蓉湖志》）至宋末，浩荡的芙蓉湖逐渐成为圩区，境内才大片成陆。元代时，形成规模较大的自然村。宋、元时，境内属兴道乡。明万历年间（1573—1620年），境内属青城区。清光绪三十四年（1908年），境内属青城市。1949年后，隶属多有变化。1958年12月，设北圩大队、石幢大队。1983年改设北圩村、石幢村。

2005年，无锡市政府根据党的十六大“加快城镇化进程、统筹城乡发展，全面建成小康社会”精神，推进“人口向城镇集中、产业向园区集中、土地向规模经营集中”的总战略，撤并3000人以下的村，合理调整优化村的布局。村调整优化后，有利于各村错位发展和互补联动，降低管理成本，减轻农民负担。2009年10月，前洲镇报上级政府同意，撤销北圩村村民委员会和石幢村村民委员会，合并设立新的村民委员会，定名为北幢村村民委员会，办公地点设在原北圩村村民委员会所在地。

第一节 地理位置

北幢村位于惠山区前洲街道东部，北纬31°68′25"～31°72′56"，东经120°23′80"～120°25′67"。东紧靠前洲街道与堰桥街道的边界锡澄运河，南邻杨家圩村，西与邓巷村、黄石街村、友联村、北七房村相邻，北依前洲（惠山区）与江阴的边界北塘河，南北长约 5 千米，东西最宽约 1.9 千米。

北幢村委驻地向南距前洲街道与洛社镇石塘湾边界万寿河约 2.6 千米，向西至玉祁街道边界约 5.6 千米，至惠山区政府 5 千米，至无锡火车站 15.4 千米。

北幢村委驻地至前洲街道办事处约 2.5 千米，至前洲中学 2.7 千米，至前洲中心小学 4.4 千米，至前洲商业街 3.9 千米。

2017 年 9 月统计，北幢村总面积 4.26 平方千米，其中耕地面积 4150 亩，水域面积 630 亩，总人口 4543 人。2010 年时，下辖 15 个自然村（含 15 个村民小组）：高家尖、石东村、河亭上、河南村、万家村、石中村、严巷上、吴巷、西庄巷、朱巷、田巷、卫巷、章巷、马路上、杨撑渡。因建设需要，至 2020 年，所有自然村全部搬迁。

第二节　沿　革

宋以前，北幢村地区历史无考。

一、宋、元至明万历

宋元丰八年（1085 年），无锡县将 26 乡裁为 22 乡，乡下设都，都下设保。境内为兴道乡第六都、第七都。

二、明、清

明万历年间（1573－1620 年），无锡县并 22 乡为 13 个区，撤兴道乡，设青城区。境内属青城区第六都、第七都。

清雍正四年（1726 年），析无锡县为无锡、金匮两县，境内属无锡县青城区第六都、第七都。

清光绪三十四年（1908 年），无锡县撤并为 10 个市、7 个乡。辖区超 5 万人称市，不满的称乡。乡、市以下建制仍袭原制。境内北圩地区属青城市上扇六都二图、七都三图，区域包括朱巷、卫巷、吴巷、西庄、田巷、章巷、杨撑渡、前马路、后马路。石幢地区属青城市上扇六都一图，区域包括张村浜、梅家浜、姚家浜、石幢、高家尖、河亭上、万家村、河南村、后场上、严巷上。

三、中华民国

民国 18 年（1929 年），无锡县 10 市 7 乡改为 17 个区，以序数为区名，废都、图制。区下设乡，乡下设闾邻，以25户为闾，5户为邻。境内隶属十五区的莲蓉镇、蕃塘乡，所辖自然村不变。

民国23年（1934年），无锡县由17区合并为10个区，设78镇、121乡，实行保甲制，居民以10户为一甲，10甲为一保，全县共设1456个保。境内属第九区的蓋三乡、北七房镇，所辖自然村不变。

民国26年（1937年），抗日战争全面爆发，在日伪统治期间，民国27年（1938年）1月至民国30年（1941年）1月，恢复民国23年（1934年）前的17个区建制。境内属第15区（青城市）的蓋三乡、北七房镇。

民国30年（1941年）2月至民国34年（1945年）抗战胜利，又恢复民国23年至民国26年10个区的建制。境内属前洲区的蓋三乡、北七房镇。

民国37年（1948年）到民国38年（1949年）4月，无锡县裁区设署。境内属张村区署的蓋三乡、北七房镇。

四、中华人民共和国

1949年4月中国人民解放军解放无锡，无锡县设9个区45个镇20个乡。境内属前洲区前洲镇人民政府。

1949年10月至1950年3月，前洲区内设前洲镇、黄石街乡、北七房乡、浮舟乡、杨家圩乡。北圩、石幢地区分别属杨家圩乡、北七房乡，所辖自然村不变。

1950年5月，无锡县区乡调整，分15个区，区下设乡、镇，废保、甲制，以序数设行政村。北圩属洛社区的杨家圩乡，石幢属玉祁区的北七房乡。

1956年4月，无锡县将15个区裁并为7个区。境内属洛社区杨家圩乡、北七房乡。是年，行政村建制被高级农业生产合作社替代。北圩地区属杨家圩乡杨家圩第三高级农业生产合作社，石幢属北七房乡新星高级农业生产合作社。是年，杨家圩乡并入前洲乡。1957年10月，北七房乡亦并入前洲乡。北圩、石幢地区直属前洲乡管辖，所辖自然村不变。

1958年4月，无锡县撤销区级建制，各乡直属无锡县领导。同年9月，成立前洲人民公社，实行政社合体制，境内分属前洲乡杨家圩工区、北七房工区。12月，工区撤销，改设北圩大队，下辖朱巷、卫巷、吴巷、西庄、田巷、章巷、杨撑渡、前马路、后马路。石幢属北七房工区，12月，工区撤销，建石幢大队，下辖张村浜、梅家浜、姚家浜、石幢、高家尖、河亭上、万家村、河南村、后场上、严巷上。

1976年，石幢大队的张村浜、梅家浜、姚家浜自然村划归北七房大队。

1983年1月，撤销前洲人民公社管理委员会，重设前洲乡，乡以下设21个村，1个居民委员会。北圩大队、石幢大队改称为北圩村、石幢村，所有生产队改称为村民小组。

1987年6月，撤销前洲乡，建立前洲镇，实行镇管理村体制，境内分属北圩村、石幢村。

1995年6月，撤销无锡县，以其原辖区域设立锡山市。境内分属锡山市前洲镇北圩村、石幢村。

2001年2月，无锡市建设特大城市，经国务院、江苏省委和省政府批准无锡市进行行政区划调整，撤锡山市而增设惠山区、锡山区、滨湖区，前洲属惠山区。境内分属无锡市惠山区前洲镇北圩村、石幢村。

2009年9月，经无锡市人民政府批准，撤销前洲镇，设前洲街道。境内隶属前洲街道。

2009年10月，北圩村、石幢村合并成立北幢村，辖朱巷、卫巷、吴巷、西庄、田巷、章巷、杨撑渡、前马路、后马路、石幢、高家尖、河亭上、万家村、河南村、后场上、严巷上。

2008年至2020年，因沪宁高速公路、京沪高铁、惠澄大道及万顷良田建设，城乡统筹发展，北幢村境内民房全部拆迁，村民分别搬迁至新洲社区、润洲社区、惠丰社区、惠洲苑小区。

第二章 自然环境

2009 年夏季时的北圩村。图中横贯南北的是新长铁路，纵贯东西的是沪宁高速公路

第一节　地质地貌

一、地质

境内属江南地层区，修水—钱塘江分区，常州—宣城小区，由距今约 8.5 亿年的晋宁晚期元古代浅变质岩系组成，地质厚度约 32 千米。

在约 30 万年的地质历史时期内，经历了四次冰期，间冰期冷暖反复，三次海进海退的陆海变迁，境内地层接受了岩层的冲积，由冲—湖积相为主的松碎屑沉积物覆盖。岩性主要为亚黏土、亚砂土和沙砾石等，由粗细叠置，多夹层、薄层、互层和透镜体组成。

二、地貌

北幢村属长江三角洲太湖水网平原，系古芙蓉湖封淤和人工改造而成，地势低平，西高东低，地面高程为吴淞水位 1.8～2 米，著名的天鹅潭为最低点。境内河道密布，大河小浜，纵横交织，境内河道流向由西向东汇入锡澄运河。比较大的河流有：吴渎河、章渎河、马塘江河、中古港河、塘港江河、石幢河。

第二节　土　壤

一、类型

北幢村土地在 1979 年 11 月到 1982 年 3 月的土壤普查中，查明本地土壤类型为潴育型、脱潜型水稻土，其中黄泥土、灰芦土为主要土种。

二、性质

黄泥土种（潴育型水稻土亚类），黄土状母质，地面高程 3.8～4.2 米，常年地下水位在 90～100 厘米或以下。渗育层都为棱块状结构，切面有锈斑。淀积层锰结核较多。土壤养分含量较高。按 50 厘米内土层的颜色、铁质含量、铁结核多少和 50～80 厘米出现埋藏层等不同附加层次，划分为黄泥土、铁结核黄泥土、铁质黄泥土和粉沙心黄泥土 4 个土种。

灰芦土种（脱潜型水稻土亚类），地面高程都在 2～3 米。埋藏层中有水生芦苇残骸。由于地势低，地下水位高，土壤长期处于潜育状态。1953 年后，通过大搞农田水利工程，降低了内河水位，土壤才开始摆脱潜育环境，渗育层大部分没有明显的锈斑。灰芦层有机质含量仍达 2.53%，中壤质地，容重质地，容重较轻，平均 1.37 克每立方厘米，呈灰黑色或青灰带黑色，并有芦柴根孔和未彻底腐烂的芦根残体。根据剖面质地的差异和灰芦层出现的高低，可分为灰芦心土和灰芦底土两个土种。

1980 年北圩大队、石幢大队水稻土测量情况表

表 2-2-1　　单位：亩

村名	土壤肥力分级面积									低产土壤面积	
	速测点	上等		中等		下等		特差		面积	占比
		面积	占比	面积	占比	面积	占比	面积	占比		
北圩	39 号	—	—	635.86	24.3%	1503.35	57.5	474.27	18.2	474.27	18.2
石幢	31 号	170.21	10%	980.19	57.6%	440.62	25.9%	180.70	6.5%	108.70	6.5%

1980 年北圩大队、石幢大队水稻土实地测量情况表

表 2-2-2

水稻土实有总面积（亩）	土壤土种类型面积									
	剖面点个数	常规以样点个数	黄 泥 土 种				灰 芦 土 种			
			小计面积（亩）	占比	黄泥土（亩）	铁质黄泥土	小计面积（亩）	占比	灰芦心土	灰芦底土
2613.48	8	2	230.79	8.8%	230.79	—	2382.69	91.2%	39	234.69
1699.72	10	2	155.70	9.2%	155.70	—	1544.02	90.8%	—	1544.02

第三节　气候水文

北幢村属北亚热带湿润气候区，气候温和，雨水充足，四季分明。年平均气温约15.4℃，年极端最低气温-15.6℃，年极端最高气温40.4℃，最冷月为1月份，最热月为7月份。全年主导风向为东南和偏东，次风向为东北和北。年平均日照时数为2043小时，年平均日照率为46%，年平均降水日为120天左右，降水总量为880～1522毫米。全年平均无霜日为233天。

春季冷暖多变，低温阴雨。一般自4月3日至6月11日，历时70天。4月上、中旬冷热空气交替，常控制境域，出现暴冷暴热，气温剧变。天晴风和日丽，阴雨寒气逼人，有时因冷空气控制出现倒春寒，冷暖空气相遇则春雨绵绵，并常伴大风。5月和6月上旬气温相对稳定，和暖宜人。

夏季炎热多雨。一般自6月12日至9月18日，历时99天。7月、8月和9月上旬气温最高，平均气温分别为28℃、27.6℃和25℃。夏季降水量476.5毫米，占全年水量的45.6%，暴雨大部分出现在夏季，以6—7月梅雨期最多。梅雨期平均25天，雨量231毫米，为主要防汛季节。7月上、中旬梅雨结束，进入盛夏天气。7月中下旬和8月前半个月，平均气温都在28℃以上。平均最高气温7月份达31.9℃，8月份达31.8℃。1978年7月7日最高气温达到38.9℃。7月和8月上、中旬也出现高温干旱的时段。夏季还常有台风，每年出现多次，成灾的概率占9%，并时有冰雹、龙卷风影响本域。

秋季秋高气爽，温和多晴。一般自9月19日至11月20日，历时63天。9月下旬平均气温降至21℃，10月和11月上、中旬分别为17.2℃、13.7℃和11.4℃，气候温和，昼夜温差较大，天气晴朗，日照百分率较高。雨日减少，秋季降雨量仅119.1毫米，占全年雨量的11%，有的年份也出现秋季连阴雨，连阴雨5天以上的概率：9月份53%，10月份53%，11月份40%，连阴雨时常伴有低温。11月份也有出现秋旱的年份。

冬季寒冷少雨。一般自11月21日至翌年4月2日，历时133天。北方冷空气频繁南下，气温下降，12月至翌年3月的月平均气温分别为4.9℃、2.7℃、4.0℃和8.4℃。1月份最低，平均最低气温-0.8℃。1977年1月31日的最低温度达-11.8℃。寒潮天气平均每年2～3次，以12月和次年3月概率最高，分别为24%和22%，最早年份10月27日即出现寒潮（1966年、1978年）。冬季雨水稀少，降水量占全年19%左右。晚冬大地回暖，雨水增多，可闻雷声，冷暖交替，易发生冻害。

水文记载以南门水位为准，多年平均水位为3.03米，最高水位4.88米（1991年7月2日），最低水位1.92米（1934年8月26日）。1923—1992年超过警戒水位（3.59米）的有40年。1949—1992年出现洪涝21次，其中特大洪涝4次（1949年、1954年、1962年、1991年），最高水位超过4.5米。1954年最高水位4.73米，超过警戒水位的时间达141天。中等洪涝10次（1952年、1957年、1970年、1975年、1980年、1981年、1983年、1987年、1989年、1990年），最高水位超过4米。一般洪涝7次（1951年、1955年、1956年、1961年、1974年、1977年、1984年），最高水位超过或接近3.9米。干旱10次（1953年、1958年、1959年、1964年、1966年、1967年、1971年、1973年、1978年、1979年）。1978年汛期（6—9月）降雨量仅18.04毫米，最高水位2.93米（6月8日），最低水位2.4米（9月13日），旱情罕见。

第四节 动植物

一、植物

菌类植物：天菜（圈子）、野木耳、蘑菇、香菇（香蕈、冬菇）。

蕨类植物：江南卷柏、伏地卷柏、节节草、紫萁、海金沙、芒萁（狼萁、芒萁骨）、蕨（花爬头）、凤尾蕨（井栏边草）、水蕨、瓦韦（骨牌草）、槐叶苹（百脚水草）、满江红（绿萍）、葫芦藓（青苔）、铁线蕨（铁线草）、肾蕨（蜈蚣草）、圆盖阴石蕨（狼尾草）、金鸡脚（鸭脚草）。

裸子植物：马尾松、五针松、柳杉、水杉、刺柏、侧柏（子孙柏）、柏木（垂柏）、银杏（白果树）。

被子植物：双子叶植物，蕺菜（鱼腥草）、三白草（河白草）、垂柳、河柳、响叶杨（山杨树）、枫杨（元宝树）、麻栎（像朵朵树）、榆、朴树、柚树、榉树、构树（谷树）、柘树、樟（香樟树）、水蛇麻（桑草）、蓬草（割人藤）、桑树、苎麻、毛花点草、百蕊草、羊蹄（大舌头草）、野荞麦、荭草（水荭）、萹蓼（蚂蚁草）、藜（灰料头）、甜菜、菠菜、地肤（落帚头）、苋菜、猪苋菜、牛膝（烟筒头草）、空心莲子草（水花生）、莲子草（满天星）、青葙（野芝麻）、鸡冠花、马齿苋（酱瓣头草）、半支莲（太阳花）、簇生卷耳（棉花草）、麦瓶草（灯笼草）、蝇子草（脱力草）、雀舌草、芝麻、芡（鸡头包）、莲（荷花）、萍蓬草（金莲花）、睡莲、金鱼藻、毛茛（老虎脚迹草）、黄花菜、拟南芥、芥菜、碎米荠、萝卜、白菜、青菜、、油菜（芸苔）、花椰菜（花菜）、苤蓝（球茎甘蓝）、卷心菜（洋白菜）、紫罗兰、玉兰、广玉兰、垂盆草、瓦花、土三七、粉皮草、石莲花（宝石花）、山茶、茶（茗）、紫董、虞美人、龙芽草（脱力黄仙鹤草）、蛇莓（蛇盘子）、桃、木瓜、枇杷、石南（铅笔树）、海棠、野桃树、金樱子（野石榴）、梨、梅、蔷薇、玫瑰、火棘（红果）、月季花、月月红、草莓、紫云英（红花草）、黄檀（檀树）、含羞草（知羞草）、皂荚（皂角树）、苜蓿（金花菜）、小苜蓿（荠荠）、紫藤、槐树、蚕豆、绿豆、豇豆、菜豆（四季豆）、大豆（黄豆）、花生（长生果）、代花金柑（金橘）、佛手、香圆、金豆（金豆橘）、楝树、香椿（椿树）、算盘子、蓖麻（洋金豆）、虎刺梅（叶仙人掌）、乌桕、冬青、枸骨（鸟不宿）、木芙蓉（芙蓉花）、棉、三色堇（蝴蝶花）、爬山虎（爬墙虎）、葡萄、黄海棠、地耳草（对节草）、菱、野菱、臭花娘、芹菜、香芹（洋芫荽）、杜鹃花、星宿菜（补血草）、报春花、仙客来、女贞（冬青）、茶叶树、木樨（桂花）、金钟花（迎春花）、紫丁香（丁香花）、杜仲藤（土杜仲）、夹竹桃、长春花（雁来红、日日草）、夜来香（夜丁香）、白薇、喇叭花、五角星花、番薯（山芋）、菟丝子、海州常山（臭梧桐）、筋骨草（肝风草）、活血丹（串头绳草）、野芝麻、益母草（苦草）、薄荷、夏枯草（棒柱头草）、半枝莲（紫金花菜）、一串红、丹参（俗称红根）、紫苏、木鳖（木鳖子）、葫芦、瓠瓜（夜开花）、甜瓜（香瓜）、丝瓜、苦瓜、南瓜、黄瓜、西瓜、冬瓜、笋瓜、金鱼草（龙头花）、阴行草（红籽籽草）、通泉草、婆婆纳（麸皮草）、泡桐（白桐）、紫花曼陀罗和曼陀罗（均称风茄花）、枸杞、马铃薯、龙葵、茄子、辣椒、番茄、穿心莲（苦草）、车前（打官司草）、桔梗（僧冠花、六角花）、忍冬（金银花）、接骨草（喉蛾草）、接骨木（扦扦活）、猪殃殃、六月雪（满天星）、虎刺（老鼠刺）、黄花蒿（臭蒿）、向日葵、艾蒿（野蓬头）、天名精（臭花娘）、野菊、鳢肠（止血草）、万寿菊（臭芙蓉）、马兰（马兰头）、山莴苣（猪人参）、莴苣、小蓟、大丽菊、瓜叶菊、苍耳、翠菊、白菊、黄菊、大蓟（蓟、刺蓟菜）、苦荬菜、黄花狸藻（狸藻）、紫薇（亦称怕痒树、无皮树）、水苋菜、凤仙花、凌霄（紫葳）、梧桐（青桐）、柿、野柿、仙人掌、仙人球、天竺、黄杨（千年矮）；单子叶植物，菹草（虾藻）、小叶眼子菜、眼子菜（鸭舌草）、竹叶眼子草、水鳖（乓蒲亮）、水车前、苦草（鞭子草）、甘蔗、水稻、三麦、雀麦、毒麦、野燕麦、玉米、芦粟（甜高粱）、薏苡、稗（稗草）、小旱稗、凤尾竹（俗称米竹或观音竹）、水竹（烟竹）、桂竹、芦竹、紫竹、孝顺竹（慈孝竹）、芦苇、棒头草、狗尾草（谷莠子）、狼尾草（莨草）、野牛草、牛筋草、看麦娘、野古草（硬古草）、毛马唐（弹即草）、马唐（马伴筋草）、谷精草（癞痢头草）、鸭舌草、百合、茭白、金茅（山箭子草）、菖蒲、浮萍、半夏（野芋头）、龟背竹、大藻（水浮莲）、马蹄莲（水芋）、芋（芋头）、荸荠、九里蒜、小根蒜、大蒜、野葱、韭葱、胡葱、洋葱、韭菜、土麦冬（野韭菜）、麦冬（麦门冬）、凤尾兰、绵枣儿（老鸦蒜）、老鸭瓣（野荸荠）、郁金香、黄花菜（金针菜）、万年青（千年运）、吉祥草（小叶万年青）、文竹、吊兰营草（忘忧草）、玉春（白尊、白鹤仙）、石蒜（蟑螂花）、水仙、君子兰、兰（兰花）、荸荠、棕榈（棕树）、棕竹、香蒲（蒲草）、矮慈姑（瓜皮草）、慈姑（燕尾草）、芭蕉（甘露）、姜（生姜）、鸭跖草（萤火虫草）、水行叶（行叶菜）。

二、动物

脊椎动物：华南兔（野兔）、水獭（水獭野猫）、鼬（黄鼠狼）、蝙蝠、刺猬（偷瓜畜）、狐、鼠、兔、狗、猫、猪、绵羊、山羊、水牛、黄牛、奶牛、猪獾、狗獾、白腰文鸟（算命鸟）、麻雀、大山雀、画眉、白颈鸦、大嘴乌鸦、喜鹊、鸲鹏（八哥）、黑杭黄鹂（黄莺）、白头鸭（白头翁）、家燕、云雀翠鸟（钓鱼郎）、短耳鸭（猫头鹰）、大杜鹃（布谷鸟）、珠颈斑鸠（鹁鸪）、小田鸡、鹌鹑雉（野鸡）、鸢（老鹰）、绿头鸭（野鸭）、苍鹭（青庄）、鸭、鹭、鸬鹚、水葫芦、鹅、鸽、啄木鸟、鸡、雁、蝮蛇、竹叶青、火赤链蛇、水蛇黑眉锦蛇（秤星蛇）、翠青蛇（小青蛇）、小头蛇（秤杆蛇）、水赤链蛇（水游蛇）、虎斑游蛇（竹竿青）、乌风蛇（青梢蛇）、四脚蛇、鳖（甲鱼）、乌龟黄喉水龟（臭乌龟、水龟）、壁虎、泽蛙（梆声蛙）、黑斑蛙（青蛙）、金线蛙、虎纹蛙（田鸡）、无斑雨蛙（小绿蛙）、蟾蜍（癞蛤蟆）、牛蛙、刺鳅（刀鳅）、土步鱼、圆尾斗鱼（火烧鳑）、彩石鲋（鳑鲏鱼）、鳜鱼（桂鱼）、黄鳝、黑鱼、青鳉、鳗鲡（鳗鱼）、鲇鱼（娘鱼）、长须黄颡鱼（汪公鱼）、泥鳅、鳙鱼（花鲢）、白鲢、鲫鱼、草鱼、鲤鱼、鳡鱼、横鲇、翘嘴红鲌（白条）、玉季花郎、窜条、团头鲂（大鳊鱼）、鳊鱼、青鱼、金鱼、金鲫鱼、烟管鱼、赤眼鳟（红眼睛鱼）。

节肢动物：二斑叶螨（棉红蜘蛛）、桔全爪叶螨、黑色蝇虎和纹绳虎（均俗称苍蝇老虎）、狼蛛、草间小黑蛛、大腹园蛛、华南壁钱（壁喜）、盲蛛（算命公公）、花蛛、草蛛（迷路漏斗网蛛）、中华蜜蜂、中华木蜂（铁嘴胡蜂）、角马蜂和亚非马蜂（均称胡蜂）、金环胡蜂（大胡蜂）、金小蜂、叶蜂、跳蚤、家蝇、厕蝇、大头金蝇、麻蝇、白纹伊蚊（花蚊子）、疟蚊、勒蠓（蠓痴子）、稻大蚊、谷蛾、衣蛾、麦蛾、麦蜘蛛、麦秆蝇（麦钻心虫、麦蛆）、小卷蛾、大豆食心虫、桃蛀螟（桃蛀虫）、桃小食心虫（桃蛀果蛾）、金龟子、豆荚螟、稻螟蛉（双带小夜蛾、粽子虫）、稻筒巢螟、稻螟虫（水稻螟虫的总称）、象鼻虫、玉米螟、萍螟、稻纵卷叶螟（稻纵卷叶虫）、稻叶蝉（浮尘子、响虫）、蓑蛾（皮虫、吊死鬼）、桑尺蠖（桑搭）、尺蛾（造桥虫）、毒蛾（毒毛虫）、盗毒蛾（金毛虫、桑毛虫、黄尾毒蛾）、剑纹夜蛾、地老虎、竹笋夜蛾（笋蛀虫）、斜纹夜、松梢螟、松毛虫、柞蚕、野蚕、家蚕、桑螨（桑白蚕）、绿尾大蚕蛾（祝英台）、樗蚕、天蛾、稻苞虫、蓝灰蝶、红灰蝶、白粉蝶、黄凤蝶、玉带凤蝶和丝带凤蝶（均称梁山伯）、草蜻蛉、黄守瓜（瓜萤）、乌壳虫、小猿叶虫、菜蚤、萤（油火虫）、只星天牛、桑天牛、蚕豆象（豆牛）、跳驳虫、斑蝥（黄黑大芜菁）、谷蠹、七星瓢虫、米象、蜣螂（屎壳郎）、金龟子、放屁虫、中国虎甲（引路虫）、豉虫（豉甲）、稻飞虱（蠓虫）、稻蓟马、花蓟马、端带蓟马、虱、白虱、书虱、臭虫（瘪虱）、蚱蝉（知了）、褐斑蝉、蝼蛄、蟋蟀、油葫芦（祝赖雄）、丑蟀、金铃子、长剑草螽（鸣螽）、青螽嘶、纺织娘、络纱婆、蚱蜢、圆额负蝗（拜忏道长）、蝗虫、螳螂、蟑螂、地鳖虫、白蚁、蚂蚁、蜻蜓、衣鱼、长角跳虫、蜉蝣、蚰蜒（割周）、蜈蚣、少棘蜈蚣（金头百脚）、马陆、骆驼虫、甲虫（豌豆虫、西瓜虫）、蟹（清水蟹、大闸蟹）、蟛蜞、细足米虾、糠虾、青虾、白虾、龙虾、水蚤（红虫、鱼虫）。

软体动物：野蛞蝓 、黄蛞蝓、蜗牛、钉螺、方格短沟蜷（海蛳）、蛳螺、田螺、狭口螺、耳萝卜螺、扁旋螺、胡球蚬（饭蚬）、河蚬、水蛏、河蚌、褶纹冠蚌（扯旗蚌）、三角帆蚌（俗称劈蚌、江蚌）、丽蚌、圆顶珠蚌。

环形动物：蚂蟥、水蛭、日本医蛭、尖细金线蛭、宽体金线蛭和光润金线蛭（萝卜干）、蚯蚓（曲蟮）、沙蚕（水百脚）。

第五节　自然灾害

一、水涝

明正统九年（1444 年）闰七月，大风雨，太湖水高一二丈，沿湖人畜庐舍无存，堤岸冲决，庄稼尽淹，杨家圩几复湖形。

成化十七年（1481 年）七月雨，八月连大雨，太湖水溢，平地水深数尺，九月大风雨，昼夜如注，至冬无日不雨，禾稼仅存者，全被洪水淹没，杨家圩颗粒无收，房屋倒塌无数。

弘治七年（1494 年）七月，大风雨，平地水五尺，沿江水一丈，民多溺死，舟行入市，高田尽淹，杨家圩里民四散逃生，居室墙穿。

正德五年（1510 年）春雨连注，四月，江水横涨，官塘市路弥漫不辨，长桥下没者尺余，经测定水痕为 4.3 米，五泻河水与杨家圩堤相平，圩民与鱼鳖为邻。

万历十五年（1587 年）七月，大风雨，田围崩裂，水溢丈余，禾苗淹没，杨家圩田淹。

万历三十六年（1608 年）四月至六月，大雨如注，高田都被淹。杨家圩舟行入民居，望浮树为标志，全圩成巨浸，冬颗粒无收，民大饥。

天启四年（1624 年）夏，无锡大水，河流泛溢，船行阡陌间。五月十八日大雨五昼夜，水大泛滥，河与田分不清，一片白水，秋禾不登。杨家圩尽没。

清康熙九年（1670 年）五月，连雨，无锡大水，船行田间，杨家圩破堤，房屋倒塌无数，圩民架木栖身，惨不忍睹。

乾隆二年（1737 年）六月初一始，大雨五昼夜，杨家圩决堤，圩民杨天生、陆文在拆屋毁墙堵塞，终无效。禾苗沉没。

嘉庆九年（1804 年）五月起，连降大雨，无锡大水，杨家圩被淹，高处留余穗，亦在雨中熟，开合等珠玉，挑尽无名草，和根煮糜粥。

道光三年（1823 年）四月，淫雨不止，河水盛涨，五月十八、十九日雨势益盛，至二十一、二十二日大雨如注，河水陡涨三四尺，民田圩岸尽坏。七月风雨大作，水再涨一尺余，杨家圩田尽海棺伴水面无数村绝收，烟灶尽沉。

道光二十九年（1849 年）四月二十九日至五月二十日，连降大雨，河水猛涨，杨家圩堤溃，农田尽淹，房屋倒塌。

民国 5 年（1916 年）7 月 8 日，淫雨连绵，前洲圩田青苗尽成泽国，贫苦农民居屋遭大雨多坍于洪水之中。

民国 9 年（1920 年）入秋后，遇淫雨连绵，各处低田多淹没，前洲圩田水深近尺。

民国 10 年（1921 年）6 月 19—20 日，大雨倾盆，持续两昼夜河水陡长，杨家圩、西塘岸等低洼地区河水与田岸齐平。6 月 24—27 日又连续大雨，前洲镇圩头尖秧田头范家巷等地河水上岸尺许，居民室内水深没踝，农田均成泽国。9 月 10—15 日又持续下雨，前洲镇居民步履涉水深至 1～3 尺，室中又成泽国，镇上沈朝林茶店后造房屋被水灌坍，农田再次沉淹。

民国 11 年（1922 年）7 月，连日河水暴发，顿涨 2 尺有余，加以别埠发水，河水又暗涨 2 尺余，总计涨水已达 4 尺以外，杨家圩、柘塘圩、东西华家圩等水田水位与河岸相平。10 月，天时不正，有时狂风骤雨，有时雨丝风片，石幢、浮舟、后水门、田里徐家、杨家圩等一派低田都将竹竿桥扦满插田中，收割后，田内积水尚有尺许，无法种麦。

民国 12 年（1923 年）6—7 月，连日淫雨，河水暴涨，降雨量 608.2 毫米，杨家圩圩内水深 3 尺。塘湾圩、老鸦圩破岸。7 月 10 日，南门水位达 4.42 米，圩田汪洋一片。前洲镇之宪武浜、朱家浜、水月浜、圩头尖等处一片泽国。北七房小猪场东街梢、石幢全村均已淹入水中深者没膝、浅者及胫。前洲新老班船停航 5 日有余。受灾农田有：六都一图唐家圩等地 4467 亩；六都二图沿塘圩等一带 5962 亩；六都三图成流岸等处 3763 亩；七都一图周家圩等处 4997 亩。

民国 20 年（1931 年）5 月 4—24 日淫雨连绵。7 月 1—12 日持续大雨，河水盈溢，田禾淹没，轮船停驶。7 月 20—28 日又大雨数次，降雨 268.1 毫米，河湖兼涨，江湖顶托，宣泄无路，8 月 11 日运河水位高达 4.7 米，高平田地被淹没殆尽，岸滩圩田无法挽救，重灾农田有：莲蓉镇为字六都一图 6658 亩；三港乡霜字六二图 5986.2 亩；甘科乡金字六三图 3463.3 亩；前洲镇生字七一图 5395.2 亩；七宝乡丽字七二图 3961.5 亩；七宝乡水宇七三图 4210 亩。

民国35年（1946年），农历二月二十三日至四月上旬，阴雨连绵，四乡麦豆菜田，大部浸在水中，萎黄不堪。农历六月，又梅雨连绵，水位高涨。杨家圩等低田一片汪洋。

1949年，发生特大洪涝。7月，半月阴雨。尤以11－13日连续3天大雨，江湖井涨，南门运河水位达4.6米。前洲地区多数农田受灾减收，为无锡县最重灾区之一。

1951年4月25－28日，大雨倾盆，杨家圩等低田积水近尺。7月11－14日，又连降大雨达164.7毫米，水位突涨，低洼圩田又遭淹没。

1954年，淫雨为患，出现罕见特大洪涝。5月5日至7月底降暴雨3次、大雨8次，雨日67天，降水799.8毫米，加上客水汹涌而至，江湖连连并涨。京杭运河无锡站记载，自5月20日至10月7日超警戒水位141天，4米以上高水位91天（6月13日至9月11日），7月28日出现有记载以来的最高水位4.73米。前洲镇和北七房、浮舟、黄石街、印桥、杨家圩等乡受灾农户6287户28606人，重灾面积33 912.9亩，颗粒无收面积1063亩。

1955年3月3－9日，连续阴雨，前洲地区麦田水淹。6月26－29日，连续大雨，降水226.3毫米，河水暴涨，农田被淹。

1961年6月7－9日，连降暴雨，雨量达156.2毫米，运河水位3.68米，全社麦田受涝。有的小麦断穗落粒，割倒未收小麦水淹发芽，抢上场的小麦有的发芽霉烂。

1962年，特大洪涝年。7月4－7日受7号台风影响，降水量250毫米。南门运河水位猛涨1.1米，达4.02米，全社低田一度受淹，因排水及时，退水较快，未成大灾。9月5－7日，受14号强台风袭击，风力8～9级，持续降雨48小时，雨量259毫米，其中9月5日12时至6日12时连续24小时降暴雨214.6毫米，6日南门运河水位由雨前3.2米猛增至4.64米，大量客水涌入，泄水受阻。农作物受涝，部分村庄进水，直至11日才将大部分受涝田等抢救脱险。

1974年，6月9日出现梅雨，雨期40天，雨量303毫米，普遍烂麦场。7月26－31日连遭暴雨、龙卷风、冰雹袭击，外河水位猛涨到4.7米，前洲大联圩内有1.7万余亩农田受涝，严重的有7500多亩。

1975年，6月21日至7月5日连降3次暴雨，雨量340.6毫米，7月1日运河水位4.12米，全镇倒塌房屋35户163间，大部分农田受涝。

1977年9月10－15日，受8号台风影响，降暴雨215.6毫米，全镇受涝农田9593亩。

1980年6月10－12日，3天降雨63.6毫米，上场麦子受雨生黑霉，损失两成左右。7月30日至8月20日，连续阴雨16天，降雨276毫米，日照仅72小时，前季稻收堆在田岸、场上，受热、霉烂发芽落粒损失三成左右。

1991年7月初（7月1日降雨量162.6毫米，7月2日南门最高水位4.88米）遇到了百年未有的特大洪涝，全镇2.88万亩水稻有2.08万亩遭到没顶之灾，占总面积72.1%（其中受淹1～3天的5273.8亩，4～5天的7601.9亩，6天以上的7917.03亩），造成402.87亩水稻绝收，1150亩重新补栽早籼稻。

1994年10月9日，特大暴雨自上午11时至次日晨6时，日雨量256毫米，10月10日9时，前洲外河水位达4.8米，尽管开足机泵，突击抢排，但仍有数千亩农田被淹，600多户民房浸水，数十家工厂停产，数百亩鱼塘受损，直接、间接损失1600 余万元。

2000年11月，水稻收割后，阴雨半月余，无太阳晒，致稻发芽腐烂，收成骤减。

二、干旱

民国7年（1918年），去岁入冬以来，半年滴雨未下，干旱奇寒异常，三麦、蚕豆等大半枯死，蔬菜枯萎。

民国18年（1929年），夏大旱，前洲地区居民到大河中取水饮用，秋熟无收。

民国23年（1934年），6月2日至8月25日滴雨不下，江河水浅，8月26日，运河水位仅1.92米，造成特大旱灾。河沟水涸，不能插秧或植后枯萎，桑叶枯黄，秋蚕无法饲养，损失极大。

1958年6－7月，仅降雨147.6毫米，为常年同期雨量的48%，暑期日最高气温35℃以上24天，9月14日运河水位2.49米，10月22日至12月21日又持续两月未降透雨，旱象较重。

1964年，梅雨少，伏、秋旱象重。6月28日至8月2日，36天高温干旱，7月份日最高气温35℃以上高温15天，伏旱1个月。8月中旬至9月上半月、11月上旬至12月上旬，两段干旱70多天，严重影响秋播作物出苗。

1966年，梅雨不明显，伏、秋旱象重。7月13日至8月10日和9月9日至11月11日，93天无雨干旱，35℃以上高温17天。

1971年7月24日至9月19日、10月6日至12月23日，137天无雨干旱，伏旱期间35℃以上高温10天。夏、秋、冬连续干旱。

1978年6月16日至7月10日、8月1日至9月13日，先后69天无雨。日最高气温达35℃及以上的17天，汛期仅降雨180.4毫米，年降雨量552.9毫米，比常年偏少一半，9月13日京杭运河最低水位仅2.53米，属1934年以来最严重旱象。

1988年，7月4日起连续18天高温干旱，其间最高气温38.7℃，从9月25日至1989年1月5日103天无雨，大旱。

1990年，7月4日—8月17日持续高温干旱，日最高气温35℃以上的有22天，其间最高气温38.9℃，45天中仅降雨39.9毫米。农作物因旱受损。

三、台风、龙卷风

民国5年（1916年）6月8日，狂风暴雨。前洲镇白云庵（道士观）的围墙全部被风刮倒，另有磨坊三间亦被风吹倒。多人在奔逃时被风吹于河中，幸未伤人。

民国9年（1920年）8月13日下午，疾风雷雨，北七房倒塌房屋80余间，计50余户，幸人口无恙。

民国10年（1921年）8月20日黎明时起，台风伴大雨持续两昼夜，早稻伤穗，晚稻叶碎梗折。一切船只不能行驶，前洲镇新老班船3艘均开至半路因风雨肆虐被迫返回。城乡通信中断。

民国11年（1922年）9月11日、12日，青城市前洲、杨家圩一带在飓风暴雨中，古旧民房倒塌无数，杨家圩及浮舟等地小圩之田禾均被吹倒水面，田水顿涨尺许，城内外交通断绝，停电，商市歇业。

1974年7月26日晚，境内遭受龙卷风和冰雹袭击，危害12个大队，严重的有张明桥、西塘、印桥、蒋巷等4个大队。吹倒房屋81间（其中集体仓库蚕室猪舍42间，社员住房35间，大队厂房4间），损坏屋面、壁头180余间，倒塌高低压输电线杆39根，压伤社员8人。前季稻遭受损失。

1977年9月10—15日，8号台风横穿境内，风力10级以上，并降暴雨215.6毫米，境内共倒塌房屋237间，围墙668米，重伤1人，轻伤9人，吹倒电话线杆8根，广播线杆118根，损坏变压器1台，16588亩水稻倒伏，13582棵树木被刮倒，为发展养猪而放养的三水饲料冲散面积1568亩。

1981年7月9日，高家尖有一妇女被大风吹入河中溺死。

1983年4月26日—28日，前洲乡石幢、诸巷、中圩、暮塘桥、北七房等村遭大暴风和雷雨袭击，最大风速达14.3米/秒，瞬时风速超过21米/秒，共倒塌楼房9.5间、平房5间，经济损失约5919元。

1984年9月6日傍晚6时许，前洲乡遭龙卷风突然袭击，风力12级以上。全乡各村、厂受灾，其中印桥、张明桥、黄石街、中圩4村及船厂、建筑公司等单位尤为严重，全乡倒塌民房386间、集体房屋452间、围墙8400米，损坏屋脊、门窗严重的有1537户，吹倒电杆174根、广播线杆78根、树木不计其数，造成轻伤32人、重伤11人。全乡农作物受损，其中2500亩水稻减产五成，直接经济损失达449.75万元。

1987年8月15日下午4时40分左右，前洲镇南圩村、三洲钢厂650工地遭到龙卷风的突然袭击。10间在建的厂房、400余米围墙全部倒塌，脚手架全部压断损坏，10根电杆（其中4根折断）、约2000米电线受损，100多棵大中树刮倒吹断，5户社员的楼房损坏（其中2户倒塌），60多户社员的屋檐、屋脊吹掉，厂房屋面瓦片吹掉并损坏2万余块，油脂化工厂1座油池被砖瓦压在下面，致使6吨多机械油外溢泄漏，三洲钢厂650工地的吊杆柱吹坏，并压伤工人1名。造成工厂停产整理3天，直接经济损失4万余元。

1990年8月28日21时至29日7时15分，前洲镇遭龙卷风、雷电、暴雨袭击，造成部分危房倒塌，稻田受损，鱼池受淹。

四、冰雹

1953年5月初，北七房、杨家圩、前洲等乡遭受严重雹灾，屋面严重损坏。冰块小的如蛋，最大的重5公斤左右（落在柘塘浜一棵树杈上）。据黄石街、北七房、前洲、浮舟4乡统计：受灾户6333户，3096人受伤，小麦田遭灾17379亩（其中15070亩全部损失，1928亩损失70%～80%，381 亩损失50%～60%），遭害秧田324亩，秧苗损失50%以上。

五、冻害

清光绪十八年（1892年），冬季奇寒。十二月初二，河湖全冻。为数十年所未见。

民国12年（1923年）1月1—3日，北风渐吹渐紧，第一天气温降至–2℃，一连3天，四乡河浜尽行冻结，且愈冻愈坚，前洲新老班船4艘、公司船1艘被迫停航。

1955年1月初，连日大雪，7日奇寒，最低气温-15.6℃，为26年来所未遇，河流冰冻断航。

1960年4月初，受强寒潮影响，48小时内降温16℃，夏熟作物受冻害。1961年4月16日，遭受严重晚霜袭击，80% 的桑树受冻，叶芽枯萎，桑叶严重减产，春播瓜菜、水稻秧苗损失很大。

1970年3月12—13日，降大雪，积雪13厘米，电杆、树木、房屋等倒塌甚多，交通、电信、供电一度中断。

1972年4月1日寒潮，24小时降温11.6℃。4月19日强冷空气侵袭，三麦严重冻害。夏季气温偏低，秋季低温提前于9月23日出现，后季稻严重“翘穗头”。

1977年6月16—24日低温，除19日平均气温22. 2℃外，其余都低于22℃，前季稻早籼二九青空瘪率达31.2% ，9月20日出现秋季低温，影响后季稻安全齐穗。

1980年4月24—26日，3天气温低于12℃，最低4. 8℃，前季稻秧田出现死苗，9月19日起20℃以下的低温15天，后季稻大面积“翘穗头”，每亩减产122.9公斤。

1981年1月底，气温奇寒，大雪纷飞，部分树木和电杆被压断，停电3天，交通受阻。9月10日开始低温，单季晚稻扬花受影响，瘪谷增多。

1984年1月17日中午至19日上午，大雪46小时，雪深25厘米，积雪16天，多处电力、电信和广播线路中断，陆上交通受阻，部分危险民房倒塌，直接经济损失较重。

1987年11月27日，强冷空气侵袭，日均温度急降10℃，24小时最大降温幅度16.4℃ ，48小时最大降温18.8℃，最低气温-4.1℃，三麦、油菜普遍受冻害。冻害株率：三麦73%～100%，油菜100% ，死苗率皆达10%以上。

1988年3月15日晚至16日上午，雨、雪、冰粒、冰雹和雷电一起侵袭，雨雪量31毫米以上，地面积雪6～13 厘米，14日至16日8时气温0℃，比13日最高气温急降27℃，夏熟作物受害较重。

2008年冬，大雪，雪厚超50厘米。

六、地震

1974 年 4 月 22 日 8 时 29 分 14.6 秒，溧阳发生 5.5 级地震，前洲有明显震感，人觉晃动。

1979 年 7 月 9 日 18 时 57 分 23.1 秒，溧阳发生 6 级地震，前洲震感强烈，房屋摇晃，门窗响动，有的屋瓦坠落。室内瓶杯摔倒，群众外逃。

1984 年 5 月 21 日 23 时 37 分 51 秒及 38 分 54 秒，7 月 24 日 4 时 56 分 54 秒，南黄海发生 3 次地震，前洲房屋晃动，门窗作响。

第三章　自然村落

北幢村的自然村，从村落形成到20世纪60年代，自然村巷基本保持原貌。每个村巷都是傍水而居，或房前，或屋后都流淌着清澈的河水。每个村巷住户基本都是一族，为了节约造房的成本和房屋的坚固，每家每户都连在一起。走出村巷就是农田，通往村外的是泥土小道，因为河道密布，所以大部分的小道都在河堤上。20世纪70年代起，人口不断增长，乡镇企业迅速发展，村民生活逐渐富裕，自然村落发生了巨大的变化。

2005年起，无锡市加快城镇化进程及京沪高铁、城铁惠山站区等建设，北幢村所有自然村庄全部拆除，陆续搬迁至新洲社区、润洲社区、惠丰社区、惠洲苑小区。北幢人耕作、生活的区域将建设成为良田。这些自然村落，从2020年起都已成为历史。

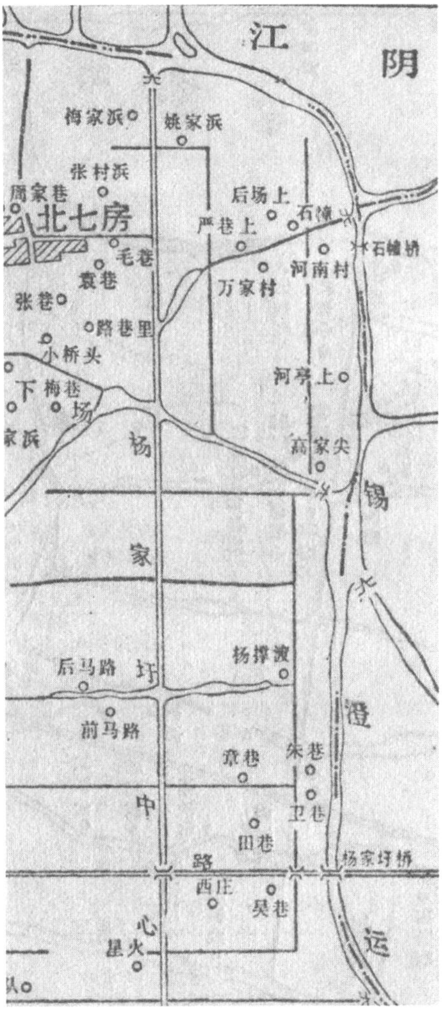

1983年12月，无锡县地名办公室编制的前洲地名示意图中的北幢地区自然村落

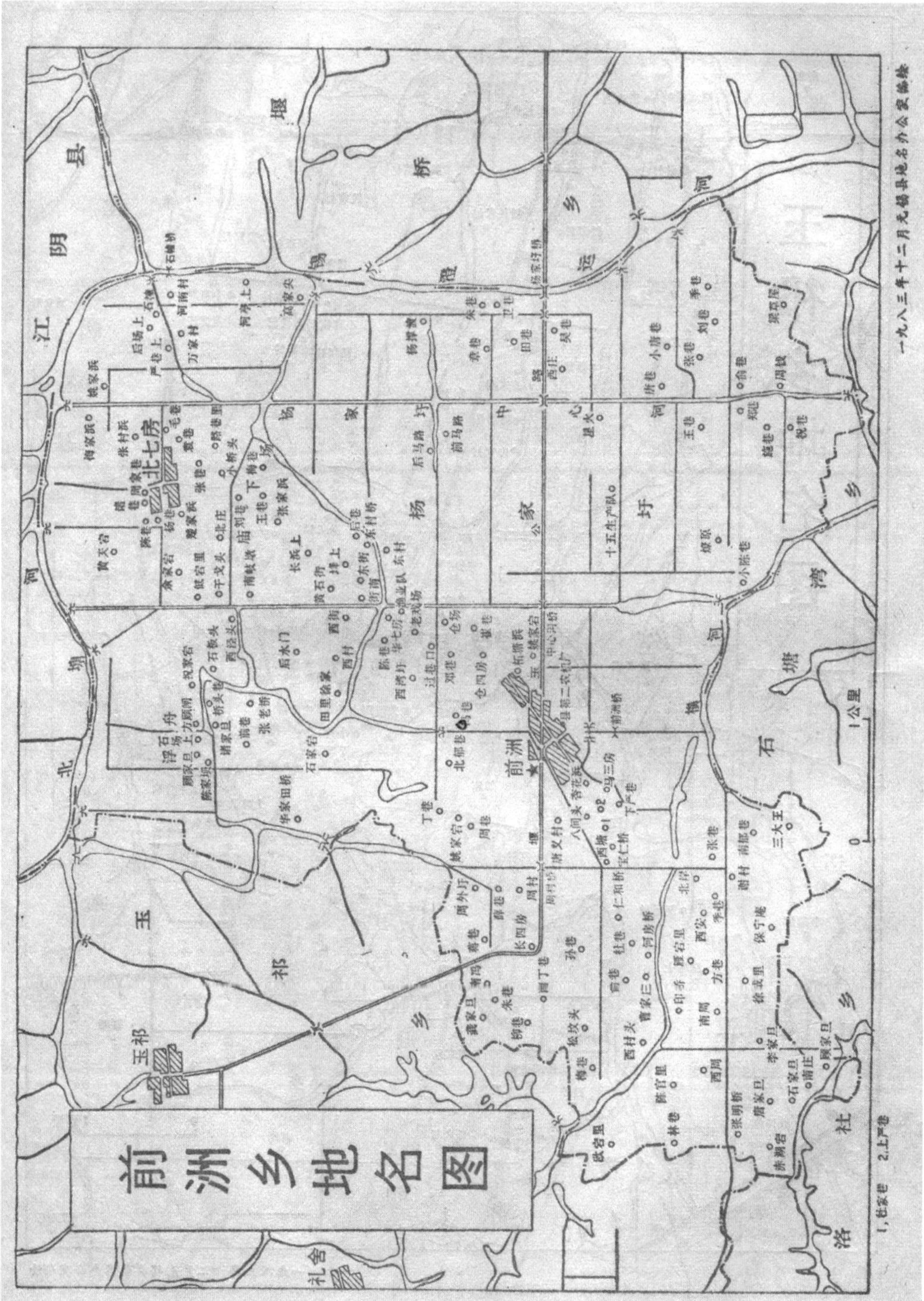

1983 年前洲乡地名图 （《江苏省无锡县地名录》无锡县地方委员会编 1983 年）

第一节　吴　巷

吴巷位于北幢村南端，南与杨家圩村唐巷相望，东靠锡澄运河与堰桥街道仓桥相望，北与田巷相邻，西边与西庄巷相邻，村庄的南西北面都是农田。

吴泰伯后裔，于明朝嘉靖二年（1523 年），迁居于此，年久成村，以吴姓取名为吴巷。后来又有蒋、陆姓等迁入。

民国 18 年（1929 年）前，吴巷先后属青城区、青城市六都二图。民国时属青城区蕃塘乡（后为蕃三乡）。1949 年 4 月至 1956 年 3 月，属前洲区的杨家圩乡。1956 年 4 月属杨家圩乡杨家圩第三高级农业生产合作社。1958 年 9 月属前洲公社杨家圩工区，12 月属北圩大队，吴巷被编为北圩第 1、2、3、4、6、7 生产队。1983 年 1 月属前洲乡北圩村委会，生产队改为村民小组。1987 年 6 月属前洲镇北圩村村委会，2009 年 10 月属北幢村村委会管辖。

吴巷是一个大自然村，有 6 条村巷，有东西向吴渎河穿村而过，河南的村庄叫前吴巷，河北的村庄叫后吴巷，为了方便通行，河上建有一座步行石桥。

1977 年以前，村民去堰桥或无锡城必须渡过锡澄运河，吴巷有村民在运河设渡口，摇小船摆渡于运河两岸。锡玉公路建成后，渡口即停用。

吴巷有古迹“尚书庙”，杨家圩（东芙蓉湖）圩民为纪念明代江南巡抚周忱的治水功绩，建祠庙于此。1972 年建前洲公社磷肥厂时，尚书庙被拆除。2015 年北幢村在原址重建。

吴巷一角　（唐毅 2011 年 3 月摄）

前洲锦绣园牌亭存放着关于“调停吴唐两姓争端”的石牌，事情原委是：杨家圩成圩后，虽可种水稻，但因地处低洼，圩堤羸弱，又无灌排设施，大雨一来白茫茫，三年要没两头，邻村之间常因水患发生争执，轻则口角，重则械斗。乾隆四十六年（1781 年），江苏常州府专为杨家圩唐巷与吴巷村民械斗致死案判决，并立碑以垂永久。

中华人民共和国成立后，吴巷的吴云生、吴兴荀、吴浩星先后担任过中共北圩村党支部书记。

吴其平、吴瑞清是民营企业家。

2010年起，无锡市建设万顷良田，吴巷的自然村全部拆除，村民们先后于2011—2018年搬迁入新洲社区、润洲社区、惠丰社区。

第二节　西庄巷

西庄巷位于吴巷西侧，是个小村庄，有十多户人家。东面有一个十多亩大的鱼塘，西面有一条东西长40多米、南北宽15米左右的月亮湾河，北面是吴渎港河，南与杨家圩唐巷相望。

1840年，吴巷吴姓一支迁西庄。2018年时，有吴姓六户。1900年，冯姓迁来定居，2018年时一户二子四孙。1920年，蒋姓迁来。

民国18年（1929年）前，西庄巷先后属青城区、青城市六都二图。民国时属青城区蓑塘乡（后为蓑三乡）。1949年4月至1956年3月，属前洲区的杨家圩乡。1956年4月，属杨家圩乡杨家圩第三高级农业生产合作社。1958年9月，属前洲公社杨家圩工区；12月，属北圩大队，西庄巷被编为北圩第5生产队。1983年1月，属前洲乡北圩村委会，生产队改为村民小组。1987年6月，属前洲镇北圩村村委会。2009年10月，属北幢村村委会管辖。

西庄巷的自然环境独特，四面环水。20世纪70年代，前洲公社水利建设时在西庄巷新开了东西向吴巷新河。向东进出村巷只有一条宽约2米的村道，且两面夹水。向西沿吴渎河河岸走，可以至前洲街镇。巷路两旁树木成行、竹园成林，夏天人们都在树荫下纳凉。

1980年，西庄巷村民到北圩大队规划点上建房，原住民相继拆掉老房后搬出，也有人到中圩村星火新村定居。1994年，村民吴瑞清在西庄巷上建造了三间别墅洋房，新建房屋四面环水，向东出行的道路树木成荫，是风景秀丽的“世外桃源”。

人民公社时期，西庄巷为北圩大队第五生产队，有14户人家，总人口50

多人，水旱地 70 多亩，男女劳动力 10 多个，以农业为主。乡镇工业兴起后，村民逐步进厂工作。下乡插队知青陈吴刚，当过队长，后回城工作。下放工人吴才根进了无锡县农业机械厂。

西庄巷的冯喜生做过杨家圩乡副乡长、公社农业公司经理，担任过北圩村党支部书记。冯汉生担任过北圩村村主任和书记职务。

2019 年，西庄巷全部搬迁。

第三节　章　巷

章巷位于北圩村中部，东与朱巷、卫巷相邻，北隔卫泾河与杨撑渡相望，南通田巷，西面为大片农田和芦荡滩。章巷紧靠卫泾河南岸，坐北朝南，沿河多为竹林。

民国 18 年（1929 年）前，章巷先后属青城区、青城市六都二图。民国时属青城区蓋塘乡（后为蓋三乡）。1949 年 4 月至 1956 年 3 月，属前洲区的杨家圩乡。1956 年 4 月，属杨家圩乡杨家圩第三高级农业生产合作社。1958 年 9 月，属前洲公社杨家圩工区；12 月属北圩大队，章巷被编为第 9 生产队。1983 年 1 月，属前洲乡北圩村委会，生产队改为村民小组。1987 年 6 月，属前洲镇北圩村村委会。2009 年 10 月，属前洲街道北幢村村委会管辖。

1944 年，章纪林参加过新四军、武工队的多次活动，后来受到了国民党军队的迫害，他为革命事业作出了贡献。

第四节　田　巷

田巷因田姓而得名，位于北圩村中部，南与吴巷相邻，西面是农田、芦荡滩，北通章巷，向东不远可达卫巷。

民国 18 年（1929 年）前，田巷先后属青城区、青城市六都二图。民国时属青城区蓋塘乡（后为蓋三乡）。1949 年 4 月至 1956 年 3 月，属前洲区的杨家圩乡。1956 年 4 月，属杨家圩乡杨家圩第三高级农业生产合作社。1958 年 9

月，属前洲公社杨家圩工区；12 月，属北圩大队，田巷被编为第 10 生产队。1983 年 1 月，属前洲乡北圩村委会，生产队改为村民小组。1987 年 6 月，属前洲镇北圩村村委会。2009 年 10 月，属前洲街道北幢村村委会管辖。

田巷有乡贤田夏林，曾为上海工商界名流，乐善好施，在家乡办学、修路、施诊。1936 年，出资在尚书庙开办幼吾小学。1946 年，免费为乡民看病，请多位医生在福慧庵坐堂施诊给药。在杨撑渡至尚书庙约 1500 米的泥土路上铺设了双块步石，在田巷至锡澄运河起岸的泥土路上铺设了单步石块，极大地方便了乡民的出行，减轻了孩童上学步行之艰辛。

田夏林在田巷西侧建有田祠堂，坐北朝南，三间大厅，与传统的祠堂有所不同，大厅顶上装饰了方格天花板，色彩华丽。1958 年，北圩大队在田夏林家祠开办了小学。后因漳渎河的开拓、石洲路的建设全部拆除。

20 世纪七八十年代新建民房，田巷村民在规划的新宅基地建起新房，老村巷只剩一间民房。新建住房也因无锡市万亩良田建设工程，于 2011 年开始拆迁，至 2020 年，分别迁入新洲家园、润洲家园、惠丰社区。

第五节　卫　巷

卫巷以卫姓得名，位于北圩村的中东部，东邻锡澄运河，南与吴巷相望，西与章巷相邻，北与朱巷隔卫泾河相望。

民国 18 年（1929 年）前，卫巷先后属青城区、青城市六都一图。民国时属青城区蓁塘乡（后为蓁三乡）。1949 年 4 月至 1956 年 3 月，属前洲区的杨家圩乡。1956 年 4 月，属杨家圩乡杨家圩第三高级农业生产合作社。1958 年 9 月，属前洲公社杨家圩工区；12 月，属北圩大队，卫巷与朱巷被编为第 8 生产队。1983 年 1 月，属前洲乡北圩村委会，生产队改为村民小组。1987 年 6 月，属前洲镇北圩村村委会。2009 年 10 月，属前洲街道北幢村村委会管辖。

卫巷不大，名气不小，其村东依锡澄运河堤岸有吴公祠、福慧庵、施药局、轮船码头。

《前洲镇志》载，清康熙九年（1670 年）夏大水，芙蓉东西两湖数处决堤，知县吴兴祚捐助俸米、“赈灾米三千三百六十石， 并劝各田主每亩出救济米三升”，分发给各佃户，动员圩民拼力兴修圩堤，增筑圩内纵横挡水岸，使“高水不入圩中，中水不入圩下，下水不入圩低”，创高低分开之举，全圩受益。筑芙蓉东湖（杨家圩）漳渎河东西两坝，东坝设涵洞通水，内灌各圩，洪涝期间，东西两坝各半设水车将水车入外河。编设圩长三十六名，岸甲一百零八名，照田分派催督，年年遵照原定章程驳筑圩岸。优免各项杂差，专值岁修圩岸。芙蓉东湖每年每亩只纳芦荡税二分。芙蓉东湖圩民为缅怀吴兴祚治水功德，在杨家圩卫泾建吴公祠，以祀吴公。

民国时，田夏林在吴公祠旁造施药局。1949 年后，北圩大队大队部就设在施药局旁的二层小楼。1965 年，北圩大队在吴公祠福慧庵办起粮饲加工厂、淀粉厂，施药局被用作前洲供销社在北圩大队的代销店。

锡澄运河是无锡往来于江阴的主要水运通道，民国时，私人开办轮船公司，运行无锡至江阴的客运班轮，设在杨家圩的码头就在福慧庵旁。在水运年代，这个码头是杨家圩人出行的要道。1977 年锡玉公路通车，1985 年锡澄客运班轮停航。

卫度南、卫二南是北圩起重队的工人，技术精湛，认真负责。1973 年，卫二南出国参加坦桑尼亚尼罗河大桥的建设。回国后，卫二南在江苏省变电公司工作。卫度南后在浙江省变电公司工作。

企业家卫正明开办的无锡市前洲高压泵厂，产品科技含量高，在同类行业中销量领先。

卫巷在沪宁高速公路建设中移地重建，2011 年，因万亩良田建设整村拆迁，分别迁入新洲家园、润洲家园、惠丰社区。

第六节 朱 巷

朱巷位于北圩村中东部，东邻锡澄运河，南与卫巷隔河相望，北通杨撑渡，西边是农田。朱巷以朱姓为主，另有吴、杨二姓。

民国 18 年（1929 年）前，朱巷先后属青城区、青城市六都二图。民国时属青城区蓊塘乡（后为蓊三乡）。1949 年 4 月至 1956 年 3 月，属前洲区的杨家圩乡。1956 年 4 月，属杨家圩乡杨家圩第三高级农业生产合作社。1958 年 9

月，属前洲公社杨家圩工区；12 月，属北圩大队，朱巷与卫巷被编为第 8 生产队。1983 年 1 月，属前洲乡北圩村委会，生产队改为村民小组。1987 年 6 月，属前洲镇北圩村村委会。2009 年 10 月，属前洲街道北幢村村委会管辖。

1983 年统计，朱巷耕地面积 100 余亩。

朱巷村庄沿卫泾河北岸而建，门前沿河皆为竹园。村东头的堤岸上有一个泵站，1965 年，在卫泾河与锡澄运河交汇处建造了一座排灌两用泵站，既用于灌溉农田，雨季时也向锡澄运河排出内河积水。

2010 年起，无锡市建设万顷良田，田巷的自然村全部拆除，村民们先后于 2011－2018 年搬迁入新洲社区、润洲社区、惠丰社区。

第七节　杨撑渡

杨撑渡自然村位于北幢村中部，村庄东面紧靠锡澄运河与堰桥街道仓桥相望，南与朱巷相通，西边隔农田与“马路上”相望，北边与高家尖遥望。距北幢村委会 1 公里，距前洲街道办事处 2.5 公里。

民国 18 年（1929 年）前，杨撑渡巷先后属青城区、青城市六都二图。民国时属青城区蕃塘乡（后为蕃三乡）。1949 年 4 月至 1956 年 3 月，属前洲区的杨家圩乡。1956 年 4 月，属杨家圩乡杨家圩第三高级农业生产合作社。1958 年 9 月，属前洲公社杨家圩工区；12 月，属北圩大队，杨撑渡被编为第 11、12、13、14、15 生产队。1983 年 1 月，属前洲乡北圩村委会，生产队改为村民小组。1987 年 6 月，属前洲镇北圩村村委会。2009 年 10 月，属北幢村村委会管辖。

明成化年间（1465－1487 年），杨潮、杨津两堂兄弟从胡桥迁至本地，在锡澄运河西，傍马塘江北岸建房定居，后称外杨。明万历年间，杨松从南京迁到马塘江南岸定居，后称里杨。马塘港是前洲、杨家圩中部东西的水运河道，与锡澄运河相接。锡澄运河宽近 30 米，无力建桥，村民出行堰桥、无锡多有不便。遂有杨氏族人在锡澄运河设渡口，以撑船摆渡为业。此渡口曾为前洲与堰桥乡民来往于两岸的一个主要通途。石家宕、黄石街、马路上等的村民都沿马塘江两岸步行至杨撑渡摆渡到堰桥。经年以后，杨撑渡便成为村落的名称。

杨撑渡以杨姓为主，亦有曹、沈、方、张、陈姓。1983 年统计，共有农户

163 户，人口 689 人，耕地 650.7 亩，其中水田 630 亩、旱田 20.7 亩。杨撑渡北至高家尖界之间的区域是北圩村的工业园区。1978 年村磷肥厂搬入园区，金属压延厂等一大批企业相继入驻。

杨撑渡村落比较大，由 6 个自然村巷组成，马塘港南岸的两个村庄称里杨，北岸的三个村庄称外杨，靠近锡澄运河渡口有个朝东巷。

里杨的两个村庄坐北朝南，紧靠马塘江，东西向一字排列，相距约 20 米，宅基比周围农田高出 1 米多。东边的村庄形成早于西边的村庄，东边村兄弟成婚后分家，至西边建房成村。两个村巷不在一条线上，东边村巷西边 10 户开始向北缩进了 10 米，因为马塘港的走向偏东南－西北，所以建房时都紧靠马塘江南岸。外杨有 3 个村巷，南北向前后排列。朝东巷面对锡澄运河的堤岸，有 6 间平房，进深不足 8 米。门前屋后都是树木，门前的场地也不大，是摆渡人家的住房。

明宣德年间（1426－1435 年），周忱围垦芙蓉湖，重建黄田港、蔡泾河水闸，锡澄运河正式形成。明天顺年间（1457－1464 年），常州西北吕城堰坍塌，镇武段运河阻断，漕船改锡澄运河出江驶往瓜洲，锡澄运河成为贯通大江南北的漕运要道。运粮漕河江水混浊，泥沙沉积，河床易淤浅，历代封建王朝均重视此河的疏通。因为河水较浅，杨氏的摆渡船只用竹篙撑，且渡船较小，一次摆渡不能超过 10 人。1949 年后，运河疏浚后，枯水深达 2.5 米以上，摆渡船还是用橹摇的。据年逾 85 岁的杨欣荣回忆，当年一条能坐 7～8 个人的渡船，是 12 户人家合起来买的，摆渡的生意也是 12 天轮流做的，当天的收入归当天的船工。他们是杨欣荣、杨继发、杨万春等。

民国 19 年（1930 年），乡贤在杨氏祠堂开办了杨撑渡小学。1956 年，幼吾小学、马路上小学四五六年级并入杨撑渡小学。1958 年，更名为北圩小学，并搬迁至田祠堂。

杨撑渡中间有一条马塘江河，这条河是前洲杨家圩的主要内河，东端与锡澄运河相通，是杨家圩等地区进入锡澄运河的主要通道。内河与运河的水位落差较大，为了航运和挡水，建有木闸。1965 年建闸，原为木门结构一字形。1984 年换成水泥结构一字门，1990 年改造成直升横移式钢板门。1994 年下闸翻修换门。设计水差为 1.5 米，闸底高程吴淞水位 1.4 米，闸项高程 5.4 米，孔径净宽 3.2 米，闸室长 20 米。1978 年，在套闸北建杨撑渡排涝站。

杨撑渡地处圩乡，河网纵横交错，直到20世纪70年代，村民主要以种田捕鱼为生。20世纪80年代，北圩大队成立渔业队，第一任队长杨汉兴，后任队长杨阿进。把全村的水面（所有河道）围网养鱼，安排了劳动力，发展了副业生产，并在发展村级工业经济中起到了一定的作用。杨撑渡北面在锡澄运河西有一个40亩左右的大河塘，水质清，村民们常年种菱捕鱼。

杨撑渡1970年前建造的民房　（杨汉民 2023年5月摄）

从村落形成到双置换搬迁，杨撑渡村巷发生了巨大的变化。

明清及民国时期，村民的住房都是低矮的平房，一个村巷的房子都连在一起，两家共用一柱子墙，因为收入的限制，外墙是用砖砌的，内墙大部分是用土坯砌的，砖墙抗风雨，土坯不经日晒雨淋。

20世纪70年代初，还是矮小的兵营式的房屋，每户房屋紧靠一起，共用一堵山墙，一个村庄的房屋连成一个整体。较早建造的房屋以砖木结构为主，山墙为单壁，有结构立柱。每家宽窄不一，2.5～3米，基本结构大同小异，前段是平房带阁楼，前厅（大门前）和厨房（灶间），隔一个2米长的天井，是中段，一般是矮楼房，再往后隔一天井又是平房，一般是猪舍，养猪积肥也是任务。

杨撑渡一角　（唐毅 2011年3月摄）

屋前，每家门前都有近10米长的砖场。农忙季节，稻麦油菜收割上场后成为晒场。场前还有5～6米宽的树林。春夏秋农闲时节，天气较为暖和，一个村巷屋前的一片砖场，傍晚就成为一天中最热闹的时光。

里杨村巷沿马塘江南岸而建，打开后门，走几步即能到河边。岸边植有护岸的杨树、楝树、榉树等，每相隔几户，筑一个河滩，方便淘米、洗菜、洗衣服、挑水等。每到夏天，就有放了暑假的孩子在屋后的树荫下钓鱼、游泳。

1975 年开始，前洲公社党委适时提出了农民新建住房的政策，北圩大队根据杨撑渡的实际情况，规划了新建住房宅基地。新建住房离锡澄运河 20 米，在里杨东面，与外杨同在南北线上，靠近新开的河，一排 16 间，家家合墙的兵营式二层楼房，房宽 3.6 米，层高 2.8 米，前造 10 米，中间天井 4 米，后造 7 米。后因村民建议，改为房宽 3.8 米，层高 3.5 米，前造 10 米，中间天井 4 米，后造 10 米。新房建好，老房拆掉。

20 世纪 80 年代中期，前洲乡镇工业迅速发展，大部分劳力都进入镇办村办企业工作，收入增加，人口增长，农民在镇政府的规划下，开始第二次建造住房。一部分村民在原来的宅基地造房，一部分在 70 年代规划的地基上造房。1990 年开始，部分村民翻建住房，部分村民造了洋房（江南别墅式民居）。

2000 年后，自然村落从原来的 6 个村巷，扩大至 10 个村巷。

2009 年 1 月，无锡市为了统筹城乡发展，推进经济社会健康协调可持续发展，启动了万顷良田建设工程。根据惠山区的规划，杨撑渡的所有自然村庄于 2011—2018 年全部拆迁，村民分别搬入新洲社区、润洲社区、惠丰社区，住进了十几层高的楼房。有着 600 多年历史的自然村落，将留存于历史的文本中。

第八节　马路上

马路上位于北圩村西北部，东与杨撑渡相望，西与黄石街村东村桥相望，南、北都是大片农田。村庄紧靠马塘江河，村庄东西的河道很宽。

民国 18 年（1929 年）前，马路上先后属青城区、青城市六都二图。民国时属青城区蕫塘乡（后为蕫三乡）。1949 年 4 月至 1956 年 3 月，属前洲区的杨家圩乡。1956 年 4 月，属杨家圩乡杨家圩第三高级农业生产合作社。1958 年 9 月，属前洲公社杨家圩工区；12 月，属北圩大队，马路上被编为第 16、17、18、19、20 生产队。1983 年 1 月，属前洲乡北圩村委会，生产队改为村民小组。1987 年 6 月，属前洲镇北圩村村委会。2009 年 10 月，属前洲街道北幢村村委会管辖。

“马路上”这个自然村名，很容易让人想起城里的马路，但也由来已久。明朝末年，季姓十九世先祖车桢于隆庆元年（1567 年）从长安城塘迁居松花池（马路上）开荒种田，兄弟分居分别在马塘港两岸定居，年久成村。马塘港是前洲杨家圩地区的主要水运通道，堤岸也是步行的主要陆路，黄石街、邓巷等村民到堰桥或无锡城里去，一是坐船经马塘江至杨撑渡，二是沿马塘江河岸步行至杨撑渡，摆渡到堰桥。从“马塘江路上”习称为“马路上”。

另有传说，清咸丰年间，北七房华氏任无锡县令后，衣锦还乡，骑高头大马，率一队随从，沿马塘江河岸悠哉踱回老家。中途经过这个村庄，“马走的路”，久之称“马路上”。

季姓兄弟隔河造宅，形成村庄后，河南岸的谓前马路，河北岸的谓后马路。前马路以季姓为主，后马路有季、朱、曾、范、廉姓。

马路上东南 300 米， 有一块 70 多亩大的洼地，这里水草丛生，蒿草、芦苇把它分割成许多大大小小的水潭，潭内盛产糠虾、小鱼，是水鸟、野鸭、黄雀安家繁衍的好地方。每年秋天，雁群飞经此地，也喜欢停下来栖息觅食，一住就是几天，因此这片洼地本地人叫它天鹅潭。新中国成立前，每年冬春，勤劳无地的农民也曾在这里择高处开垦，打算夏初种上水稻，但一到春夏之交的汛期，积水 2 尺，已无法莳秧，即便莳上秧也是十年九无收。长期以来，70 多亩大的天鹅潭只是当地人端午采摘包粽子用的芦叶和冬天捕捉糠虾和黄雀的去处。20 世纪 60 年代中期，在农田基本建设整田平地时，天鹅潭变成了良田。

马路上村落一角　（季金祥提供）

1929 年，朱子匮先生开办私塾馆，1932 年利用季培林的闲宅开办小学，1934 年冠名为优奋小学，1956 年高年级转入杨撑渡小学，低年级学生在马路上小学就读。1983 年并入北圩小学。

季菊林，1947 年捐资大米 130 石，用于建造朱坊坝水闸、铺设从村到朱坊坝的金山石步石路。

1950 年，前马路季听荣任农委会长。

1950 年，马路上共有近百户家庭，总人口 300 多人。1951 年实行土地改革，全村人均分配到水旱田 1.3 亩，领到了人民政府颁发的土地证。

1973 年，季德生参加支援坦桑尼亚尼罗河大桥的建设，负责吊桩起重作业。由于其工作勤奋、踏实苦干，1976 年被评为县、市、省劳动模范。曾任无锡县委委员、县总工会常委。

马路上的企业家有季生根、朱国平、季亮、季雪冬、季建龙、季建平、季海兴、季静等。

2009 年，因建设惠澄大道，部分民房拆迁。2010 年，因无锡市建设万顷良田，马路上全部拆迁，全体村民入住新洲家园、润洲家园。

马路上村落一角　（唐毅 2010 年 4 月摄）

第九节　高家尖

高家尖自然村坐落北幢村东北部。东依锡澄运河与堰桥街道相望，南与杨撑渡接壤，西临斜江河，沿河向西约 2 公里是北七房村，北为后底河，与河亭上连接。

民国 18 年（1929 年）前，高家尖先后属青城区、青城市六都一图。民国时属青城区莲蓉镇（后为北七房镇）。1949 年 4 月至 1956 年 3 月，属前洲区的北七房乡。1956 年 4 月，属北七房乡新星高级农业生产合作社。1958 年 9 月，属前洲公社的北七房工区；12 月，属石幢大队，高家尖下设第 1、2、3、4、5、6、7 生产队。1983 年 1 月，属前洲乡的石幢行政村，生产队改为村民小组。1987 年 6 月，属前洲镇石幢村村委会。2009 年 10 月，属前洲街道北幢村村委会管辖。

高家尖村历史悠久，至今已有 640 多年历史。它起源于 1368 年，由“彻公”第十世泰七从常州武进横山桥迁至无锡青城乡高家尖。定居时，取名为高家村，意为高氏之家。后为何加“尖”一字，这里有两个传说。一是高家村口有一片凸显荒地叫“墓墓尖”，又称老坟滩。时间长了，就把“尖”字加在高家之后，高家村改称为高家尖村。另一个传说是高家村共有祖族四房：大房、二房、三房、小四房。按照传统的分归规矩，无论是住房或是田地，都应是哥南弟北、哥东弟西，因哥大弟小。而高家村的房屋分归却正相反。小的在南为上，大的在北为下，这样形成了一个“尖”字，村庄的名字因此改为高家尖村。

高家尖一角　（唐毅 2011 年 3 月摄）

高家尖全村人都姓高，约于 1668 年筹建了高氏宗祠，坐落在村东北角，祠前有两只青石马，挺立在大门两旁。祠堂占地面积约 594 平方米，建筑面积 430 平方米，三间三造，内设祖宗厅、大仙堂、大厅以及辅房，包括住房、厨房、库房和消防水龙房等。每年清明、冬至等祭祀时节，高氏子孙都到祠堂点烛烧香，祭拜祖先。

1913 年，原高氏宗祠改建为学堂，取名尖溪小学。初办时学生稀少，只有一个教师。1949 年，有 6 个年级，两个教室，复式教学。1984 年，建村级公路时被拆除。在尖溪小学当过老师的先后有陈同生、袁宝卿、高祖羔、邓箬烨、朱欣初、陈生娣、高惠芬等 20 多人。

1941 年农历十二月二十三日，一队日军闯进高家尖村，村中不分男女被抓到前巷场上，将高步云、高小林、高祥宝三人拉到福根家中，剥掉他们的外衣，吊在梁上，脚下放火烧，三人一声未吭，后又把他们押往斜江河西边塘河里。将人赶入河中，日军连开三枪，三人毙命河中。同日，日军又将被怀疑人高洪泉、高洪法、高炳南三人押往江阴黄桥，高洪泉被活活烧死，高洪法、高炳南两人屁股被烧烂。老人回忆，抗战时期，高家尖村被日军杀害的抗日志士和村民有 30 余人。

高家尖是一个大村落。1972 年统计，全村有农户 194 户，人口 685 人。新中国成立前，世代为农，以农而生。每年种稻麦两熟，因地势低洼，每逢大荒，收入无几，勉强维持生活。新中国成立后，经过土地改革，农民分到了土地，租田变成了自田，都自食其力。经过生产关系的变迁，建立了互助组，办起了合作社，建起了人民公社，1958 年石幢大队成立，高家尖先后成立第 1 至第 7 生产队，1971 年成立了生产联队，队长高进法。下面分四个生产小组，各组划分田块，定产定工。1974 年联队解散，先组建了 6 个生产队，后重建为 4 个生产队。

高家尖村民在农田耕作之余，为维持生计，也从事其他副业，如种菱、捕鱼。

高家尖南边有个大白洋，与锡澄运河通连。南北长约 300 米，河宽 60 余米，水面有 18000 多平方米（约 270 亩）。清澈见底，游鱼往来。1942 年起，村民便开始在此种菱捕鱼。开始种菱时，买了菱种 150 余公斤。以后，每年 4 月下种，8 月采菱，七八只菱桶轮流采摘，可采菱 2500 余公斤。四角菱个头大，肉白嫩，可生吃，可熟食。农田收成不好时，村民把它当主食，生活水平大幅提高后，都作零食。

四角菱采摘结束后，开始捕鱼。一次捕鱼要放三次网，收一网将要两天时间。第一次网鱼最多，一网约 500 公斤，每年可捕鱼 1500 余公斤，大的草鱼有 7～8 公斤。大部分鱼被鱼贩子买去，周围村民也前来购买。少部分鱼，按高家尖人口平均分配。

20 世纪 70 年代起，运输船只增多，运输繁忙，河水污染，水质变差，大白洋逐渐长不出菱，鱼也越来越少。

1983 年农村实行联产承包责任制，土地按人分配到户，其中有责任田、口粮田、自留田。土地分到农户后，极大地调动了农民的劳动积极性，提高了劳动生产率。粮食产量逐年提高，人民生活水平也得到了改善。特别是改革开放后，全面推行了以经济建设为中心的政策路线，乡镇企业如雨后春笋，不断发展壮大。高家尖村的大部分青年进入了乡镇企业，按月领工资。改制后，少数能人自创事业，办起了企业，如高祥兴办了前洲兴扬印花设备厂，高才介办起了高压泵厂，高明吉办起了喷砂厂。村民的经济收入大幅度提升。住房从平房改建为楼房，又从普通楼房改建为别墅，家庭生活电气化、出行车辆化，村民们都过上了好日子。

2011 年，惠山区推行城市化建设和万顷良田建设，高家尖整村拆迁，村民全部搬迁至惠丰社区、新洲社区、润洲社区。为了留住乡情，村民于 2017 年购置一块重约 30 吨的金山石，刻上“高家尖旧址”五个大字，将它矗立在原高家尖村的路口。

高家尖旧址　（2023 年 5 月摄）

第十节　河亭上

河亭上坐落于石幢与高家尖的中部东侧，东倚锡澄运河，沿河而建。南与高家尖相邻，西为农田，北隔竖头江与河南村相望。

民国18年（1929年）前，河亭上先后属青城区、青城市六都一图。民国时属青城区莲蓉镇（后为北七房镇）。1949年4月至1956年3月，属前洲区的北七房乡。1956年4月，属北七房乡新星高级农业生产合作社。1958年9月，属前洲公社北七房工区；12月，属石幢大队，成立河亭上生产队。1978年，编为第5生产队。1983年1月，属前洲乡石幢行政村，生产队改为村民小组。1987年6月，属前洲镇石幢村村委会。2009年10月，属前洲街道北幢村村委会管辖。

明朝中叶，石幢有一座金山石大桥，名为“龙寿桥”，百姓俗称石幢大桥，雄伟壮观，各地人士慕名前来见识这座伟桥。有一天，一位张姓人氏，从桥下一气奔至大桥顶部，双手叉腰，向南远望，只见几百米之外西岸有一座亭子，顶尖闪闪发光，他十分好奇，于是下桥向南直奔而去，一见是一座六角歇凉亭，顿时心生钟情。回家后，和几位好友谈起此事，都生奇想，一致愿意前来建房定居。不几年，已有十几户人家迁徙而来，落户宝地。因傍依锡澄运河，岸上有歇凉亭，不约而同，一致决定新村定名为“河亭上”。

光阴流逝，代代相传。经过衍生繁育，到新中国成立前，这里已有30多户人家。除张姓外，还有杨姓、徐姓和王、孙、严、高、陈、倪等姓氏。

河亭上，村虽小，但占地面积较大，人虽少耕地面积却多，是一个名副其实的农田大村。从村西直至北七房田界，南至高家尖下底河，北至竖头港，足足有200多亩耕地，户均5亩左右。村民徐金和身高力大，16岁时，一人就种地16亩。田块大小不一，最大的一块田在竖头港北侧，竟有10多亩，称为“十亩里”，十分罕见。田主为张勇林，每年插秧季节，一家三口齐上阵，也要花上8～10天。土改时，经过测量，这

河亭上一角　（唐毅2011年3月摄）

块地有 11 亩。

这里的村民勤奋刻苦，男女老少，自幼就下地劳动。由于生产力落后，没有大型农具，更谈不上机械作业，因此运输靠肩挑，锄田用铁耙，“三铁耙，六稻秆”，鸡叫做到鬼叫，年初一要忙到大年夜，一年两熟，稻麦各一熟。由于地势低洼，遇到大水洪涝，庄稼被淹，因此收入寥寥无几。耕地虽多，却收益甚少，只能吃一碗倒一碗，积余微薄，生活十分艰苦。

明末清初，乡民为求一方平安，建造了一座观音庵，名为德庆庵。全庵三间二造，庵内摆放了观音菩萨、关公大帝、十八罗汉等泥菩萨。每年农历二月十九日是观音娘娘的生日，从十八日起，四村八邻不请自来，纷纷进庵烧香点烛，摆团放果，叩拜祭祀。庵内人头攒动，烟火缭绕。凡是观音日进庵烧香、叩拜者，到中午都能吃到一碗素面。民国后期，庵内有一尼姑，名叫孙龙羲，年轻时就出家在此看庵修炼。新中国成立后，烧香拜佛者逐渐稀少，生活也无着落，她就嫁给本村青年陈坤法。“文化大革命”中，德庆庵被毁。

河亭上尽管是个小村，又偏僻，但仍没逃过日寇的洗劫。1941 年秋的一天上午，来了一队日军，到处拉夫抓人，村民四处逃生，一片恐慌。村民徐宝源出逃晚了一步，不幸被日军抓住，遭到了毒打。第二天晚上，他趁机逃了回来。可是没过几天，日军又来“扫荡”，徐宝源正在家里抱着孙子，听见外面有喊声，吓得面如土色，放下孙子迅速从后门逃出。可是只逃出百米来远，就被日军一枪击倒在田里。

河亭上村小人少，人才也不少。徐仁秋就是其中之一。他自幼聪明好学，初中毕业后就去上海当学徒，其间在政治上要求进步，受到了组织上的重视与培养。因文笔出众，写作思路敏捷，工作踏实肯干，被提拔为上海钢铁三厂办公室主任。

随着时代的发展，特别是改革开放以后，乡镇企业如雨后春笋蓬勃发展，单一的农业经济被彻底改变，工业经济日渐发展，百姓亦工亦农，家庭经济收入不断提高，生活条件越来越好。平房都改建了二层楼房，有的造了洋房，吃水用上了自来水，生活电气化，出门用上了电动车、小轿车。2011 年，城乡一体化全面推开，河亭上的民居也全被拆除，村民们分别迁移至新洲社区、润洲社区、惠丰社区，住进了新居。

第十一节　河南村

河南村位于石幢港河东部南岸下。东靠锡澄运河，南与河亭上相望，西紧靠万家村，北隔石幢港与石东村相邻。全村由东向西，沿石幢港南岸而建，长百余米。全村分东西二巷，东巷坐南朝北，开门见河，背倚叶氏祠堂；而西巷则坐北朝南，开门见桑。两巷中间有2亩多桑园，在园中有一条小径，是东西两巷相通的必经之道。

民国18年（1929年）前，河南村先后属青城区、青城市六都一图。民国时属青城区莲蓉镇（后为北七房镇）。1949年4月至1956年3月，属前洲区的北七房乡。1956年4月，属北七房乡新星高级农业生产合作社。1958年9月，属前洲公社北七房工区；12月，属石幢大队，成立河南村生产队。1978年，编为第6、7生产队。1983年1月，属前洲乡石幢行政村，生产队改为村民小组。1987年6月，属前洲镇石幢村村委会。2009年10月，属前洲街道北幢村村委会管辖。

河南村历史悠久，有一块瓦屑地可以佐证村的渊源。此地就是村西的一块“当住基”，约有5亩，曾是一片偌大的石灰行和一家典当铺。清咸丰十年（1860年），因战乱火烧，变成了一片废墟。后人将瓦屑清理后种上了桑树。从地块的变异和村巷房屋的旧痕推测，河南村在太平天国之前百余年就已经存在，或更早的年代。

民国初期，居住在此的村民，除东巷叶阿七开豆腐坊外，都以农为生。东巷的耕田大部坐落在石幢大桥东的芦荡圩（新中国成立后改名为解放圩）。西巷的耕田在村南部，沿锡澄运河塘岸下。

全村耕地面积较多，平均每户3亩，王荣福家最多，有耕地42.2亩，每年稻麦两熟。因村地势较低，遇到洪涝灾害，禾苗被淹，收入无几，村民生活贫困。

除农业之外，这个村的蚕桑业小有名气。全村有桑田10多亩，基本户户养蚕，一年春秋二季，户均养蚕有两张多，蚕种都是到西漳蚕种场购买。养蚕不但是个忙活，也是个技术活，从出蚕到平日喂养都十分考究。平时妇女们相互交流，互相帮助。到大眠时，必须提前准备山笼。这时，男劳力不约而同地帮忙准备柴草和工具。按养蚕的总数多少，看大蚕的匾数分别绞好一定数量的山笼。由于早作准备，以笼等蚕，使蚕宝宝能恰时上山。由于养蚕技术熟练，生活细致，不但小蚕生蚕率高，蚕茧生产量也相应增加，蚕茧生产后就地出售，可获得一笔可观的收入。

新中国成立后，实行了土地改革，农民分得了土地，建立了互助组、合作社、高级社。1958 年前成立了人民公社，各自然村都成立了生产队。1978 年，河南村成立第 6、7 生产队。而后，土地作了大调整，河南村的耕地全部在大桥东的解放圩。为了解决生产队的仓库问题，专门派人到泰州市苏北电机厂购回 3 台直流发电机，至前洲供销社换回青砖 5 万多块，建造 4 间仓库。为了提高经济收入，又将仓库改建为锯板厂，十里八村的村民用船摇着树木前来锯板。由于锯板技术好，又有木匠指点尺寸，锯板生意十分火爆，集体经济上了一个新台阶。

改革开放以后，工业经济不断发展，剩余劳力进了工厂，亦工亦农，农民经济收入大幅提高。到 20 世纪 80 年代，全村的房屋进行了翻建，平房变成楼房，也有洋房，家庭生活实现电气化。2020 年，全村已有小轿车 20 辆、面包车 5 辆。

抗日战争时期，河南村遭到日本侵略军三次“扫荡”，叶阿福被杀害，叶玉平被抓去当伙夫，叶玉书家的家具被烧毁，全村百姓经历了惊心动魄的苦难生活。

河南村出了个女秀才叶云秀。自幼聪明伶俐，学业优秀，考入中国科技大学。大学毕业后，从事核与粒子的研究，成为大学教授、博士生导师，多次出国访问、演讲，发表论文 60 余篇，享受国务院政府特殊津贴。

农民王鹤松，1957 年参军，从军近七年。1968 年被推荐至前洲公社革委会工作。1970 年被任命为前洲乡第一任广播站站长。他好学上进，工作认真踏实，潜心钻研文字工作，写报道出新闻无数，被省、市、县报聘用为通讯员。多年来，在报刊上刊发稿件 500 多篇。退休后，被村聘为老年协会会长、关工会副主任，一干就是十年。多次被评为优秀共产党员，被评为惠山区先进工作者。

2007 年，因建造京沪高速铁路，河南村的 20 多户农户的房屋于 2008 年拆除。2011 年，实行城乡一体化，剩余的 18 户农民也全部搬迁。全村村民分别迁至前洲新洲社区、惠丰社区、润洲社区。

第十二节　万家村

“四巷三河万家村，历史久远元明清。繁育生息人丁兴，丰衣足食好前程。”这是村民们对万家村的真实评价。

万家村坐落于石幢港西部南岸，三面环水，东有周家河，西倚荷花泾，北靠石幢河与严巷上相邻，南与高家尖远眺相望。

民国18年（1929年）前，万家村先后属青城区、青城市六都一图。民国时，属青城区莲蓉镇（后为北七房镇）。1949年4月至1956年3月，属前洲区的北七房乡。1956年4月，属北七房乡新星高级农业生产合作社。1958年9月，属前洲公社北七房工区；12月，属石幢大队，设万家村生产队。1978年，编为第8、9生产队。1983年1月，属前洲乡石幢行政村，生产队改为村民小组。1987年6月，属前洲镇石幢村村委会。2009年10月，属前洲街道北幢村村委会管辖。

万家村起源于元末。当年有严、万两姓氏家族到此定居。因严万谐音为念万，大吉大利。于后，有周姓、叶姓慕名而来建舍定居，村巷显现了雏形。待取村名，严、万两姓互不相让、争论不休。严姓提出取名严家村，而万姓一意定名万家村。数月后，绝大多数村民认为，万家村村名吉利，有远识，象征人丁兴旺之意，于是，定名为万家村。

清代至民国年间，又有杨、季、陈、王姓家族迁移而来。逐步形成了四条村巷，全部坐北朝南，粉墙黛瓦，错落有序。村东有一条河，名为周家河，河面宽阔，贯穿南北村巷，与港河、锡澄运河相连相通，河水终年不涸，水质洁净，是全村村民的生活河。村民因河而生，依水而活。饮用水、淘米洗菜都在河里。为此，村民们都尽力保护周家河，自觉不倒污水，不下河捕鱼捉虾。直到村民喝上了井水，周家河变成了鱼塘。

新中国成立后，人民当家作主，农民分得了土地，全村35户人家、185人，开始了新的生活。从互助组、农业生产合作社到人民公社，成立了生产队，农民走上了集体道路。农田机械化水平逐年提高，农田耕耘用上了小型拖拉机和中型拖拉机。万家村首先购买了电动脱粒机，彻底告别稻麦用手掼的历史。集体经济壮大后，生产队都建造了仓库，盖了养猪场。随着粮食生产的稳定增长，农民分配收入逐渐提高，生活水平跟着上升。

改革开放后，到20世纪80年代，全村农户都拆旧建新，建起了楼房，有8户人家盖了洋房1995年，在物质生活水平提高的同时，村民自发捐募3万多元在村东建造了3间农民活动室，开展棋牌等多项文娱活动。村民周再良买了一台电视机赠送给活动室，更加丰富了全村村民的文化生活。户户有存款，家家住高楼。2020年，全村已经拥有轿车32辆。2011年，村民们响应政府号召，实行城镇一体化，享受双置换待遇，全村民房全部拆除，入住前洲润洲社区和惠丰社区。

万家村一角　（唐毅2011年3月摄）

万家村人才辈出，涌现了一批有为村民。

叶双泉，1927年生，1949年参加工作。由于他要求进步，工作积极踏实，被提拔为北七房乡副乡长。又多次调任至玉祁、堰桥工作，直至退休。

周荣兴，1948年生，1963年进入前洲造船厂工作，敬业爱岗，好学上进，积极钻研技术，上级组织便着重培养。而后被任命为造船厂厂长、党支部书记。

周三保，1927年生。他不忘家乡情，在担任江阴青阳回纺厂厂长期间，为提高家乡村民们的收入，积极主动地帮助石幢村办起第一个回纺厂，解决了石幢富余劳动力的务工问题，也为本村、本公社和玉祁、堰桥等地的3000多村民立卡，他们可以利用闲余时间在家进行棉花纺纱加工，增加收入。

严伯祥，1939年生，从小丧父，1953年随母去上海读书。技校毕业后，被分配到上海吴淞化工厂工作。他积极要求上进，先后被任命为厂团委书记、副厂长，1985年任上海硫酸厂党委书记，并被评为高级工程师和高级政工师。

万永喜，1927年生，少时到上海当学徒，由于他聪明好学、工作勤奋，得到厂领导的重用。1956年担任上海永固橡胶厂工会主席，1960年被任命为厂长。

邓琴珍曾任石幢村党支部书记。

第十三节　石东村

石东村的老民房（远处为石幢大桥）（2009 年摄）

石东村坐落在北幢村东北部。东靠锡澄运河，西与石中村相邻，南隔石幢港与河南村相望，北边是农田。往北 300 米过北塘河即是江阴青阳镇停塘村。

民国 18 年（1929 年）前，石东村先后属青城区、青城市六都一图。民国时，属青城区莲蓉镇（后为北七房镇）。1949 年 4 月至 1956 年 3 月，属前洲区的北七房乡。1956 年 4 月，属北七房乡新星高级农业生产合作社。1958 年 9 月，属前洲公社北七房工区；12 月，属石幢大队，成立石东生产队。1978 年，为第 10 生产队。1983 年 1 月，属前洲乡石幢行政村，生产队改为村民小组。1987 年 6 月，属前洲镇石幢村村委会。2009 年 10 月，属前洲街道北幢村村委会管辖。

自明初起，经岁月流逝，时代变迁，日积月累，形成了一条百米长街。

清康熙年间（1662－1722 年），石东村南有一座大桥，叫龙寿桥。有识之人过往，对这里情有独钟，也有先人夸口，这里要出三斗三升芝麻官。于是，人们纷纷在这里建房定居。

街东傍依锡澄运河，南至无锡，直通太湖，北到江阴，直流长江。古时没有公路和铁路，锡澄运河成了苏南、苏北的重要运输要道。百舟穿梭，往来不息。日过桅帆千杆，夜泊舟船百余。夕阳西下，过往船只纷纷在这里的码头停泊。船民纷纷上岸，有了人，就有了商机，吸引了商贾。加上“东林八君子”之一的叶茂才也定居此地，各路人马纷至沓来，抢占地基，建房造屋，很快形成了一条商业街，街道两旁相对的商铺店面鳞次栉比。在街东口，还专门建造了金山石门框，左右竖立的两条石条上，刻有常州府题写的楹联。右联为“夜行到此停泊”，左联为“一帆风顺千里”。石门框上镶石棋，上面镌刻“石溪里”三个大字。

街路全由青砖铺就，2米多宽。店面林立，叶和和开了爿烟酒杂货粮油店，唐桂荣开了爿卤菜小吃店，杜德明开了家中药店，黄杏生开了爿面条馄饨店，叶方宝3间门房坐南朝北，开了茶馆加赌场，叶国良则开了家医药门诊所，叶永元、王梅春都开了爿生面和皮子加工店，叶阿七开了爿豆腐百叶作坊，徐师傅开了家裁缝店。早晚时分，渔民、村民纷纷前来摆摊，人声、叫卖声响成一片，街市人头攒动，热闹非凡。兴旺的商业又带动了邻村的商业开发，河南村开起了典当、石灰行，石中村开起了染布青店和棺材行。而后，工业也逐步兴盛起来，先后开办了茧行、造纸厂等。

民国初年，锡澄运河开通了从无锡至江阴的客运轮船，在石东村设立了轮船站，每天两班客轮，站长高清泉。浮舟、北七房、堰桥界泾上、青阳停塘村等四乡八村的村民都到此乘船出行无锡、江阴等地。

1943年春，黄杏生等人开起了班船，每天一班，一早就出发无锡。由于有了客运轮船，又增加了邮电所，村民邮寄信件、物资包裹可就地收发，增加了与外地的联系。

商业的兴起，石东村更加吸引其他乡民迁此落户。由于近街处地基有限，便在街道北面划地建房，就有了“街背后”的村落。

明代万历年间，官员叶茂才等出资，在街北建造了观音堂，3间二进，安放了观音菩萨、十八罗汉等泥菩萨。凡到观音生日，四村八邻的乡民都来烧香祭拜。1955年，观音堂的菩萨都被清除，石幢大队在这里先后办起了回纺厂、五金厂。

抗战时期，日本侵略军在这里进行了三次洗劫，茶馆老板叶方宝不幸遇难。工商业受到了沉重打击而逐年衰落，商户转为农户，租种土地种粮维持生活。

石东村一角　（唐毅2011年3月摄）

中华人民共和国成立后，石东村村民都分到了土地。前洲人民公社成立，1958年12月，成立石幢生产大队，这条街巷取名为石东村（第14生产队）。1978年编为第10生产队。原来的烟酒杂货店被前洲供销社接管，后下放给大队经营。茶馆改建为大队合作医疗站。

石东村人杰地灵，明代出了个大官叶茂才，万历十七年（1589年）考取进士，授刑部主事。生活恬淡，以醇佳称，敢于奋身抗邪，人服其勇。72岁殉难后，南京工部为他立下“天下第一清官”匾一块，悬挂在叶氏宗祠堂大厅西侧。

唐星，退伍后，在前洲镇（街道）机关工作，曾任前洲街道副主任。

叶仲裕，1959－1960年任前洲大队党支部书记，1960－1961年任北七房大队书记，1962－1963年任杨家圩繁殖场场长。1963－1979年任石幢大队党支部书记。

20世纪80年代起，随着乡镇经济的发展，农村生活水平不断提高，村民先后将原住平房改建为二层楼房，并按建房规划，有序建造了三条兵营式村巷。2011年，无锡市启动万顷良田建设，石东村民房全部拆除。村民分别迁移到前洲街道的安置小区新洲社区、润洲社区、惠丰社区。

第十四节　石中村（后场上）

石中村坐落在石幢港中段，坐北朝南，门前是石幢村的中心河——港河。东与石东村相邻，西邻严巷上，南隔石幢港与河南村相望，北边皆是农田。

民舍从东至西沿河而建，错落有序，开门见河。全村姓氏复杂，大部分村民于明清时期就先后定居这里，有叶姓、徐姓、吴姓、杜姓、顾姓等。后又有村民定居至村西北面，就地取名为后场上。

民国18年（1929年）前，石中村先后属青城区、青城市六都一图。民国时属青城区莲蓉镇（后为北七房镇）。1949年4月至1956年3月，属前洲区的北七房乡。1956年4月，属北七房乡新星高级农业生产合作社。1958年9月，属前洲公社北七房工区；12月，属石幢大队，1978年，编为第11、12生产队。1983年1月，属前洲乡石幢行政村，生产队改为村民小组。1987年6月，属前洲镇石幢村村委会。2009年10月，属前洲街道北幢村村委会管辖。

石中村是个大村，全村有60多户人家，从事的职业五花八门。叶应福拜叶阿全为师学的是裁缝，徐锡兴学的是泥瓦工，顾全保兄弟三人学的是木匠，而倪玉书是做古玩生意的。

最受人们关注的是“二所”“一行”“一店”。“二所”为两家门诊所，一家是杜少芸开的，另一家是杜宗武开的。杜氏诊所已经有几百年的历史。杜少芸的爷爷就以医为业，医术高明。诊所为三间二层洋房，下面东二间为诊所。医术专业为外科，专看瘤、疽及外伤等。杜氏是医学世家，有一帖家传秘方，自行研制药疗，十分灵验。凡是外诊患者到此一次即愈。四乡八村患者都到此就医，江阴南闸、武进横山桥等地患者都慕名而来，摇着木船，经锡澄运河到此就医。杜氏外诊技术一直沿传至今。

“一行”即为棺材行。顾全保兄弟三人从小学的木匠，除制作桌子、凳子外，还上门制作和修理橱柜等。民国时期，见棺材生意较好，而经营此行的不多。那时，人死了都是土葬，必备棺木。而人老了，有钱的人家喜欢预订棺材，为老人“竖寿”。于是，开起了棺材行。棺材以杉木为料。他们请人到江西采购木材，编扎成木排，在河中撑着到无锡。将木排停靠在门前河滩旁。用木料时，将河里的原木逐根拔起，按尺寸锯断，再架三脚架将木头锯成木板，拼装成棺材，称为薄皮棺材，而有钱人家购买的都是“兜底三”，从棺材底部到两侧都是用三根整木头断开后制作而成。再涂上黑漆，称之为黑漆棺木。凡是购棺材者都以米作价，一口棺材一担米，从不赊欠。

“一店”为青店。青店实为染布店，店主叶富荣。从明清时期到新中国成立前，这里还有部分人家自纺自织布匹。织布机都是用木料制成，称为“绞机”。上了年纪的妇女，都会搓棉条、纺纱、织布。一般都为白布，二尺宽，一丈多长。织好后，就请叶师傅染色。青店的颜色以黑色、青色为主。布料染好色后，就放在场上的竹架子上晾晒。乡民们将染好的布送去裁缝铺制作衣服。

居住在这里的乡民大部分以农为生，耕地比较分散，大部分土地坐落在“旺上圩”“中圩”“北坟头”一带。也有部分耕田坐落在港河南的河南圩等地方。中华人民共和国成立后，人民当家作主，分得了土地。1952年，以自然村落为组合成立了互助组。1954年，叶楚振顺应时势，成立了新星农业合作社，被推荐为社长。人民公社建立后，石幢村成立了农业大队，他又担任了大队长。

叶鸣皋、徐月清曾任石幢村党支部书记。

石中村出了一个名医杜少谷，是杜少芸的弟弟。他热爱医学，好学上进。青年时代在无锡开了一家外科诊所。后去上海三马路中医门诊部工作。主治骨痨、肠痈、痈疽等疑难杂症，医术高超。新中国成立后，曾任三马路门诊部副主任，上海中医学会理事。

2007 年 7 月，因建设京沪高铁，石中村的 50 多家农户办理了搬迁手续，2009 年后搬迁至前洲镇新洲家园、润洲社区、惠丰社区，都住上了新房。

第十五节　严巷上（石西村）

严巷上村坐落于石幢西部北岸，南与万家村隔河相望，西倚荷花泾。

民国 18 年（1929 年）前，严巷上先后属青城区、青城市六都一图。民国时属青城区莲蓉镇（后为北七房镇）。1949 年 4 月至 1956 年 3 月，属前洲区的北七房乡。1956 年 4 月，属北七房乡新星高级农业生产合作社。1958 年 9 月，属前洲公社北七房工区；12 月，属石幢大队。1978 年，编为第 13、14 生产队。1983 年 1 月，属前洲乡石幢行政村，生产队改为村民小组。1987 年 6 月，属前洲镇石幢村村委会。2009 年 10 月，属前洲街道北幢村村委会管辖。

明末清初，两个青年到石幢踏青，得知万家村居住着严姓家族，顿生一访之念，于是慕名而去，登门拜访。问起万家村的渊源，严姓老者如数家珍。当说起定名万家村的村名时，却长叹一声。当年，严姓人群与万姓人群唇枪舌剑月余，最后定名“万家村”。两青年听后心中顿感不舒，主动告辞，原来这两个青年也是严姓人氏。

翌年，两青年邀约了多名好友，齐聚石幢。就在万家村河对面北侧选地数亩，建造房屋。不几年，又有周姓、顾姓人氏加入，两条村巷拔地而起，取名严巷。一名严姓老者却再三要求，“严巷”上面必须加一个“上”字，象征蒸蒸日上、丰衣足食，遂称“严巷上”。

数年后一个柳绿花红的春天，3 位叶姓人在严巷上东面 60 余米处，别出心裁，自作主张，置地建房。至 10 月金秋，6 间平房拔地而起，全是砖木结构，落地长门，白色粉墙，十分气派。他们自行合计，取名三家村。延续至今，有叶进裕、叶荣根、叶兴发等后辈。

从黄石街迁徙而来的华氏家族，在三家村东百米处北侧，圈地近亩，建造了3间二层楼房，坐北朝南，全是木质结构，非常新颖。房屋建造后，就在楼房以南圈砌了丈高围墙，墙内足有七八分地，种植花木、蔬菜。

到1949年前，严巷上从西向东百多米的土地上建满了排排房屋，有30多户人家。他们以农为业，依耕为生，坚守着一方土地，过着平淡的生活。日军侵略中国后，严巷上也遭到了洗劫，妇女被奸污，村民叶阿桂、徐凤仙被日军杀害。

新中国成立后，严巷上和其他村一样，走上互助组、合作社、人民公社的道路。体制调整后，三家村等村巷都归属严巷上。改革开放以后，乡镇企业如雨后春笋般蓬勃发展。村民陆续进入工厂，当起了工人。农忙时，工厂实行忙假制，回来突击农业生产，确保亦工亦农两不误。厂里领工资，粮食自给自足，经济收入不断提升。原来上班靠双脚走，后来有了自行车，又换了摩托车、电动车，现在不少人换上了小轿车。20世纪80年代，原来的平房改建了二层楼房。家庭设施一改以往，实现了楼上楼下、电灯电话，家庭生活实现了电气化。

2011年实行城乡一体化，万顷良田建设，全村搬迁，村民们分别迁至前洲润洲社区、惠丰社区，搬进了高楼，住上了电梯房。

第四章　人　物

一方水土养一方人。北幢历来重视文化教育，走出了大量优秀人才，他们为国为民作出了重要贡献。本章辑录了北幢村走出的古代名贤，如明代清官叶茂才；收录了北幢村走出的拥有高级职称者和副处级以上干部，省市级以上先进个人等。

第一节　人物传略

智慧廉吏叶茂才

无锡市区解放东路人民路口有一片广场，它的南面是名闻古今的东林书院，因而被命名为东林广场。广场中建有“东林八君子”的群雕。叶茂才与顾宪成、顾允成、高攀龙、安希范、刘元珍、钱一本、薛敷教并称“东林八君子”。邹期桢评价老师叶茂才“二泉让洌，九峰让峻”。

叶茂才画像　（《江南晚报》2012 年 10 月 10 日 B7 版）

二甲进士

叶茂才（1558－1629年），字参之，号玄室，世称闲适先生。明代嘉靖三十七年（1558年）出生于无锡北乡石幢（今惠山区前洲街道北幢村）。自幼家教严正，勤奋好学，21岁时通过院试中了秀才，得到官府资助，进入县学学习。他后在无锡城里“坐馆”（教书），继续用功读书。万历十六年（1588年）叶茂才赴应天（南京）乡试，在考前他就给自己定下了“三不”——“不谒客，不设筵，不赴众宴”。叶茂才十分淡定，“束身静气，清谈竟夕，专意计偕巳丑取捷”，其志存高远，独特的处世方式由此可见一斑。

万历十七年（1589年）叶茂才赴京会试连捷，得中二甲十七名进士。得中的考生视主考官为恩师，一般会给主考官行拜谢礼并馈赠一笔一定数量的银两作谢师礼，叶茂才只给“坐师”送了两包茶叶。

南调侍父

叶茂才考中进士后，当年就实授刑部主事。当时，“隆万改革”已经失败，那些旨在抑制豪强、富民强国的改革措施统统作废，改革中受损的亲贵、官僚地主卷土重来。万历皇帝心灰意冷，退居深宫荒淫糜烂，官场乱象丛生，一片黑暗。摆在叶茂才面前两条路：一是妥协，同流合污；二是洁身自好，与黑暗抗争。前者是他绝不愿意的，后者倒有个现成的榜样——海瑞。嘉靖年间的户部主事海瑞官职级别与自己一样高，向皇帝斗胆上了一道世称“天下第一疏”的折子，把嘉靖皇帝责骂一通。当年嘉靖皇帝没有杀海瑞，纯属侥幸。叶茂才想到了离京南调，远离朝廷是非之地。可他上任才三个月，要调动总得有个理由。于是他上了道折子，称“母早逝，父年迈力衰，请南调便养老父”。为尽孝请求南调，算得是条理由，请求很快获批，他被改授南京工部主事。

南下报到时，他依然我行我素。上司把难办的、麻烦的甚至分外的事情一件一件都压了过来，叶茂才不喊冤、不叫苦，把这看作自己历练的好机会，起早贪黑从容应对，凭着自己的才干竟把那些差使圆满完成了。一段时间下来，上司反倒觉得这个新来的小子是个人才，对他刮目相看。不久，派他单独去安徽芜湖水关整顿税务。

芜湖之行

芜湖之行，是叶茂才为官生涯中的第一次机遇。

当时的商品流通、运输主要靠河道，在南方尤其在长江流域，水网密布、河道纵横，在河道上设关卡收税也是国家财政的来源之一。但多年来，由于官场腐败，大大小小的蠹虫都将它当成捞钱的肥缺。因此，管理混乱，流弊丛生。叶茂才到任后，下车伊始他什么态也不表，也不采取任何措施，只是默默地进行查访、摸底。当他将芜湖税关那些乱象一一摸清之后，立即在税关大堂召开全体会议，先发表一通晓之以理、动之以情的演讲，然后提出一整套赏罚分明的整改措施，尤其是针对商家交税分“公费”“私费”的惯例。叶茂才声明：“日后必须按规定收税，陋规统统废除，不得向商户多收一文钱。”最后他还特别强调：“往者勿纠，再犯重罚。”之后有人劝说叶茂才不要这么较真儿，对这样的“劝说”，史载叶茂才“厉声曰：不要说你们，即左右列金刚抬我不动矣！”

叶茂才亲力亲为，该革的革、该兴的兴。水关收税按船载货物的多少、贵贱记数收费，其中出入很大，既是税吏损公肥私之处，也是商家最头痛的地方。史载，叶茂才常常坐镇水关“平丈量、禁索需”“端坐放关”。老百姓盼的就是这样的清官啊！因此每当通关放船时，“唯闻大声号呼祝颂，离关而去”。两三年下来，叶茂才凭着精明的才干、廉洁的作风终于把税关治理得井井有条，风清气正。自此，芜湖税关的关税每年都足额上缴还略有积余，至叶茂才离任时积余有三千多两银子。他上疏请求：银子全部上缴“贡边饷”，“往者苦旱，商旅不通，今通而得羡，非臣能也。矢不敢为例”。

叶茂才在芜湖的所作所为不仅皇帝赞赏奖励，当地百姓也念其清廉，为他“立石、建祠、尸祝”。

“不安于位”

叶茂才从芜湖回来就调任南京吏部主事，后父亲去世，茂才回籍守制三年，万历二十六年（1598 年）叶茂才升南京吏部郎中。时值“南选”（为南方民族地区选配官吏），他秉公办事，宁可多吃苦、多劳累，奔波跋涉，也不徇一丝私情。次年，朝廷调叶茂才去北京任礼部郎中，而此时的朝廷“正人扼腕，曲人弹冠”。未几，茂才“又请告归”，不准！不得已他又以体弱有病为由告归，又不准！在以后的十年当中，叶茂才官职换了好几个，但他总是请求调动，有时干脆“请病假”，回到无锡在东林书院与他的那些同榜好友研究《易经》。旁人都羡慕叶茂才的潇洒自由，可他自己说：“吾上半生受贫之益，下半生受病之益；唯贫固知节俭，唯病固知静养矣。”在朝廷眼里叶茂才虽然是个有才干、清正廉洁的官员，但“不安于位”，身体也不大好。那“不安于位”的表象掩盖着的是叶茂才对朝政的失望。

省事五戒

叶茂才为自己制定的十条戒律：“安贫戒五：诡收田粮，干谒官府，借女联姻，向人乞觅。省事戒五：无故拜客，轻赴酒席，妄荐馆宾，替人称贷，滥与义会。”他的《行述》（人死后亲友或同道为死者写的追述文字）中说他“杜门却扫，不屑于贵游，干旄至止，鲜得接其颜面、亦不轻投片字干请”。“干旄”典出《诗经》，系贵族出门车上竖立的一种标记，此处代指有身份地位的人。在他看来，在那样的朝堂为官，同那些人保持一定的距离甚至远离他们，那是必需的。即使与朋友交往，他也有分寸、有原则。他参加“东林会讲及同善会，过从不倦，会毕辄扃门不出”。

万历、天启、崇祯时期，朝中朋党林立、互相攻讦。叶茂才宣称自己“素不立门户，不起风波，当然立于四虚之大道”。他接连上了《国事宜参公论》《早赐褫斥以释群疑》两疏，矛头直指奸佞。对这个无党无派平时又特立独行之人，奸党只能捏造说他是“受人指使”，还编了条新罪名说他是“旁嚣”，意指这属于反对他们的党派外围发出的“叫嚣”。茂才对此嗤之以鼻，并接连写了《旁嚣说》《止嚣说》两篇文章予以驳斥，指出“台谏者（指那些奸党）自以为天子耳目，臣他曹出位建白，即目为‘旁嚣’，岂知天下事非一家私议，何正何旁，期于至当。”叶茂才的举动，赢得了众人的交口赞誉，对他一系列的奏疏、文章，史载“朝野传诵”。

三世无讼

天启初年，叶茂才的好友高攀龙被重新起用，在以后的几年中，不少东林士子皆被卷入同以魏忠贤为首的阉党之争。天启五年（年）下诏拆毁东林书院。第二年，东厂缇骑奉旨赴锡捉拿高攀龙，意欲赶1625尽杀绝。高攀龙不堪其辱，赴水自尽。缇骑赶到后竟“欲洗其家，罪及其孥”。此时，叶茂才挺身而出，指斥缇骑“胡至此极也！”随即叶茂才拖着老迈的身躯上江阴、去常州动员道府力保。后高家终得保全，叶茂才“乃稍释也！”其曰：“吾身名遑恤，令罪不及其孥足矣。”作为同道，他亲自为高攀龙书写《行状》七千多言，句句悲愤，字字血泪，并赋诗句曰：“龟山道脉今谁续，痛哭同心泪眼枯。”

叶茂才，从刑部主事开始，历任吏部侍郎、礼部侍郎、大理寺丞、太仆寺少卿、太常寺卿等，一生为官，他断过人家财路、砸过人家饭碗、驳过人家面子，也为不平拍案而起过、大声疾呼过，但他能平安善终。天启初年的叶茂才“恭遇先帝覃恩，可朝请夕下”。他63岁时，朝廷任命他为南京工部侍郎，他对魏忠贤把持下的黑暗朝政彻底失望，拂袖而去，曰：“从此不入春明梦矣！”此后，他回到老家前洲石幢，“居陋巷，布衣蔬食”，直至72岁去世。

晚年，他亲自为自己的“陋室”挂了一块匾，上书“三世无讼”。

叶茂才与东林书院的顾宪成、顾允成、高攀龙、安希范、刘元珍、钱一本、薛敷教并称“东林八君子”，并著有《兴至吟》《见闻摘录》和《三案记》。

第二节　人物简介

杜少谷

杜少谷（1893－1960 年），无锡前洲石幢人，名医。早年，在无锡太平巷建造三间石窟屋，开设门诊外科，为乡亲们诊疗治病，弥补了当时乡村缺医少药的空白。1944 年 3 月，因兄杜少芸重用，前去上海三马路中医门诊部工作。主治骨痛、腰痛、痈疽等疑难杂症，技术高超，医德高尚。

新中国成立后，任上海中医门诊部中医外科副主任，上海中医学会理事。在医学事业中作出了重要的贡献。

田夏林

田夏林（1895－？），北圩村田巷人。早年外出闯荡，在上海开“花行”，由于经营有方，成为工商界成功人士。曾创建慈善机构“中国红梅字会”，任会长。

他人在异乡，热心慈善事业，造福乡里百姓。1926 年，在朱巷观音堂内创办了“施药局”，为贫困村民、渔民、船民免费治病施药。村民们称赞他为“公益达人”。1933 年、1949 年分别出资为村内建设了中港、朱坊坝防洪闸。1936 年在尚书庙花园内建造 6 间二层楼，开办幼吾小学。并为方便学生上学和村民出行，修建了 1500 米双块步路石村道。1937 年，被聘为前洲中学校董后，致力教育事业，想方设法筹措资金，购置地基、修建校舍，建图书馆、实验室，增添图书 2000 多册，还购置物理、化学仪器等等。

高祖羔

高祖羔（1904－1943 年），无锡前洲石幢高家尖人，抗日志士。民国 6 年（1917 年）在村尖溪学校读书毕业。民国 10 年（1921 年）至江阴第一高等学校读书，小学毕业后至上海国语商业学校读书，毕业后任中华书局办事员。

抗日战争前，高祖羔曾任无锡县党部委员、县府秘书等职。日军入侵中国后，他以高家尖村为主要基地，组建部队，共有百余兵员，后加入锡西北联防队。自筹军费购置枪支弹药，建立手枪班、机枪班、步枪排、后勤处等，不停期地加强军事训练。抗日战争开始后，不时以日军为靶标操练。数次阻击和击退日军的“扫荡清乡”。1938 年，跟随江苏省第二纵队蔡润祺多次参战，屡建功勋。后由于环境不佳，军费短缺，后勤物资供给不足，曾一度编入“伪自卫团”，以此掩护。1941 年 2 月，无锡中共地下党员宋文光受无锡中心县委委派，到伪自卫团高祖羔部任职，从事策反工作。高祖羔部据守在洛社、前洲、堰桥一带，地处沪宁铁路、南北运河、锡澄公路交通线上。宋文光利用自己与高祖羔的同学关系，以政训主任身份作为掩护，多次与璜马区区长陆富泉接头，向党组织提供无锡、江阴、常熟地区日伪军的兵力情报。

1941 年 4 月的一天，担任璜（塘）马（镇）区委书记的陈枫外出活动，晚上返回路过西阳桥时，遇上高祖羔部下陈小平部设卡搜捕。陈枫不幸被俘，被押到陈小平部的驻地。宋文光得到消息后，为防止陈小平把陈枫直接送到日军手里邀功，马上通过高祖羔，令陈小平立即把陈枫押送到自卫团部。宋文光利用是高祖羔贴身秘书的身份，晚上找陈枫出来谈话，告诉陈枫说，自己是组织派来的，知道他被捕并关押在陈小平部很危险，所以利用高祖羔与陈小平的上下级关系，把他转到团部来，并叫他放心，会联系党组织派人来接他回去。陈枫和宋文光谈了对高祖羔部的工作意见，要宋做好高祖羔的工作，给在其辖区内进行抗日斗争的新四军部队提供方便，并要管住陈小平部。几天后，高祖羔和宋文光在团部把陈枫交给党组织代表秘密接回。为了稳妥，高祖羔特派小火轮送陈枫到达安全地点。营救陈枫的工作得到新四军谭震林师长的嘉奖。

1942 年初，江南抗日义军副司令叶飞写信，请宋文光回部队带兵。不料该信件被日军搜查到，叛徒供出了宋文光。日军立即派兵，分水陆两路半夜包围高祖羔部，进行突袭。双方摸黑激战半夜，宋文光等 72 人不幸被捕。高祖羔率余部撤至宜兴山里整训。1943 年，因事被暴徒狙击中弹殉难，年仅 39 岁。

1946 年 2 月 15 日，高祖羔追悼会在北七房举行，由江苏省保安第二纵队司令蔡润祺少将主持。

季建华

季建华，1926 年出生于杨家圩后马路一个贫困的农民家庭。自幼聪明、机智、勇敢，1941 年抗日战争时期，他就参加了地方武工队，成为一名武工队员，并积极投入武工队的活动。

1949 年 1 月 8 日，中共澄武锡工委的陆行、丁川宝、汪明等 11 人在玉祁镇芙蓉圩姚家村开会，传达上级关于准备迎接解放军渡江的指示，当晚住在沈家村沈三郎家。第二天，国民党武进县保安团突然包围袭击沈家村。在突围战斗中，澄西县二区特派员陆行右脚中弹受伤，流血不止。当即由战友驮着他来到黄观嘴村党员姚阿根家救治。因缺医少药，第二天又转到杨家圩后马路季建华家疗伤。

陆行在季建华家疗伤期间，受到了季建华的悉心护理。季虽家境贫困，但出于对革命同志的一片真挚爱心，向亲戚借了钱，特去前洲请来私人外科医生为陆行伤口消毒包扎，还买了消炎药为陆行换药，使伤口没有发炎。在养伤中，季建华千方百计为陆行改善伙食、增加营养。把自家舍不得吃的三十多个鸡蛋，每天两个烧给伤员吃，还买些鱼肉给陆行补充营养。在季建华的精心护理下，二十多天后，陆行就伤愈归队。

1949 年 3 月上旬的一天上午，两个肩扛步枪的国民党保安队员窜到后马路村，找来伪保长，吩咐他把村里的户主集合起来。一个保安队员吹了一通所谓“战乱救国”的演讲，胁迫大家今天每户必须交清 4 月份的户口税。在场的人对国民党的苛捐杂税已十分愤恨，都站立不动。两个保安队员见此火冒三丈，用枪指着他们驱赶回家拿来，并拉出一人准备毒打，以“杀一儆百”。正在这危急之时，站在人群中的季建华不由怒火中烧，立即冲到保安队面前大声喊道“不许打人”。两个保安队员惊呆一瞬，然后上下打量着季建华。他们见季貌不惊人，就平端步枪，拉动枪栓，子弹上膛，对季大吼：“你是什么人?你想干什么?”面对保安队的嚣张气焰，季建华毫不畏缩，威严地对他俩说：“我是武工队员，今天劝你们几句，我们共产党的军队快要渡江过来了，你们还是少作点孽，给自己留条后路吧!”可是，两个保安队员仍不醒悟，一个把枪对准了季建华，另一个想上去抓他。此时，季建华忍无可忍，当即拔出盒子里的枪愤怒地对准了他们。两个保安队员看见季有枪，而周围群众面露怒色，纷纷围了上来，心里清楚近身动武长不敌短，自己占不了便宜，马上就软了下来，边说可以商量，边脚底擦油灰溜溜地跑了。

新中国成立后，季建华加入了中国人民志愿军，1952 年加入了中国共产党。

高仲芳

高仲芳，1934 年 12 月生于前洲北幢高家尖。无锡市合成纤维总厂厂长，化纤高级工程师。无锡前洲镇高家尖村人。中国共产党党员。1960 年毕业于无锡轻工业学院，留院任马列主义教研室讲师兼团委副书记。1968 年进入无锡市合成纤维厂工作，历任技术员、车间主任、生产技术科科长、副厂长、厂长。1984 年任纺织部深圳惠中化纤公司筹建领导小组组长、副总经理兼党委书记。1986 年调任无锡第二合成纤维厂厂长。1988 年复任无锡市合成纤维总厂厂长。工作勤奋，钻研技术，注重新产品的开发，使企业在 1990 年跃为无锡市第一利税大户，综合经济效益在全国化纤行业中名列第一。1988 年被评为高级工程师并被评为纺织工业部劳动模范，1989 年被评为无锡市优秀科技工作者，1989 年、1990 年被连续评为无锡市优秀企业家、江苏省优秀企业家。发表的论文有：《涤纶纤维的卷曲特性和对可仿性的影响》《企业经营管理中运用多因素决策和应用微机综合评价劳动效能的研究》《逆境中求生存，抓管理上台阶》等 12 篇。享受国务院政府特殊津贴。

高仲义

高仲义，1934 年 1 月生于前洲北幢高家尖。1959 年北京航空学院毕业，留校任教，为北京航空航天大学教授。中共党员，1970 年调江汉石油管理局荆门炼油厂研究所工作。1978 年调回北京航空航天大学执教。1989 年赴美国科学考察。1991 年赴美国科研协作。身为研究生导师，先后培养研究生 20 人，两获院级先进工作者称号。编制航空航天教材两本，获航空航天部和国家教委优秀教材奖。主持国家“七五”“八五”“九五”多项国家攻关项目课题，曾获部级科技进步一等奖、国家科技进步三等奖，为国家培养航空航天人才作出了突出贡献。1993 年获国务院表彰，享受国务院政府特殊津贴。

季德生

季德生，1936 年 11 月生于北幢村前马路，高小文化，中共党员，江苏省劳动模范。

1952 年在无锡县交通科、无锡县水利局工作；1957 年在无锡市机械施工公司工作；1963 年在无锡县县建公司、交通局桥梁公司工作；1968 年到无锡县化肥厂工作，担任起重工起重班班长、车间主任。主要负责大型设备设施的吊装、安装工作。1973 年被派往苏丹援外，建造尼罗河大桥。1976 年 1 月回国，因化肥厂合成氨系统检修扩建，厂里起重工作繁忙，他放弃了应享受的 80 天假期，立即到厂里上班，投入到紧张的检修安装中。

他在化肥厂担任机修车间起重班班长期间，带领全体同志发扬了革命加拼命、苦干加巧干的精神，加班加点，昼夜连轴转，出色地完成了各项工作任务。班组被职工称为“硬骨头起重班”，被无锡县人民政府授予“硬骨头起重班”锦旗。

历任无锡县化肥厂机修车间党支部书记、化肥厂党委委员、洛社镇党委委员、无锡县县委委员、无锡县总工会常委。

季德生于1978年被评为石油化工部“学铁人标兵”，1976年、1980年、1982年连续三次被评为江苏省劳动模范，1981年被评为县劳动模范。

叶云秀

叶云秀，女，1938年9月生于前洲北幢村石幢河南村，中国科学技术大学教授，博士生导师，中共党员。曾就读于前洲（青城）中学、苏州高级中学、北京外国语学院留苏预备部和中国科学技术大学。1965年毕业于中国科技大学近代物理系，留校任职。1971年12月至1973年10月借调至上海物理所七二八工程处工作。曾于1986年去法国巴黎等大学工作访问；1989年1月至1990年3月先后在法国、美国工作访问；1991年12月至1993年1月先后在美国、瑞士工作访问。在国内外主要从事核与粒子物理研究，先后在国内外著名学术刊物上发表论文60多篇，与人合作撰写专著《核与粒子物理实验方法》和翻译《亚原子物理》一书。研制的“中性粒子能谱仪”1978年获中国科学院重大科研成果奖；“改进型中性粒子能谱仪”1980年获中国科学院重大科研成果二等奖；“无铁双聚焦β磁谱仪”1984年被列为“国家级科技成果”；“高能P-P碰撞的多重产生研究”1999年获安徽省教委科技成果一等奖，2000年获安徽省科技成果二等奖。

徐仁秋

徐仁秋，1938年9月生于前洲北幢村河亭上。大学文化，高级经济师。1956年8月到上海大中华汽车材料厂工作；1958年在上海第三钢铁厂工作；1964年加入中国共产党，并担任厂党委秘书；1968年2月调至上海市南市区担任办事处组长；1978年8月，又调回上钢三厂，担任厂办主任、厂外办主任，兼职保密主任、厂档案处处长等职。获市、区先进个人称号。该厂档案室被国家档案局评为上海首家国家一级企业档案室。

1990 年担任主编的《三钢人的足迹》一书获全国优秀企业史“金龙”奖，位列榜首。任职期间，参加了上海理工大学经济研究生学习班，1988 年被评为政工师，1996 年被评为高级工程师。1997 年退休后，曾受聘于浦东新区城建档案信息管理中心工作。

徐仁秋不忘乡情，为前洲乡镇企业发展牵线搭桥，为石幢村的村办企业发展作出了一定的贡献。

吴耀伦

吴耀伦（1940－2019 年），前洲北幢吴巷人。中国人民解放军第二炮兵工程设计院高级工程师，专家组成员，曾任室主任。

1983 年在第二炮兵设计所荣立三等功。1987 年研制成导道推进剂废水处理工程车荣立一等功。获总参谋部、原总政治部、总后勤部颁发的全军环保先进个人。

1989 年研制小水电站解决陈地用地的有效途径，荣立三等功。1994 年研制微机控制自动给水装置荣立三等功。1996 年 8 月研制高抗排水消波装置荣立二等功。1998 年研制高抗排水消波装置再立二等功。2001 年享受国务院政府特殊津贴。

朱根馥

朱根馥，1942 年生于北幢村马路上。1965 年 9 月入伍，参加“援越抗美”，多次被评为五好战士、获嘉奖，荣立三等功一次，首批参加瞻仰毛主席遗容活动。转业至法院后，历任书记员、审判员、政治部副主任，兼本单位机关党委副书记、支部书记，曾被评为优秀党员，连续三年被评为优秀公务员，多次被评为先进工作者，评为市政法系统先进个人，1998 年 11 月，被评为国家首批高级法官。退休后，从事法律服务多年，任小区业委会副主任八年。

吴浩荣

吴浩荣，1952 年生于前洲北幢村吴巷。教授，博士生导师，苏州大学附属第二医院（以下简称二院）副院长。

1982 年从苏州医学院毕业，在二院工作，1984 年继续攻读苏州医学院硕士研究生。1991 年被医院派往法国巴黎大学 Louis Mouriers 医院研修。1993 年回国，被任命为二院副院长。任职后，推动全院开展技术创新工作。血管外科、心内科、神经内外科、肿瘤科的治疗水平均在省内领先。泌尿外科、妇产科的腹腔镜诊疗达到国内领先水平。2008 年吴浩荣被推选为江苏省医学会腹腔镜学组组长，二院普外科被卫生部定为内镜技术培训基地，吴浩荣为基地主任。同年，他被选为法国医学创新协会副主席。他曾被选为亚太地区内镜、腹腔镜协会委员，中华医学会江苏外科委员会委员，苏州市外科学会主任委员。享受国务院政府特殊津贴。

吴耀清

吴耀清，1952 年生于前洲北幢吴巷。南京农业大学教授，任校基建处副处长，总务处副书记，植物保护学院副院长。享受正处级待遇。

吴胜荣

吴胜荣，1964 年 1 月生于前洲北幢吴巷。1981 年 7 月参加工作，1986 年 4 月加入中国共产党，省委党校研究生学历。1981 年 7 月在无锡县农机化研究所参加工作，历任锡山市委农村工作部人事秘书科科长、办公室主任、部务委员，1997 年 11 月任锡山市东绛镇党委副书记、纪委书记，2001 年 3 月任滨湖区黄巷镇党委副书记、纪委书记，2006 年 7 月任北塘区政府办公室主任、区人防办主任，2006 年 12 月任北塘区政府党组成员，2007 年 11 月任北塘区黄巷街道党工委书记，2010 年 5 月兼任黄巷街道人大工委主任，2011 年 6 月任北塘区委常委、政法委书记，2015 年 12 月任无锡高新区党工委委员、新吴区委常委、组织部部长，2018 年 8 月提任无锡高新区党工委副书记，2020 年 7 月任区政协主席候选人、党组书记、无锡高新区党工委副书记、新吴区委常委、组织部部长，2021 年 1 月当选新吴区政协主席，2021 年 6 月任新吴区政协主席、一级调研员，2022 年 1 月任新吴区政协一级调研员。

季　刚

季刚，1972 年 11 月生于前洲北幢马路上。瑞士维多利亚大学博士，高级经济师，无锡市劳动模范，无锡市人大代表，惠山区政协委员，江苏省工商联执委，惠山区工商联副主席，前洲商会会长，无锡市海燕高压泵阀厂厂长。

第三节　人物名录

陆欣金（1936.11—　）上海市公安局刑侦总队队长，二级警监。

吴彬怡（1939.5—　）北京燕山石油化工公司化纤地毯厂高级工程师。

杨伟雄　上海市游泳冠军、全国全运会游泳冠军，上海游泳女队教练。曾陪同毛泽东畅游长江。

杨兴根　海军航空工程学院一系教授、系主任。

杨汉勤　徐州新月河煤矿高级工程师。

杨汉忠　南京军区通信处原处长。

朱培宝　全运会剑术亚军，正团级。

季如生　北京市第 9 中学特级教师、教研室负责人。

季惠杰、徐杨　上海华东师大硕士研究生。

季侃乐、蒋薇　上海复旦大学硕士研究生。

季琪松　厦门大学本科生，澳大利亚墨尔本大学研究生。

季永辉　山东烟台大学硕士研究生。

季静娜　中国政法大学本科生，华东政法大学硕士研究生。

季楠　首都医科大学博士研究生，北京天坛医院神经外科主任、主任医师、教授。

季庭方　清华大学毕业，留美博士。

姜琳（季庭方妻）清华大学毕业，留美硕士研究生。

高金生　1937 年出生，毕业于中国药科大学，留校任教，被评为中国药科大学教授。

高志明　1963 年出生，天津铁路工程学院毕业。1990 年后至镇江铁路工务段、苏州工务段、合肥工务段工作，任工务段工程师。2009 年，上海铁路南京桥工段任党委书记、高级工程师。

严伯祥　1939 年生，1985 年任上海硫酸厂党委书记、高级工程师和高级政工师。

万永喜　1927 年生，1956 年任上海永固橡胶厂工会主席，1960 年任上海永固橡胶厂厂长。

第五章　人口谱系

1997 年 4 月在北圩出土了战国时期青铜剑，约 2000 年前就有先民在域内活动。宋朝以来，不断有北方和附近的居民迁入北幢地区。新中国成立后，特别是前洲乡镇企业迅猛发展后，从安徽、四川、贵州等外地迁入的外来人口逐渐增多。

第一节　人口规模

一、规模（数量）

据 1977 年 12 月统计，北圩大队有农户 549 户，人口 2263 人，其中男性 1174 人，女性 1089 人。是年，出生 55 人，死亡 21 人，迁入 23 人，迁出 10 人。石幢大队有农户 410 户，人口 1672 人，其中男性 857 人，女性 815 人。是年，出生 34 人，死亡 14 人，迁入 19 人，迁出 16 人。

1983 年 12 月统计，北幢村共有农户 1047 户 4070 人，其中男性 2098 人，占总人口的 51.54%；女性 1972 人，占总人口的 48.75%。

2009 年 10 月，北幢村成立时，有 1248 户 4640 人。

2014 年 9 月，北幢村成立集体经济股份合作社时，共有农户 1248 户，享受股份分红人数 4343 人，男性 2176 人 ，女性 2167 人。其中，学龄前儿童 191 人，60 岁以上 1063 人，60 岁者 637 人，70 岁者 311 人，80 岁者 95 人，90 岁者 19 人，100 岁者 1 人。

2020 年 10 月，北幢村共有农户 1555 户 4343 人，其中男性 2226 人，女性 2117 人。

1983 年 12 月石幢村、北圩村人口统计表

表 5-1-1　　单位：户、人

石　幢　村					北　圩　村				
生产队	户数	人口	男	女	生产队	户数	人口	男	女
河南村	38	147	73	74	1	49	174	86	88
万家村	51	210	114	96	2	31	125	63	62
石东村	33	135	66	69	3	45	147	76	71
石中 1	30	95	49	46	4	47	171	94	77
石中 2	27	101	50	51	5	47	216	108	108
石西村	28	106	52	54	6	42	149	79	70
严巷上	34	123	63	60	7	14	61	27	34
高家尖 1	36	149	77	72	8	—	—	—	—
高家尖 2	42	164	81	83	9	20	85	43	42
高家尖 3	46	164	88	76	10	17	66	37	29
高家尖 4	36	133	71	62	11	31	136	65	71
河亭上	41	181	98	83	12	29	118	57	61
合计	438	1708	882	826	13	31	137	73	64
					14	18	75	35	40
					15	37	157	81	76
					16	31	109	54	55
					17	30	106	59	47
					18	32	123	64	59
					19	32	105	62	43
					20	26	102	53	49
					合计	609	2362	1216	1146

2020 年 10 月前洲街道北幢村人口统计表

表 5-1-2　　单位：户、人

村　名	户　数	人　数	男　性	女　性
石幢	294	998	504	494
高家尖	198	603	321	282
河亭上	55	196	103	93
马路上	178	562	290	272
吴巷	223	657	335	322
章巷	302	615	312	303
杨撑渡	305	712	361	351
合　计	1555	4343	2226	2117

二、人口迁徙

1997年4月，北圩出土了战国时期青铜剑，证明约2000年前就有先民在域内活动。

北幢地区地处无锡古芙蓉湖的低洼地区，清康熙年间《治湖录》载："上湖（芙蓉湖别名）自唐宋之前，本属大川，为蛟龙出没之处，汪洋浩荡，湖滨烟渚蒲柳，萦回浴鸥飞舞，夹岸芙蕖，唐宋诸贤乘舫载酒，为浏览之地。"宋初以后，堰湖成圩，逐渐成陆，地僻人稀。

据叶、周、杨、高、张氏等宗谱记载，宋朝以来，不断有北方和附近的居民迁入北幢地区。元末万氏、严氏已定居万家村。

明洪武元年（1368年），叶高公六十三世孙叶无名，由吴江同里迁居石幢。

明洪武初年，周宗广由梅里（今梅村）迁居石幢万家村、严巷上。

明洪武元年（1368年），高氏由武进横山桥迁居高家尖。

明成化年间（1465－1487年），杨氏由胡桥迁居北圩杨撑渡外杨。

明万历年间（1573－1620年），杨松携子从南京迁居北圩杨撑渡里杨。

明正德末嘉靖初年（1520－1530年），吴氏由暮塘桥迁居北圩吴巷。

明正德末嘉靖初年（1520－1530年），陆氏由无锡横山迁居北圩吴巷。

明隆庆元年（1567年），季氏由长安城塘迁居荷花池（马路上）。

明隆庆六年（1572年），朱氏由黄石街东街迁居北圩章巷。

明万历元年（1573年），沈氏由锡东斗山迁居北圩杨撑渡。

明万历八年（1580年），张氏由兴宁乡漳泾迁居河亭上。

明天启五年（1625年），吴氏由玉祁蓉湖迁居石幢石中村。

清顺治十年（1653年），严氏由前洲诸巷黄天宕迁居河亭上。

清康熙年间（1662－1722年），曹氏由黄巷迁居北圩杨撑渡。

清康熙十年（1671年），王氏由江阴东常村迁居石幢河南村。

清康熙二十四年（1685年），严氏由张明桥村迁居石西村。

清乾隆二年（1737年），杜氏由无锡城南迁居石幢石中村。

清乾隆二十五年（1760年），李氏由李祥巷迁居北圩杨撑渡章巷。

清嘉庆十一年（1806年），华氏由前洲黄石街迁居石幢石西村。

清同治十二年（1873年），唐氏由前洲迁居石东村。

清光绪四年（1878年），顾氏由前洲浮舟迁居河南村。

清光绪十四年（1888 年），陈氏由大蒋巷周村迁居河亭上。

1954 年，奚氏由北七房张家浜迁居万家村。

1960－1971 年，上海和附近地区的城镇人口下放到北幢，也有“下乡知青”来到北幢村。

前洲乡镇工业崛起后，外地人才、劳动力由招工或自投门路、婚嫁来到北幢。

民国时期，因为谋生，北幢地区也出现了外出做工、经商后人口外迁的情况。1949 年以后，陆续有知识青年和职工支援内地建设，进城务工，考上大学、中专，参军，干部外调，出嫁，这些人的户口迁出了北幢村。

三、插队落户知识青年

1968 年 12 月，城市知识青年响应毛主席号召，到农村接受贫下中农再教育，到农村插队落户。北幢地区也有插队的知青，很多女知青嫁到北幢。20 世纪 80 年代初，根据中央政策，插队知青陆续回到城市。北幢村的插队知青共 43 人。

北幢村自然村插队知青一览表

表 5-1-3

自然村	男知青	女知青
吴巷	吴晓明、吴志伟、陈吴刚、蔡士良	徐莲珍、居月珍、严惠珍、刘晓妹、蒋坤英、顾冠珍、唐其艳
朱巷	杨建忠	顾龙英、章赛金、章小红
章巷		皇甫宝娣
杨撑渡		奚凤娣、杨菊华、许素娟、田根儿、张亚琴、张炳英
马路上	朱如兴、季志庆	宋芬娣、季爱珍、杨琴红
高家尖	高国民、高惠龙	刘瑶瑾、沈晓妹
石幢	叶义良、叶志新、陈定、陈龙、陈俊、万岳明、余何勇	黄秀娣、薛年珍、陈杏芬、胡瑞霞、余桂芳

四、流动人口

由于前洲乡镇企业的突起，吸引了本省 40 多个县市和外省的部分居民，有的单身，有的带了家属、亲朋，到前洲找寻工作、生活出路。

前洲的流动人口大部分来自本省，兴化市往前洲务工的人最多，其次是泗阳、泗洪、淮阴、张家港、沭阳、泰兴、阜宁、涟水、铜山、灌南、东台、淮安、靖江、盐城、建湖、如皋、射阳、高邮、宝应、南通，还有滨海、海安、睢宁、仪征、丹阳、宿迁、江阴、海门、新沂、金坛、无锡、丹徒、溧水、通州、江都、宜兴、武进、沛县、连云港等市县。

前洲的流动人口部分来自全国各地，其中安徽省到前洲的打工者最多，其次是四川、贵州、湖南、江西、河南、山东、浙江，还有湖北、河北、陕西、吉林、青海、新疆、福建、云南，计 16 个省和自治区。

1995 年，北圩村流动人口 198 人，石幢村的流动人口 70 人。

五、少数民族

改革开放以后，前洲乡镇经济发展迅速，很多来前洲乡镇企业的打工者，因结婚定居本村。2009 年 10 月，北圩、石幢两村合并为北幢村时，有侗族、苗族、回族等少数民族 30 人。

六、下放工人

1961 年 1 月，中共八届九中全会决定对国民经济实行“调整、巩固、充实、提高”，此后又针对“大跃进”造成的全国职工队伍和城镇人口的急剧膨胀，作出了大幅度精简职工和城镇人口的决策。北幢村有精简退职工人 91 名。

1976年北圩大队精减职工情况调查表

表 5-1-4

序号	姓名	性别	年龄（岁）	原工种	原级别	月工资（元）	何年参加工作	何年下放	下放单位	健康情况	有否30%救济	已否40%救济	现在住址（小队）	现在何地何单位做亦工亦农	备注
1	华洪兴	男	48	铸件		39	1957	1962	芜湖卫星汽车修理厂	好			1队	社员	
2	谭仁妹	女	53	织布		90	1950	1962	上海震风二厂	中			1队	社员	
3	吴海根	男	59	起重		53.7	1956	1962	无锡建筑公司	中			2队	社员	
4	吴林兴	男	41	起重		58.86	1956	1962	江苏电业局	中			2队	大队办厂	
5	吴巧根	男	63	纺织		103.7	1949	1962	上海王华阳山厂	好			4队	社员	
6	吴锡琪	男	51	钳工		44	1956	1962	无锡红旗机床厂	好			2队	县制厂临时工	
7	吴听荣	男	41	锻工		42	1956	1962	无锡市动力厂	好			4队	社员	
8	吴阿毛	男	61	起重		60.5	1956	1962	望亭发电厂	好			4队	社员	
9	吴泉根	男	45	起重		57.5	1954	1962	上海电力建设局	强			3队	县化肥厂合同工	
10	吴华泉	男	59	油汆脂品		60	1950	1961	上海牛庄路菜场	中			5队	社员	
11	吴岳兴	男	37	起重		55	1957	1961	无锡民用建筑公司	强			6队	大队办厂	
12	鲍文英	女	34	起重		32	1956	1961	无锡勤纺织厂	强			6队	社员	

续表 5-1-4

序号	姓名	性别	年龄（岁）	原工种	原级别	月工资（元）	何年参加工作	何年下放	下放单位	健康情况	有否30%救济	已否40%救济	现在住址（小队）	现在何地何单位做亦工亦农	备注
13	吴和福	男	56	铸工		74	1947	1961	上海杨树浦矿山机械厂	强			6队	社员	
14	吴海官	男	47	起重		57	1956	1962	上海闸北发电厂	强			7队	县化肥厂合同工	
15	吴荣根	男	38	铸工		62.5	1951	1961	无锡新生机械厂	强			7队	县第二农机厂合同工	
16	杨彩英	女	55	织布		83.5	1947	1962	上海国民纺织厂	强			7队	公社农塑厂	
17	吴仲良	男	35	起重	3	42.75	1957	1961	无锡消防器材厂	中			7队	社员	已故
18	田居正	男	52	起重	3	44.8	1957	1961	无锡市建机具厂	强			10队	大队起重队	
19	章伯荣	男	54	钳工		60	1954	1961	无锡市无线电厂	中			10队	大队五金厂	
20	章阿毛	男	59	起重		50	1956	1961	无锡市民用建筑公司	强			9队	大队起重队	
21	杨泉生	男	56	起重	3.5	50	1957	1961	无锡市民用建筑公司	中			8队	县化肥厂合同工	
22	朱梅珍	女	52	缫丝		42	1950	1962	无锡缫丝厂	弱		已	8队	现在复工	
23	章文宝	男	59	干部	21	66	1952	1961	山西源县轧花厂	中			9队	每月10元	

续表 5-1-4

序号	姓名	性别	年龄（岁）	原工种	原级别	月工资（元）	何年参加工作	何年下放	下放单位	健康情况	有否30%救济	已否40%救济	现在住址（小队）	现在何地何单位做亦工亦农	备注
24	章炳良	男	39	车工	5.5	65	1954	1962	无锡器材厂	强			9队	户口已迁西安	
25	杨福祥	男	50			42	1944	1961	上海体育学院	强			13队	大队办厂	
26	杨福近	男	45	接头		60	1946	1961	上海康定路丝绸厂	强			12队	大队粮饲厂	
27	孙仁娣	女	47	织布		84	1945	1961	上海耀华玻璃厂	强			14队	社员	
28	杨德振	男	57	干部		65.5	1934	1961	上海美术设计公司	强			14队	社员	
29	杨朝林	男	56			62	1940	1962	上海第六米厂	强			15队	社员	
30	杨兴苟	男	48	起重		60	1956	1964	镇江发电厂	强			15队	社员	
31	杨三福	男	45	炊事员		35	1944	1962	苏州砂轮厂	强			15队	社员	
32	陈正兴	男	40	电工		59	1956	1962	南京下关变电所	强			15队	社员	
33	季昆清	男	36	建筑		58.4	1957	1961	无锡市建筑公司	强			16队	县化肥厂	
34	季云生	男	39	建筑		58.4	1955	1961	无锡市建筑公司	强			16队	县建筑站	
35	季兴南	男	39	建筑		58.4	1955	1961	无锡市建筑公司	强			17队	县建筑站	
36	季炳生	男	45	车工		61	1952	1961	上海蚌阜机器厂	强			17队	县第二农机厂	
37	邹林妹	女	29	车工		46.5	1950	1962	无锡缫丝厂	强			17队	公社钣金厂车工	

续表 5-1-4

序号	姓名	性别	年龄（岁）	原工种	原级别	月工资（元）	何年参加工作	何年下放	下放单位	健康情况	有否30%救济	已否40%救济	现在住址（小队）	现在何地何单位做亦工亦农	备注
38	季荣林	男	45	建筑	4	59	1956	1962	无锡建筑站	强			17 队	县化肥厂合同工	
39	季荣初	男	36	建筑		58	1955	1961	无锡县建筑站	强			17 队	大队办厂	
40	季炳生	男	57	建筑	5	60	1953	1962	南京市建筑站	强			18 队	大队办厂	
41	季裕泉	男	55	畜产		77	1956	1961	上海外贸运输公司	强			18 队	公社笔毛加工厂	每月15 元
42	季浩宜	男	52	起重		53.3	1953	1961	无锡市建筑公司	强			18 队	县化肥厂	
43	季建清	男	32	行车	3	43	1957	1962	宁夏石咀山钢厂	强			18 队	大队支委	
44	季杏生	男	44	起重	3	44.8	1957	1962	无锡市建筑站	强			18 队	队办厂会计	
45	朱顺根	男	59	搬运	5.5	75	1954	1962	公社造船厂	强			18 队	大队百头场	
46	季坤宝	男	61	炼油	3.5	40	1956	1962	无锡市炼油厂	强			19 队	社员	
47	朱荣全	男	46	电焊		45	1947	1961	无锡庆丰纱厂	强			19 队	大队办厂	
48	朱荣金	男	46	干部		41.3	1951	1962	无锡县红旗机械厂	强			19 队	大队办厂	
49	朱三南	男	65	搬运		60	1951	1962	苏州地区陆墓镇	强			19 队	社员	
50	季梅生	男	43	建筑	4.5	51	1953	1962	南京市建筑站	强			20 队	大队办厂	
51	朱秀金	女	58	织布		77	1950	1961	上海国棉十五厂	强			20 队	社员	

1976 年石幢大队精减职工情况调查

表 5-1-5

序号	姓名	性别	年龄（岁）	原工种	原级别	月工资（元）	何年参加工作	何年下放	下放单位	健康情况	有否30%救济	已否40%救济	现在住址（小队）	现在何地何单位做亦工亦农	备注
1	邱小妹	女	47	上气	2.5	57	1947	1962	上海大中华橡胶厂	好			10 队	社员	
2	华洪娣	女	36	车工	3	45	1957	1962	无锡自来水厂	好			13 队	县第二农机厂	
3	叶家浩	男	37	铸件		45	1957	1962	无锡自来水厂	好			13 队	青阳铸件厂	
4	华祥宝	女	50	缫丝		46.25	1956	1962	无锡和平针织厂	差			13 队	社员	每月12 元
5	叶焕定	男	37	造型		65	1950	1961	上海重型机器厂	好			7 队	社员	
6	万永泰	男	48	车工	5	40	1949	1961	苏州化工机械厂	好			8 队	队办厂	每月12 元
7	万永良	男	51	车工		65	1952	1961	无锡仪表厂	好			8 队	社员	
8	周秀珍	女	55	织布		84	1934	1962	上海茂盛染织厂	差			4 队	社员	
9	叶云耕	男	48	司炉		49.9	1946	1961	无锡味精厂	好			11 队	队办厂	每月8 元
10	叶甫耕	男	46	保管员		36.5	1949	1962	江西烘江造纸厂	好			11 队	社员	每月8 元

续表 5-1-5

序号	姓名	性别	年龄（岁）	原工种	原级别	月工资（元）	何年参加工作	何年下放	下放单位	健康情况	有否30%救济	已否40%救济	现在住址（小队）	现在何地何单位做亦工亦农	备注
11	吴焕林	男	44	打炮		38.5	1957	1961	无锡白药山采矿厂	好			11 队	社员	每月8元
12	龚奇英	女	41	化学		32	1956	1961	无锡市玻璃厂	好			9 队	社员	
13	高云泉	男	46	车工钳工		80	1955	1962	安徽芜湖灯芯绒厂	好			2 队	县第二农机厂	
14	周秀凤	女	60	织布		83	1949	1962	上海茂盛染织厂	差			5 队	社员	
15	邱凤秀	女	55	织布		90	1937	1962	上海大昌染织厂	差			2 队	社员	
16	高阿巧	女	56	缫丝		45	1947	1962	无锡缫丝一厂	差			1 队	社员	
17	薛林妹	女	45	织袜		58	1953	1961	江西新余钢铁公司	一般			4 队	社员	
18	马德良	男	45	门卫		36	1953	1962	无锡南方印花厂	一般		已	7 队	社员	
19	叶应泉	男	41	炼油			1955	1961	无锡炼油厂	好			11 队	大队粮饲加工厂	
20	高林生	男	42			38.9	1955	1961	无锡江宁机械厂	好			2 队	社员	
21	高顺福	男	48	司炉		38.3	1955	1961	无锡炼油厂	好			3 队	农机厂	

第二节　计划生育

一、管理机构

1949 年前，境内民众受“子孙满堂”“人丁兴旺”“多子多福”“早生儿子早得力”及重男轻女等传统婚育观念的影响，加上大多数农民生活贫困，缺医少药，长期处于高出生率、高死亡率、低自然增长状态。中华人民共和国成立后，社会安定，人民生活逐步改善，又因一度宣传“人多手多力量大”，人口迅速增长。

1963 年，根据中共中央、国务院关于提倡“计划生育”的指示，前洲公社计划生育领导小组宣传计划生育，号召党员干部带头落实。1974 年，根据上级党委政府的要求，北圩和石幢大队也成立了计划生育领导小组，由大队妇女主任负责开展计划生育工作。

在乡（镇）党委政府领导下，北圩村、石幢村或北幢村“两委”，从改变群众的生育观念着手，采取妇女干部培训，举办育龄、新婚夫妇学习班，设立计划生育、优生优育咨询站，开展知识竞赛等方法，对广大干部群众进行人口理论、人口政策、优生优育等科学知识的宣传教育。结合实际，制定切实可行的措施，促进了干部群众实行计划生育的自觉性，使全村计划生育率达到了 96.54%。

二、晚婚节育

计划生育的基本原则是晚婚、晚育、少生、优生。

鼓励晚婚、晚育。男女双方均符合晚婚年龄（男 25 周岁，女 23 周岁）登记结婚的，各享受婚假 10 天；男女双方均满法定年龄登记结婚的，婚假为 3 天；产后在规定时间内领独生子女证并采取节育措施的，产假为 90 天。婚、产假期间职工工资照发，不影响全年评奖，由所在单位支付，务农村民每天补贴 3 元，由村民委员会支付。

实行独生子女优惠政策。一对夫妇终身只生育一个孩子，并领取独生子女证的，可享受优待：每年发给独生子女费不低于 40 元；免费享受幼儿园保育费，享受统筹医疗费，医疗费包干使用的单位每年可报销 36 元；第一胎系双胞胎的，可以照顾一个孩子享受托幼保育费和医疗费待遇。

三、优生优育

1979年，前洲公社成立计划生育办公室以后，逐步推行优生优育。结婚登记必须进行婚前体检，民政部门凭体检合格证明，办理结婚证并赠送《新婚必读手册》。为了保证新生儿童的健康成长，按国家规定进行免费接种疫苗，新生儿到7周岁，先后服用抗麻痹糖丸，接种麻疹疫苗、流脑疫苗、乙脑疫苗、卡介苗，以及百日咳、白喉、破伤风联合疫苗等。

1980年后，对孕产妇进行系统管理，做好围产期的保健工作。由村妇女主任、村女医生、医院妇保医生、儿保医生配合进行。

1980年5月，卫生院设立儿保门诊室，对3岁以下的婴幼儿进行系统管理，定期健康检查，测定发育生长情况。发现缺陷与疾病及时矫治。每年“六一”国际儿童节，组织医务人员对7岁以下的婴幼儿进行健康检查，对幼儿园儿童进行体格检查。0～4岁儿童死亡率由1986年的25.4‰，下降到1995年的13.92‰。

2016年1月，国家实施全面两孩政策。

第三节　家　谱

一、北幢村姓氏源流

家族宗谱是以同根同祖的血缘为纽带，记录其起源、发展、迁徙和人生轨迹的历史图谱，是中华古老文明的传统和延续。修好宗谱既能了解祖族历史，理顺血缘关系，又能学习和继承先人美德，进而激励今人后世，构建和谐社会，建立和睦家庭。

进入新时代以来，在文化自信的感召下，家谱文化越来越深入人心，有识之士和众多后人缅怀先辈的忆念不断增强，兴起了修缮祖谱的热潮，纷纷相约和聚会，磋商修缮宗谱的资金和计划，修缮家谱成了新时代家家户户的热切事件。北幢村也出现了续修家谱的热潮。

2020年，原石幢村共有农户549户，人口1797人。姓氏25个：万、严、高、叶、周、张、王、吴、杜、顾、唐、陈、华、孙、徐、杨、季、许、倪、李、黄、吕、胡、奚、马。其中，已修缮家谱的14个姓氏（其中未续修家谱的3个姓氏），占总姓氏的67%。没有续修家谱的有10个姓氏。

2020年，原北圩村有农户689户2546人。姓氏26个：吴、冯、蒋、陈、包、陆、章、田、王、朱、庄、卫、杨、路、苏、孙、李、唐、沈、张、方、曹、季、范、曾、廉。各姓氏家谱修缮还在筹备中。

北幢村续修家谱情况表

表5-3-1

序号	宗谱名称	祠堂名	一世先祖	何时何地迁来	续修时间	卷数	家训家规
1	周氏宗谱	志学堂	周敦颐	十五世孙周宗广，于明洪武年间（1368—1398年）由无锡梅村迁居前洲石幢	2010年	22卷	14则
2	高氏宗谱	裕远堂	高　彻	十世孙高泰七，于明洪武元年（1368年）从武进横山桥迁居石幢高家尖	2016年	6卷	10则
3	万氏宗谱	永思堂	万福一	元末已定居万家村，宗谱续修于常州万氏宗谱	1948年	16卷	
4	叶氏宗谱	永思堂	叶无名	叶无名于明洪武元年（1368年）因避战乱由吴江同里迁居石幢	民国中期		
5	朱氏宗谱			朱悦约于明成化年间（1465—1487年）由东村桥迁居杨家圩朱巷。朱良臣偕子文炳，于明万历年间（1573—1620年）由东街迁居杨家圩章巷	2010年	10卷	3则
6	土氏宗谱	三槐堂	王　皋	二十一世孙王鸣悦，于清康熙十年（1671年）由江阴璜塘迁居前洲石幢。王皋二十一世孙王国祯于明万历年间（1573—1620年）迁居石幢河亭上	2010年	25卷	8则
7	锡山李氏宗谱		李赓	李赓于北宋至和年间（1054—1056年）从福建邵武（现福建南平市）迁居江苏无锡。三十世孙成美，约于清乾隆中期从李祥巷迁居杨家圩村章巷	2014年	32卷	
8	曹氏宗谱		曹文生	曹文生于清康熙年间（1662—1722年）偕子景恒、景岱由黄巷迁居前洲北幢杨撑渡	2012年	15卷	10则

续表 5-3-1

序号	宗谱名称	祠堂名	一世先祖	何时何地迁来	续修时间	卷数	家训家规
9	蓉湖吴氏宗谱	至德堂	吴 壁	十世孙吴于成，于明天启年间（1621—1627年），从玉祁西港迁居前洲石幢	2015年	30卷	2则
10	严氏宗谱	伦正堂	严 诏	五世孙严文卿，于清康熙二十四年(1685年)由张明桥迁居石幢。元末万家村已有严氏一脉，清代中续修宗谱时靠谱于伦正堂	2015年	10卷	24则
		富春堂	严 威	十二世孙严潢，于清顺治十年（1653年)由黄天宕迁居河亭上	2017年	20卷	
11	杜氏宗谱	尚古堂	杜 充	八世孙杜锡藩，于清乾隆二年（1737年）由城南迁居石幢	1930年	12卷	
12	唐氏宗谱	惇叙堂	唐 介	二十八世孙唐玉英，于同治十二年（1873年）从前洲街婚迁居石幢石东村	2016年	23卷	14则
13	华氏宗谱	惇叙堂	华原泉	二十三世孙华增代、华增钱，于清嘉庆后期由黄石街长浜迁居石幢	2014年	30卷	
14	锡山陈氏家谱	如在堂	陈 亮	二十三世孙陈玉堂，于清光绪二十四年（1898年）由蒋巷周村入赘石幢河亭上高姓定居	2018年	22卷	5则
15	锡山顾氏家谱	惇睦堂	顾 海	顾海于元末明初（1368年）从张泾桥迁居浮舟村。十五世孙子龙，于清光绪初年（1878—1885年）迁居石幢	2013年	16卷	16则
16	奚氏家谱	衍庆堂	奚 庆	二十三世孙奚岳明，于1954年从张家浜迁居万家村	2006年	12	
17	沈氏宗谱	东启堂	沈文睦	后裔沈文荣，于明万历年间（1573—1620年）从玉祁迁居锡东斗山，后又迁居前洲北圩杨撑渡	2018年	36册40卷	15则

续表 5-3-1

序号	宗谱名称	祠堂名	一世先祖	何时何地迁来	续修时间	卷数	家训家规
18	季氏宗谱	宏远堂	季陵	十九世孙季国桢，于明隆庆元年（1567 年）从长安城塘迁居荷花池（马路上）	2022	5 卷	13 则
19	吴氏宗谱	至德堂		明正德末嘉靖初年，九十五世孙吴栻，由蠡塘桥迁居北圩吴巷	2023	1 卷	
20	杨氏宗谱	崇本堂	杨邦乂	二十九世孙杨松，念祖宗邱墓在锡祭扫不便，由南京迁居杨撑渡里杨			
21	陆氏世谱	仰贤堂		明正德末嘉靖初年，六十四世孙陆宽迁居杨家圩富巷上（现吴巷）	2019	2 卷	

二、家训选辑

《高子遗书》之家训（节选）

吾人立身天地间，只思量作得一个人，是第一义，余事都没要紧。作人的道理不必多言，只看《小学》便是，依此作去，岂有差失？从古聪明、睿知、圣贤、豪杰，只于此见得透，下手早，所以其人千古万古不可磨灭，闻此言不信，便是凡愚，所宜猛省。

作好人，眼前觉得不便宜，总算来是大便宜；作不好人，眼前觉得便宜，总算来大不便宜。千古以来，成败昭然。如何迷人尚不觉悟，真是可哀！吾为子孙发此真切诚恳之语，不可草草看过。

吾儒学问主于经世，故圣贤教人莫先穷理，道理不明，有不知不觉堕于小人之归者可畏。可畏穷理虽多，方要在读书，亲贤。小学，近思录，四书，五经、周、程、张、朱语录，性理纲目，所当读之书也，知人之要在其中矣。

取人要知圣人取狂狷之意。狂狷皆与世俗不相入，然可以入道，若憎恶此等人便不是好消息，所与皆庸俗人，已未有不入于庸俗者，出而用世，便与小人相昵，与君子为仇，最是大利害处不可轻看，吾见天下人坐此病甚多，以此知圣人是万世法眼。

不可专取人之才，当以忠信为本。自古君子为小人所惑，皆是取其才。小人未有无才者。

以孝弟为本，以忠义为主，以廉洁为先，诚实为要。

临事让人一步，自有余地，临财放宽一分，自有余味。善须是积，今日积，明日积，积小便大；一念之差，一言之差，一事之差，有因而丧身亡家者，岂可不畏也。

爱人者人恒爱之，敬人者人恒敬之。我恶人，人亦恶我。我慢人，人亦慢我，此感应自然之理。切不可结怨于人。结怨于人，譬如服毒，其毒日久必发，但有小大迟速不同耳。人家祖宗受人欺侮，其子孙传说不忘，乘时遇会，终须报之，彼我同然。出尔反尔，岂可不戒也。

富春堂《严氏宗谱》之祖训四则

1. 孝悌

孩提之童，无不知爱其亲，及其长也，无不知敬其兄。可知孝亲敬长，是天性中事，不是有知有不知，有能有不能者也。吾独怪今人，财实本是身外之物，强欲求之，不得为耻。孝悌是身内，固有不得如何不耻。又怪今人，功名本如旅舍，一过便去，得而复失，则又深耻，孝弟乃是不可复失者，放而不求，如何不耻，不必言古，圣贤孝弟之行，如大舜、武、周、泰伯、伯夷，各造其极。只如晨省昏定，推梨让枣，有何难事，而今人甘心不为，极而至于生不能养，死不能葬，大不孝于父母，有无不通，长短相竞，大不友于兄弟，噫，是郎孩提时，顷刻不见父母，则哭泣不止。兄弟同床共席，则相怜相爱之，孝子悌弟也，人皆望长而进德，奈何反至于此，且就人所易能者，立一榜样，昔老莱子行年七十身着五色斑斓之衣。作婴儿戏，欲亲之喜司马温公兄伯康，年将八十，公奉如严父，保如婴儿，每食少顷则问曰：得无饥乎，天冷少则，拊其背曰。衣得无薄乎，老而如此，未老可推，一事如此，他事可推。有子曰：孝弟为仁之本，乌有孝子悌弟而不修德行善者。孔子曰：孝弟之至，通于神明，光于四海，乌有孝子悌弟，而不为乡邑，所称皇天所佑者。其不孝不友者，反是。何不勉之。

2. 勤俭

勤与俭，治生之道也，不勤，则寡入，不俭，则妄费，寡入而妄费，则财匮。财匮，则苟取。愚者为寡廉鲜耻之事。黠者入行险侥幸之途，生平行止，于此而丧祖宗家声于此而坠，生理绝矣。又况一家之中，有妻有子，不能以勤俭表率而使相趋于贪惰，则自绝其生理，而绝妻子之生理矣。勤之为道。第一要深思远计，事宜早为，物宜早辨者，必须预先经理，若待临时仓忙失措，鲜不耗费。第二要晏眠早起，侵晨而起。夜分而卧，则一日而复得半日之功。若早眠晏起，则一日仅得半日之功，无论天道必酬勤而罚惰，创人事赢诎，亦已悬殊。第三要耐烦吃苦。若不耐烦吃苦。一处不周密。一处便有损失耗坏，事须亲自为者，必亲自为之，须一日为者，必一日为之。人皆以身习劳苦为自戕其生。而不知是乃所以求生也，俭之为道，第一要平心忍气，一朝之忿，不自度量与人口角斗力。构讼经官，事过之后，不惟破家，或且辱身。第二要量力举事，土木之工，婚嫁之事，宾客酒席之费，切不可好高求胜，一时兴会。所费不支，后来补苴，或行称贷，偿则无力，逋则丧德。第三要节衣缩食，绮罗之美，不过供人之叹羡而已，若暖其身体，布素与绮罗何异。肥甘之美，不过日舌间片刻之适而已，若自喉而下，藜藿肥甘何异。人皆以薄于自奉为不爱其生，而不知是乃所以养生也。故家子弟，不勤不俭，约有二病：一则纨绔成习，素所不谙。一则自负高雅，无心琐屑，乃至游闲放荡，博弈酣饮，以有用之精神，而肆行无忌。以已竭之金钱，而益喜浪掷。此又不待苟取之为害，而已自绝其生理矣。孔子曰：谨身节用，以养父母，可知孝悌之道，礼义之事，惟治生者能之，奈何不惟勤俭之为尚也。

3. 读书

读书须先论其人，次论其法。所谓法者，不但记其章句而当求知其义理。所谓人者，不但中举人进士要读书，做好人尤要读书。中举人进士之读书，未尝不求义理而其重，究竟名在章句。做好人之读书，未尝不解章句，而其重。究竟只在义理。先儒谓今人不会读书，如读论语，未读时是此等人，读了后只是此等人。便是不曾读此。教人读书识义理之道也要知圣贤之书，不为后世中举人进士而设，是教千万世做好人， 宜至于大圣大贤，所以读一句书，便要反之于身。我能如是否，做一件事，便要合之于书，古人是如何，此确是读书，若只浮浮泛泛，胸中记得几句古书，出口说得几句雅话，未足为佳也，所以又要论所读之书，尝见人家几案间摆列小说杂剧，此最自误并误子弟。亟宜焚弃，人家有此等书，便为不祥，即诗词歌赋，亦属缓事。若能兼通六经，及性理，纲目，太学衍义诸书固为上等学者，不然者亦只是朴朴实实将孝经小学四书本注，置在案头当自读。教子弟书即身体而力行之，难道不成就好人，难道不称为自好之士，究竟实能读书，精通义理，世间举人进士，舍此而谁，不在其身必在其子孙。

4. 积德

积德之事，人皆谓惟富贵，然后其力可为，抑知富贵者，积德之报，必待富贵而后积德，则富贵何日可得。积德之事，何日可为，惟于不富不贵之时，能力行善，此其事为最难。其功为尤倍也，盖德亦是天性中所备，无事外求，积德亦随在可行，不必有待。假如人见蚁子入水，飞虫投网，便可救之，又如人见乞人哀叫，辄与之钱，或与之残羹剩饭，此救之与之之心，不待人教之也，即此便是德。即此日渐做去，便是积。今人于钱财田产，即去经营日积，而于自己所完备之德，不思积之，又大败之，不可解也。今亦须论积之之序，首从亲戚始，宗族邻鄙中，有贫乏孤苦者，量力周给，尝见人广行施与，而不肯以一丝一粟，援手穷亲。亦倒行而逆施矣，次及于交与，凡穷呃之人，朋友有通财之义，固不必言，其穷呃之人，虽与我素无往来，要知本吾一体，生则赈给，死则埋骨，惟力是亲，以全我恻隐之心。次及于物类，今人乡好放生，究竟末务有不须费则者，如任奔走，效口舌解人厄，急人病，周旋人患难，不过劳已之力，更何容吝又有不费财，并不劳力者，如隐人之过，成人之善，又如启蛰不杀，方长不折，步步是德，步步可积，但存一积德之心，则无往而不积矣。不存一积德之心，则无往而为德矣，要知吾辈，今日不富不贵，无财我财，可以行大善事，积大阴德，正赖此恻隐之心，就日用常行之中所见所闻之事，日积月累成就一个好人，不求知于世，亦不责报于天，若又不为是真，当面错过也不富不贵时，不肯为吾又未知即富即贵之果，肯为也否。

第六章　党政群团

宋、明、清、民国时期，官衙（政府）对农村采用都图制、保甲制管理体制，乡村社会的生息繁衍一直保持高度固化的自治状态。基层政权被地方乡绅垄断，民权被肆意践踏。中华人民共和国成立后，设立了基层群众性自治单位——行政村。北幢村在村党支部的领导下开展工作，带领全村人民发展村级经济、逐步走上小康之路。

第一节　主要政事

一、土地改革

根据无锡县统一部署，境内于 1950 年 9 月进行土地改革。历经土改准备、划分阶级成分、没收征收土地和财产、分配土地和浮财、检查验收等步骤，至 1952 年 2 月全面结束。是年春，无锡县人民政府向境内农民颁发土地、房屋所有证。

境内按照政务院《关于划分农村阶级成分的决定》，采取自报公义、民主评定、三榜（村、乡、区）定案的办法，划分阶级成分。没收地主的土地、耕畜、农具、家产、多余的粮食。将农村多余的房屋，平均分配给缺地少田的贫农、雇农以及中农。土改后，贫农、雇农和中农占有土地率从土改前的 57.27% 增加到 80.22%。地主也同样分得一份土地，改造他们成为自食其力的劳动者。没收、征收的财产，除少数留公外，其他都分配给缺少生产资料和生活资料的贫农、雇农。

土地改革后，农民在自己的土地上耕耘，调动了生产积极性，1951 年粮食产量比 1949 年增长了 37.6%。

二、互助合作

土地改革后，党中央引导农民开展农业合作化运动，走共同富裕的社会主义道路。

（一） 农业劳动互助组

1951 年 12 月，中共中央发出《关于农业生产互助合作的决议（草案）》。1952 年 8 月，北七房乡石幢村成立了叶楚振互助组，互助组是以自愿的形式组合。村民自发组织的季节性临时互助组过渡到常年互助组。

互助组建立评工计分制度，采取以工还工、按时记工、按田定工、按量评工、干部因公误工补贴等方式，使用记工单、记工簿等凭证。户与户按田结工、按劳付酬，相互找补，每工单价 3～4.5 公斤大米，或以米折钱计算。耕牛、农具，公有的按田负担，由专人或分户饲养和使用；私有公用的，给付租金或记工结算。常年互助组或规模较大的互助组采取统一领导、分组作业的形式。

（二）初级农业合作社

1953 年 12 月 16 日，中共中央作出《关于发展农业生产合作社的决议》。1954 年春，北七房乡石幢村叶楚振互助组改造为新型农业合作社。

初级社实行统一核算，土地入股统一经营，劳动力统一管理，生产资料统一使用，收益统一按土、劳比例分配，划分生产队，固定耕作区，采取“田定包工”（定农活数量、定耕作质量、定完成时间、定劳动报酬）定额管理的评工计分方法。生产队按劳高于土的原则，一般以“土四劳六”的比例分配，年终计划部分则全按劳力分配。

（三）高级农业合作社

1956 年初，境内农民广泛学习《1956 年到 1967 年全国农业发展纲要（草案）》，掀起小社并大社、大办高级社的热潮。1956 年 3 月，杨家圩成立扬三高级农业合作社，北七房成立新星高级农业生产合作社。杨三合作社社长杨连竹，会计杨继林，书记吴云生。新星合作社社长叶楚振，会计叶国雄，书记叶仲裕。

高级社不再进行土地分红，土地归集体所有，耕畜和大农具作价归社，收益按劳分配。高级社选举产生生产管理委员会和监察委员会，下设生产队。以生产队为基层生产单位，生产队的规模一般为15～30户。高级社的经营与管理是在固定生产队、固定耕作区、固定耕牛和农具的基础上，实行包产、包工、包成本、超产奖励责任制。“三包一奖”制既坚持高级社的统一领导与经营，又体现生产队一定的自主权。把社会劳动与生产队的经济效益挂钩，解决社与队、队与队之间的平均分配问题。通过“三包”合同结算，坚持按劳分配、多劳多得的原则，队与队、人与人的收入各有差异。

三、人民公社

1958年8月，中共中央作出《关于在农村建立人民公社问题的决议》。9月19日，前洲人民公社成立。公社设管理委员会和监察委员会，成立杨家圩工区、北七房工区。12月成立北圩大队。吴云生、冯喜生、季锡庆先后任北圩大队书记；杨连竹、季听荣、吴云生先后任大队长；杨继林、季如泉、朱伯兴、季进兴、杨正泉先后任会计。12月成立石幢大队，孙金清、叶仲裕、高淳芳先后任大队书记，叶楚振、高寿保先后任大队长，高祥兴任副主任，叶国雄、杜宗甫、周金宝、袁全均、万茂根先后任会计。

人民公社政社合一，建社之初，实行组织军事化、生产战斗化、生活集体化，劳动力由公社统一指挥，搞大兵团作战。公社为团，大队为营，生产队为排。分给合算，实行供给制。各生产队办公办食堂、小学等单位也自办食堂，用大锅烧饭，吃饭不要钱。“放开肚皮吃饭，鼓足干劲生产”是当时最响亮的口号。吃了三个月，大半年口粮没了，公共食堂的饭锅里，白米饭变成了薄粥汤。1959年开始进入三年困难时期，广大社员食不果腹，艰难度日。1961年2月，公共食堂解散，粮食分到户，重新划分自留田，调整生产队，停止军事化劳动生产形态。

1961年上半年，根据中共中央《关于农村人民公社当前政策问题的紧急指示信》（简称“十二条”）精神，紧急落实“三级核算，队为基础”的经济管理体制。纠正无偿调动生产资料的“共产风”和“浮夸风”，转变干部瞎指挥、强迫命令、特殊化等歪风。

1962年2月，为贯彻执行中共中央《关于改变农村人民公社基本核算单位问题的指示》，大队将收益分配权、农具耕畜所有权、经济核算权下放给生产队，由生产队统一组织生产与分配。恢复定额记工，评工计分，按劳分配。生产队除上缴农业税外，向大队上缴公积金、公益金和管理费。生产队设队长、会计。现金和物资保管员各一名，负责生产和财务管理。

同期北圩大队的部分生产队采用包产到户的方法。将50亩水稻田、油菜、小麦、桑田分户种植。1963年春，开展整社，强行改正。人民公社实行“三级所有制”，以生产队为基本核算单位的经营管理制度。

关于自留田，在组织高级社时，每户社员有一份自留田，自行种植蔬菜。人民公社建立之初，社员自留田全部转为集体经营的公共食堂菜园地，社员家中也不再饲养家禽家畜。1959年7月，恢复社员自留田，控制在耕地面积5%以内。1962年起，扩大到7%，北圩平均每个社员0.1亩，石幢每个社员平均0.13亩，有的还分到了饲料田。但由于人口变动大，户与户之间人均占有自留地数量差异拉大，矛盾十分突出。1979年9月，以生产队为单位，按当时人口进行调整，抽余补缺，给35岁以上的独身青年及独生子女多一份自留田。

关于评工计分，1962年始，以生产队为基础核算单位，评工计分，按劳分配。以定额包工和零工评分为主，后推行“大寨式”评工计分。外出做工的则实行交钱记工的制度。大队干部和生产队的主要干部实行工分补贴制度。

定额包工，是对农村常规农活确定工分标准，按质按量完成后计算工分，达不到质量标准按规定扣除相应工分。对于临工，由生产队评定；对于五匠（泥水匠、木匠、竹匠、铁匠、漆匠，俗称手艺人）外出做工实行交钱记工制度，手艺人按工价的八折交生产队评工计分。对村办企业的工人工资，在年终将收入转入生产队，按该队同等劳力的标准计分，结算分红。工人上班发的菜金则由个人自行支配，社队办企业工人按时回生产队劳动。

生产大队干部，根据职务进行补贴，在同等劳动力外增加两至三成。生产队队长一般每年补贴30～40个工分，会计补贴20～25个工分，记工员等补贴10～12个工分。

关于分配方法，生产队的分配主要有实物分配和经济分配。实物分配主要是粮食、草柴和种植的其他杂物。分红是每年的头等大事，首先由各生产队根据自己实有的业绩做好方案，然后经大队审核后按方案执行。国家对粮食分配有严格的政策规定和严密的监管措施。每个生产队实行“定产、定购、定销”

的“三定”政策，核定生产队耕田面积。再根据前三年平均单产和“三定”面积核定总产量。“定购”是定粮，用于抵销农业税。“定销”是核定的余粮任务，“定销”的粮价高于征购任务价。严格实行超产超购多吃、减产减购少吃的粮食分配计划经济政策。分配方法是：一要完成国家征购任务；二要留足种子和饲料；三是社员的口粮；四是饲料粮（社员养猪有饲料粮补贴）；五是根据剩余粮食分配劳动工分粮，每个生产队的吃粮有一些差异。分配方案外的多余食粮交粮管所作储备粮。社员口粮的分配规定是成人每人240～260公斤，1～3岁每人125公斤（孩子在方案确定的时间前出生才可分配，一般是9月30日前），4～7岁每人175公斤，中学生每人275～285公斤。当时计划经济时代的粮食紧缺，有些生产队出现私分粮食情况。生产队分配方案分预分和决分方案。夏季分配一般是根据农户粗算一下，决分方案是关键。那时一般家庭分不到现金，还要亏欠生产队现金。口粮不能分到家，要把口粮交到粮管所暂存叫卖周转，翌年亏欠户拿钱自行到粮管所买自己的计划口粮。

四、家庭联产承包责任制

1982年12月，境内全面实行家庭联产承包责任制，按人分半亩口粮田，按生产队土地多少划分劳力田，男10折，五匠8折，妇女7折，每户种田有4～5处（人田与秧田分开划种）。

附：

石幢大队关于一九八二年度落实生产责任制的意见

（一九八二年二月十七日）

根据中共中央〔1982〕1号文件精神和上级党委的指示精神，我们大队党支部和广大干部群众，通过学习讨论一致认为，建设社会主义现代化农业，必须坚定不移地走“集体致富”的道路。适宜我大队的责任制形式是：“三业分开，专业承包，联产计酬，统一分配，实行奖赔。”这种责任制的形式有利于发展集体经济优越性，有利于调动群众积极性。

一九八二年度落实完善生产责任制的具体意见是：

一、统一制定生产指标

1. 农业生产指标：

（1）粮食生产：以公社下达的粮食生产大包干任务的95%计算1982年度的生产任务，各个生产队的任务[详见附表（一）]，大队粮食总产1916133斤，平均长年亩产1093.5斤。

（2）油菜生产：以人定田(每人0.10亩)，以田定任务[详见附表(二)]，落实生产队，大队油菜总产22217斤，平均单产130斤。

（3）斤粮成本指标： 0.063元（包括家肥投资计入成本）。

2. 副业生产指标

（1）养猪生产：

母猪：以公养母猪每30亩田1头为标准，下达养母猪任务到生产队，大队合计饲养母猪57 头 [详见附表（二）]。

肉猪：以生产队田人各半计每亩人应上市肉猪0.6头任务下达[详见附表（二）]，共1033头。长年圈存量450头。

（2）蚕茧生产：桑田面积90.5亩，以亩产100斤为标准下达生产队茧产任务 [详见附表(二)]，大队蚕茧总产9050斤。

（3）养鱼、育蚌、种植蘑菇等副业生产:养鱼总产200担，1982年度副业生产必须扩大项目,增加收入,要求在1981度副业纯利润基础上增加10%～15%，[详见附表(二)]，全大队副业纯收入超过2.5万元。

3. 工业生产指标：产值 200万元，利润50万～60万元。

4. 社员人均生活水平：230元。

5. 计划生育 ：1982年度出生率3 %，计增加51人。

二、统一农业生产关键措施

1. 双三制布局：前季稻面积为总面积的50%。

2. 改良土壤 ，增积自然肥料：前季稻、单季稻河泥每亩100担（每方以16担计），后季稻每亩稻柴返田200斤，河泥20担。

3. 合理使用化肥，增施磷肥：大田平均每亩100斤（三麦80斤，前季稻、单季稻每亩50斤）。

4. 大力提倡增施人畜粪肥，坚持养猪包肥，组织城市运粪。

三、统一“以工补农、以工补副”的办法

1.“以工补农”规定

（1）完成粮食生产任务，每百斤粮由大队补贴生产队3元，超额完成粮食生产任务，其超额总产按每百斤补贴10元，提留3.5元作为生产队农业奖金。

（2）完成油菜籽生产任务，每斤菜籽由大队补贴0.1元，超额数量每斤补贴0.15元。

（3）斤粮成本（家肥投资不计在内）应低于0.055元，节省成本开支，每元奖励现金1元，超过斤粮成本规定，每增加成本1元，扣除以工补农补贴费0.5元。

（4）前季稻育秧用尼龙薄膜 ，生产用磷肥，城市运大粪（每船以80担9.6元计）成本开支，凭发票全额向大队结算补贴费50%。

（5）大队原则上不搞农活工种现金补贴，但为促进增积自然肥料，规定完成大队下达的积肥任务，通过验收每20担奖励现金1元。凡没有达到任务的，取消全部奖金。

2.“以工补副”规定

（1）生产队集体养母猪，自5月1日起至年底止圈存数（不包括后备母猪）达到任务，每头母猪大队补贴50元。反之，亏数每头扣除50元。

（2）生产队完成和超额完成肉猪上交任务，大队按上市数每头补贴生产队现金5元，完不成任务和生产队不收集家肥投资的，取消补贴。

（3）蚕茧：按年度产值计算，每元由大队再补贴0.3元。

（4）养鱼、种植生产：按生产队专业利润每元由大队补贴0.2元。

（5）扩大副业生产项目，如蘑菇、养蚌等专业利润每元由大队补贴1元。

四、统一平衡三业工分报酬

1.农业生产队工分结算办法：根据粮食总产，实行以粮折工，每15斤计1工，油菜籽每4斤计1工，生产队副业收入以纯收入每1.5元计1工。

以农业生产队每队2～3名劳动力平均数取得大队平均劳力工分标准，作为大队工业、大队副业等各种人员工分依据。

2.队办厂人员工分结算办法：厂部实施计时计件工分，做到日清月结，年终对照大队平均劳力工分标准，统一平衡，结算工分后转入生产队参加分配，生产队不得随意变更队办厂转入务工人员工分数。

队办厂人员年终工分平衡办法：完成上缴利润50万元，厂内人员最高10～20名平均工分，与农业队平均劳力工分标准相比，可以高10%～15%。队办厂超额完成利润指标后，其平均工分可在原有基础上增加5%左右，或适当增加奖金。大队副业队、农机队、加工厂、服务业等各业人员都实行专业承包、联产计酬，年终工分以农队平均工分标准统一平衡（具体规定在各业承包合同内），根据完成任务情况实行奖赔。

石幢大队1982年度粮油生产任务明细表

附表（一）

队别	1982年粮食生产任务		1982年油菜生产任务		
	单产（斤）	总产（斤）	面积（亩）	单产（斤）	总产（斤）
一队	1148	177274	1409	130	1937
二队	1151	183941	16.4	130	2132
三队	1212	164844	16.4	130	2132
四队	1170	153071	13.1	130	1703
五前队	1141	79984	6	130	780
五中队	1141	73412	5.5	130	715
五后队	1141	85130	6.5	130	845
六队	1040	95763	6.8	130	884
七队	1133	104621	7.9	130	1027
八队	1034	146455	10.8	130	1404
九队	1152	139299	10.3	130	1339
十队	1104	151159	13.4	130	1742
十一队	992	119655	9.7	130	1261
十二队	1119	102724	10	130	1300
十三队	1021	110022	10.7	130	1391
十四队	1150	129628	12.5	130	1625
合 计		2016982	170.9		22217

石幢大队1982年度副业生产任务明细表

附表（二）

队别	面积（亩）	人口（人）	蚕茧		养猪（头）		养鱼、种植纯收入指标（元）	蘑菇、养蛙等纯收入指标（元）
			面积（亩）	茧产（斤）	母猪	肉猪		
一队	151.89	149	8.9	890	5	90	2000	2000
二队	156.23	164	8.9	890	5	96	2200	1500
三队	139.17	164	8.9	890	5	91	4300	
四队	136.47	131	8.9	890	5	80	2100	
五前队	70.1	60	3.3	330	2	39	1200	
五中队	64.34	55	3.3	330	2	35	1200	
五后队	74.61	65	3.3	330	2	42	1200	
六队	93.1	68	5	500	3	48	500	
七队	92.28	79	5	500	3	51	300	
八队	129.01	108	5	500	4	71	1600	
九队	119.23	103	5	500	4	67	1600	
十队	130.27	134	5	500	4	79	250	
十一队	103.24	97	5	500	3	60	250	
十二队	87.64	100	5	500	3	56	400	
十三队	94.04	107	5	500	3	60	250	
十四队	110.6	125	5	500	4	68	800	
合计	1752.22	1711	90.5	9050	57	1033	20150	3500

附：

北圩村1983年上半年经济情况调查报告

（一九八三年七月七日）

北圩村有农户216户，2308人，其中男女劳动力1252人。水旱田2709.4亩，平均每人1.58亩，劳均土地2.7亩，养鱼水面215亩。

全村有19个生产队。有队办厂6个，农机厂、纺配厂、汽配厂、针织厂、磷肥厂、粮饲加工厂。直属单位4个，农机队、代销店、合作医疗、渔业队。

今年以来，这个村按照党的十二大提出的任务，认真贯彻落实了中央一号文件精神，全面落实了“联产承包、包干分配”生产责任制，除渔业大队、合作医疗两个直属单位外，对各个队办厂和农业队都签订了承包合同，调动了干部群众的劳动积极性，队办企业争取超指标的信心很足，秋熟生产抓得紧，副业生产和自营经济稳步发展。

（一）调查的基本情况

1.上半年农工生产的实绩

①农业生产。全村种植三麦1900亩，总产69.6649万斤，平均单产314斤，是全年大包干292万斤的24%。油菜面积210.37亩，总产3.9455万斤，平均单产180斤。

②工业生产。全村主要五个厂，上半年已完成产值117万元，利润20.7万元，占全年利润指标的50%，其中磷肥厂已完成全年指标的87.1%，针织厂已超过全年指标的35%。

2.“三业”人员的收入情况

全村1252个男女劳力，务农531个，占总劳力的42%，务工劳力626个，占50%，务副劳力60人，占5%，其他劳力35人，占1%。

对北圩有代表性的4、6队进行了详细调查，考核了合同。

第四生产队劳均责任田2.7亩，与全村劳均相等。按签订合同常年亩产1081.6斤，三麦已实收每亩231.6斤，单季稻要求亩产850斤，粮柴两值与补贴，扣去成本，男劳力年收入678.06元，女劳力488.34元，与队、社办厂同等劳力相比，队办务工男劳力的年收入（工资加奖金）要多得178.42元，占

29.2%，女劳力多得153.58元，占31.4%，社办的务工男劳力多得3.71元，占0.14%，女劳力少得13.82元，占0.4%。第六生产队劳均责任田1.9亩，常年亩产1122斤，三亩每亩272.3斤，水稻单产实现850斤，男劳力年收入507.34元，女劳力414.08元。与队、社办厂的同等劳力相比，社办男劳力要多得362.96元，占71.5%，女劳力多得243.11元，占58.7%，社办厂的男劳力要多得272.02元，占45.8%，女劳力多得169.77元，占41%。

务副人员的年收入一般都将超过务农社员，如20队有4户承包了鱼池，预计年收入可在1500元左右。

3.联合社的收支情况

按照承包合同，队办厂将上缴利润20万元，支出项目：补农，按规定斤粮0.07元计算，全社上交粮食139.26万斤，补农现金9.7480万元，补副3.1978万元；其他补贴0.73万元；基本建设，各种归回款和其他费用4.92万元。合计支出18.5958万元，结余1.4042万元。

（二）调查情况的分析

1.该村上半年工业形势较好，由于签订承包合同以后，干部职工的积极性充分调动起来了，各厂在提高产品质量的同时，千方百计打开产品销路，取得了较好的收效。磷肥厂去年实际利润只有4.94万元，今年上半年在磷肥质量上提高了一步，得到了用户的信任，销路兴旺，半年利润达到了8.71万元，接近超过去年全年的一倍。根据发展趋势，下半年的工业销售将超过上半年，全年超指标的希望很大。

2.北圩田多，“三业”人员的收入在承认差别的前提下，一般差距不大。所以务农劳力的思想情绪还比较稳定，秋熟生产的田间管理抓得比较紧，普遍开展了施肥耥稻，水稻长势较好。

3.由于队办企业上缴利润不落空，年终补副兑现有希望，鼓舞了务副社员，对副业生产和自营经济的发展将有一个较大的推动。

4.支部、村委、联合社干部情绪饱满，团结一致，工作齐心协力，步调一致，对下半年各项工作的开展和“三业”生产的发展将起到积极的推动作用。

（三）存在问题与措施（建议）

1.在生产责任制的完善上，还有合作医疗、渔业队至调查前未曾签订合同。村、社干部的岗位责任制还不十分明确，存在着定员干部难决定，副职干部不稳定、观望等待的思想。在调查后，对两个直属单位的合同已着手拟文签订，干部岗位责任制将遵照乡党委提出的规定，着手研究决定见面。

2. 在队办厂之间存在着发展的不平衡，针织厂、磷肥厂、纺配厂都有超的可能。按利润超出部分的30%作为工人奖金，厂之间职工的收入，与务农社员的收入悬殊比较大，最高的务工男劳力收入可达1600元左右。根据这个情况，联合社准备召开厂长会议，重申承包合同不变，进一步促进队办工业的发展。同时，对务工、务农之间的收入差距允许在30%之内。其务工社员的年收入在提留7%的积累的基础上，超过本队同等劳力的部分，按7%～20%的比例提留，厂内提留，厂队结算。

为了鼓励社员发展自营经济，按联合社的补副规定，对下半年种植蘑菇的社员，按平方尺预付奖售资金50%。

对20多户纯农户千方百计安排出路。

3. 按大包干任务，该村粮食生产的担子较重。三麦只完成大包干的24%，水稻要负76%，而双三制的面积仅60多亩。因此，单季稻亩产要求达到897斤。为此，他们将立即动员社员加强田间管理，组织群众把肥料下田，重施一次长粗肥。同时，组织农技员和植保队搞好防病治虫工作，力争完成全年粮食大包干任务。

4. 全社还有55间仓库和30多间猪舍没有承包下去，他们准备立即研究，尽量包下去，其主要使用于自营经济方面。

五、两村合并、双置换、股份合作社

两村合并、双置换、股份合作社在其他章节已有叙述，这里不再赘述。

第二节 村党支部

一、中共北圩村历届支部委员名单

表 6-2-1

职 务	姓 名	任职时间
书记	吴云生	1956—1961.2
	季听荣	1961.2—1962.2，代理书记
	冯喜生	1962.2—1965
	季锡庆	1965—1981
	冯汉生	1981—1984，代理书记
	吴兴苟	1984—1998.5，兼农工商联合总公司总经理
	朱静安	1998.5—1998.9
	吴浩星	1998.9 至—1999，副书记主持村委工作
		1999—2009.10，兼农工商联合总公司总经理
副书记	季听荣	1959—1964
	季锡庆	1964—1965
	吴才兴	1965—1969
	冯汉生	1978—1984
	杨正泉	1978—1983
	朱国平	1998.5—1998.9，兼农工商联合总公司总经理
	吴浩星	1998.5—1998.9
委员	孙伦章	1956—1969
	吴云生	1965—1976.9
	朱凤保	1969—1984
	季进兴	1965—1969
	季金祥	1969—1971
	廉云南	1969—1984.2

续表 6-2-1

职 务	姓 名	任职时间
委员	季建清	1975—1984.2
	沈洪兴	1978—1984.2
	季双英	1978—1998.5
	朱静安	1978—1998.4
	季金林	1984.3—2001.8
	吴才兴	1984—1987 .3
	沈建平	1987.3—1998.9
	杨建平	1998.9—1998.11
	季小军	2001.10—2009.2
	杨锡忠	2001.10—2009.10
	华茹兰	2001.10—2009.10
	章晓平	2004.9—2009.10

1974 年 9 月，中共无锡县委党校前洲党支部留念（二排左二为石幢支部书记叶仲裕，二排右二为北圩支部书记季锡庆）

二、中共石幢村历届支部委员名单

表 6-2-2

职务	姓名	任职时间	备注
书记	叶仲裕	1956—1958	新星农业高级合作社党支部书记
		1963—1979	
	孙金清	1958—1962	
	高淳芳	1979.1—1983.4	兼农工商联合社社长
	邓琴珍	1983.5—1984.10	
	高淳芳	1984.10—1986.10	兼农工商联合社社长
	刘芗	1986.10—1990.12	兼农工商联合总公司总经理
	叶鸣皋	1991.1—1998.8	兼农工商联合总公司总经理
	徐月清	1998.9—1999.8	副书记，主持全面工作
		1999.9—2000.4	书记
	高建新	2000.4—2009.9	兼农工商联合总公司总经理
副书记	叶楚振	1956—1965	
	高寿保	1962.10—1972.3	
	高淳芳	1972.5—1979.1	
	叶建忠	1996.5—1998.7	
	高玉祥	2001.11—2009.9	
支委	高寿保	1962.10—1972.2	
	严宝初	1962—1963.9	
	张桂荣	1972.5—1978.9	
	孙锡才	1972.5—1976.6	
	叶福泉	1972.5—1984.3	
	邓琴珍	1976.7—1983.4	
	万茂根	1979.1—1984.10	
	叶伟裕	1984.10—1986.10	
	张祖林	1982.4—1986.10	
	叶鸣皋	1986.10—1990.12	
	高玉祥	1986.10—2009.9	

续表 6-2-2

职 务	姓 名	任 职 时 间	备 注
支委	高才康	1986.10—1998.8	
	高金生	1986.10—1998.5	
	徐月清	1995.8—1998.9	
	王浩良	1998.9—2009.9	
	杜燕青	1998.9—2004.8	
	叶建忠	2001.9—2009.9	
	叶锡峰	2007.8—2009.9	

三、中共北幢村历届总支委员会名单

表 6-2-3

职 务	姓 名	任 职 时 间
书记	吴浩星	2009.10—2011.8
	季小军	2011.9—
副书记	高建新	2009.10—2014
	高玉祥	2009.10—2013.6
	杨锡忠	2009.10—2010.8
	章晓平	2016.12—
	叶锡峰	2016.12—2020.3
委员	高玉祥	2009.10—2016.9
	华茹兰	2009.10—2012
	叶建忠	2009.10—2016.9
	叶锡峰	2009.9—
	章晓平	2009.9—
	杨锡峰	2013.7—
	薛文燕	2016.10—

2010 年，石幢村有中共党员 57 名，其中男性党员 50 名、女性党员 7 名。北圩村有党员 87 名，其中男性党员 83 名、女性党员 4 名。

2017 年，北幢村有中共党员 167 名，男性党员 137 名、女性党员 30 名。

2020 年，北幢村有中共党员 75 名，男性党员 64 名、女性党员 11 名。

第三节 村委会（大队）

一、北圩村历届村委会（大队）干部名单

表 6-3-1

职 务	姓 名	任职时间
大队长	杨连竹	1958—1959
	季锡庆	1959—1960
	季听荣	1961—1963
	吴云生	1964—1967
民兵营长	章全法	1967.4—1968.5
革命领导小组组长	季锡庆	1968.5—1969.3
革委会主任	季锡庆	1969.3—1981.3
村委会主任	冯汉生	1983.3—1984
	朱静安	1984—1998.9
	吴浩星	1998.9—2004.9
	杨锡忠	2004.9—2009.9
村文书	杨正泉	1983.3—1984.3
	季金林	1984.3—1985.12
大队（村）会计	杨纪林	1958—1958
	季如泉	1959—1961
	朱伯兴	1961—1963
	季进兴	1964—1968
	杨正泉	1968—1975.10
	吴兴苟	1975.10—1983.3
	季金林	1983.3—2003.3
	吴建伟	2003.3—2009.9
民兵营长	杨欣荣	1957—1958
	冯汉生	1959—1964
	廉云南	1964—1966
	章全法	1966—1982
	沈建平	1982—1988
	杨志明	1989—1994
	卫家华	1995—1998

续表 6-3-1

职 务	姓 名	任职时间
民兵营长	杨锡忠	1998—2003
	章晓平	2004—2009.10
治保调解	杨子仁	1957—1958
	冯汉生	1960—1976
	吴晓明	1976—1978
	朱静安	1978—1981
	沈建平	1982—988
	吴浩良	1988—1989
	杨志明	1991—1994
	杨汉良	1994—1996
	杨建平	1996—1998.8
	杨锡忠	1998.9—2004.10
	章晓平	2003.3—2009.9
妇女主任	杨凤珍	1961—1964
	季双英	1972—1998
	朱文亚	1998—2009
农技员	朱静安	1974—1977
	包其德	1977—1988
	朱学庆	1998—1999
	杨炳兴	1999—2004
	季小军（兼）	2004—2008
共青团书记	季进兴	1956—1961
	冯汉生	1961—1964
	吴才兴	1964—1966
	杨敏	1966—1972
	包其德	1973—1975
	沈建平	1976—1981
	章海南	1981—1985
	朱红杰	1985—1986
	杨志明	1986—1991
	卫家华	1992—1998
	华茹兰	1998—2002
	章晓平	2002—2007
	吴建伟	2008—2009

二、北圩村历任生产队队长（村民小组组长）、会计名单

表 6-3-2

自然村（队）	队长（村民小组组长）	会 计
吴巷（1～6队）	吴祥亨、吴兴初、吴耀清、吴胜志、吴浩良、吴才茵、冯占其、吴云听、吴进兴、吴昌根、吴寿清、吴锡见、吴菊泉、吴何泉、吴金生、吴炳其、蒋志荣、冯国其、吴云泉、陈吴刚、吴子兴、吴阿荀、吴云听、吴仲荣、吴海荣、吴宜度、吴祥兴、吴学书、吴瑞裕	吴岳清、吴永其、吴德生、陈秀娣、吴兴荀、吴锡生、吴甫林、吴进宝、吴耀贤、吴耀良、吴进兴、吴才兴、吴学书、吴菊泉、吴元秋、吴惠文
章巷（7队）	朱汉生	季坤炎
章巷（8队）	朱阿南、卫龙兴、朱学兴	朱兴福
章巷（9队）	田林金、田林根、田荀度、李才良、章荣法	章海良、章海泉
章巷（10队）	章渭元、章炳炎、田耀明、朱如生	吴鹏兴
杨撑渡（11队）	杨炳伦、沈洪良	杨德余
	杨汉兴、沈建平、杨阿进	沈秋良、杨正泉
杨撑渡（12队）	杨寿福、杨洪德、杨菊根	杨菊根、杨洪均
	杨仲贤、杨仲良、杨洪均、曹正兴	杨仲良、沈三昌
	杨阿良、杨德发、沈三昌、杨锡富	
杨撑渡（13队）	杨爱祥、沈洪兴	杨瑞昌
	杨金仁	杨文彩
	杨宽良	杨国裕
	杨炳兴、杨子贤	
杨撑渡（14队）	杨锡其、杨荣林、朱汉生	杨泉南、杨继荣
	杨仲达、杨汉昌、杨永华	杨海明
杨撑渡（15队）	沈阿泉、沈兴山、杨福生、杨建国、杨毅成	杨金福、杨洪庆、杨福生
马路上（16队）	季听荣、季泉根、季惠明	季浩明
马路上（17队）	季金裕、季锡坤、季如良、季如泉	季生
	季云金	
马路上（18队）	范盘兴、季国贤	季杏生、季忠兴、季坤炎
马路上（19队）	朱湧生、朱荣金、朱明荣、廉云南、曾锡泉、曾林生	朱荣泉、季明珠、范振华、朱锡良、曾林根、季明英
马路上（20队）	廉福南、朱宝兴、朱汉生、朱寿福、季耀金、朱兴度、朱德全、季桂泉	廉杏生

三、石幢村历届村委会（大队）干部名单

表 6-3-3

职 务	姓 名	任职时间	备 注
新星农业高级合作社社长	叶仲裕	1956—1957	
	叶楚振	1957—1958.9	
石幢大队长	叶楚振	1958.12—1965.9	
	高寿保	1965—1968	
石幢大队革命委员会	叶仲裕	1968—1978	革命领导小组组长、革委会第一副主任、主任
	高祥兴	1968—1978	革命领导小组副组长、革命委员会副主任
村民委员会主任	万茂根	1983.5.10—1984.11	兼农工商联合社社长
	叶伟裕	1984.11—1986.12	
	高祥兴	1988.1—1988.12	
	叶鸣皋	1989.1—1989.10	
	高玉祥	1990.6—2009.9	
村民委员会副主任	顾渭舒	1990.6—1992.6	
大队会计	叶国雄	1956—1958	
	杜宗甫	1958.12—1963	
	周金宝	1963—1972	
	袁全均	1972—1975	
	万茂根	1976.5—1983.4	
村会计	徐月清	1983.5—1998.9	
	顾渭舒	1998.9—2009	代理会计
民兵营长	万茂根	1958.8—1962.1	
	高林泉	1962—1963	
	叶云耕	1963—1964	

续表 6-3-3

职务	姓名	任职时间	备注
民兵营长	叶家浩	1964—1967	
	孙如夫	1967—1975	
	叶林裕	1976—1984	
	高玉祥	1985—1990	
	高建明	1990—2001	
	叶建忠	2001—2009	
治保主任	高林泉	1962—1964	
	叶家浩	1964—1967	
	高淳芳	1967—1968	
	叶福生	1968—1979	
	叶林裕	1980—1984	
	高玉祥	1984—1990	
	叶祖康	1991—2001	
	叶建忠	2001—2009	
妇女主任	邱桂秀	1958—1962	
	傅文秀	1962—1964	
	邱桂秀	1964—1968.6	
	邓琴珍	1968.6—1983.3	
	朱素琴	1983.4—1990.5	
	许锡珍	1990—1998	
	俞益敏	1998—1998.12	
	任娟	2001.10—2009.10	

续表 6-3-3

职务	姓名	任职时间	备注
团支部书记	高寿福	1956—1958.8	
	万茂根	1958.8—1962.1	
	张华根	1962.1—1962.10	
	高祥宝	1962.10—1963.9	
	王岳松	1963.10—1964.3	
	许泉兴	1964.4—1965	
	高耀泉	1966—1969	
	高志强	1969—1974	
	叶志新	1974—1974	
	高建南	1974—1978	
	孙富林	1979—1982	
	曹华明	1982—1984	
	高玉祥	1985—1990	
	杜燕青	1991—1999	
	任　娟	1999—2009.9	
农技员	高才福	1965—1968	
	高金生	1968—2002	
	王浩良	2002—2009	
调解主任	王梅春	1983—1985	
	周五宝	1985—1988	
	高玉祥	1988—1990	
	叶祖康	1990—2001	
	叶建忠	2001—2009	

四、石幢村历任生产队队长（村民小组组长）名单

表 6-3-4

自然村（队）	队　长	会　计
高家尖	高家圣、高淳芳、高志立、高伯兴	高志强、高金德、高金祥
	高金南、高进宝	
	高杏宝、高才介、高云山、高汉祖	高伯南、高祥生
	高士林、高林生	
	高进法、高福荣、高伯荣	高福安
	高金根、高仲康、高耀炳、高阿五	高锡炳、高祖德、高月亮
	高开元、高锡炳、高立明	
河亭上（5 队）	张祖林、张桂荣、陈进夫	陈坤祥、杨玉林、高云福
	高永根、高云法、杨海泉	陈进裕、高仁福、张夫清
河南村（6 队）	叶云正、黄德仁、徐涌法、叶全福、王林裕	胡杏娣、王林裕、胡海明
河南村（7 队）	叶锡林、叶玉平、王夫春、马德良、叶林生、叶汉兴、顾林兴	叶祖洪
万家村（8 队）	周五宝、周申宝、万永其、周金满	杨盛林、周培根、万胜生、周文娟、周洪春
万家村（9 队）	叶福泉、杨云庆、严忠兴、周兴根	万茂根、周兴根、叶孙
石东村（10 队）	叶永才、高进法、叶永元、叶爱福、叶耀生、叶仲达、叶祖养、叶林裕、高家迪、徐焕金	叶祖德、叶浩祥、徐焕金、叶中明、高家迪、叶建明
石中村（11 队）	叶应福、叶云耕、叶应泉、叶炳良、叶荣良、叶祖铭	叶培荣、倪云琴、叶其云、顾金良、叶兴元
石中村（后场上）（12 队）	徐焕金、吴善振、胡兴泉、吴荣法、徐月清	叶生福、胡兴泉、叶云龙、叶鸣其、胡云锦、徐月清、胡秀芳
石西村（13 队）	杜德夫、叶进裕、叶才兴、杜金海、叶正康、叶建明	叶才兴、杜宗甫、倪俊仁
石西村（严巷上）（14 队）	严宝初、陈坤元、严洪良、叶岳明	叶清、顾渭舒

五、北幢村历届村委会人员名单

表 6-3-5

职　务	姓　名	任职时间	备　注
主任	高玉祥	2009.10—2016.9	
	季小军	2016.10—	
副主任	章晓平	2010.10—2016.10	
	高群峰	2016.10—	2017 年 3 月借调新洲社区工作
会计	薛文燕	2012.3—2019.10	
	华卿纯	2019.10—	
治保、调解	章晓平	2009.10—	
	叶建忠	2019—	
村委委员	杨明良		
	高群峰		
	吴轩明		
	叶菲		
	吴浩清		
	任娟		
	吴建伟		

第四节　民兵组织

北圩、石幢两村的村级民兵组织始建于 1950 年，1957 年又建立基干民兵。基干民兵以退伍军人为主，肩负着维护社会治安的使命。1958 年前洲公社大队上级建立民兵营，各大自然村建立民兵连，设有指导员、连长、排长，以军事形式组织生产。1971 年，人武部组织民兵训练，组织民兵冬季集训和实弹射击。1972 年下半年，依照《民兵工作条例》民兵工作要做到“组织落实、政治落实、军事落实”的规定，16～45 周岁的男性公民，16～35 周岁的女性公民参加民兵组织，每年参加前洲人武部组织的民兵集训和实弹射击等活动，多次参加抗洪抢险，每年组织适龄青年应征入伍。民兵组织在经济建设、抗灾抢险，维护社会稳定等各个方面都发挥了重要作用，成为乡村建设的重要骨干力量。

北幢村民兵营自2009年10月成立后，发扬优良传统，年年完成征兵任务，兵员充足，文化程度高。2011年、2016年被惠山区域人民政府评为“征兵工作先进单位”，被前洲街道办事处人民武装部评为“征兵工作先进单位”。

2001年，无锡市行政区划调整，惠山区成立。8月，北圩小学撤并至杨家圩小学。北圩小学原址为惠山区消防大队进驻，成为惠山区消防大队营区。

第五节 工 会

北圩村工会和石幢村工会都成立于1998年。2009年，北圩和石幢合并为北幢村，10月成立北幢村联合工会，涵盖39家企业，其中规模以上企业有6家，2家企业独自成立工会，成立工会小组13个。

工会工作旨在维护职工利益和权利，包括妇女职工特殊权益。新时期工会工作重点是促进企业发展，维护职工权益。1995年《中华人民共和国劳动法》正式实施。工会组织依法推行集体协商，签订集体合同制度，将职工与企业在劳动报酬、工作时间、休息、休假、保险福利、劳动安全卫生等方面的合法权益，用合同形式加以明确。很好地贯彻了劳动工资协商制，避免了厂方与工人的矛盾。

北幢村工会组织

北圩村历任工会委员

第一任：杨锡忠（1998年10月至2003年10月）

第一届工会组织（2003年11月至2008年10月）

主　席：杨锡忠

委　员：华茹澜、李志明、章晓平、朱文亚

经审委员会

主　任：华茹澜

委　员：冯永华、季春英

女工委员会

主　任：华茹澜

委　员：季春英

第二届工会组织（2008 年 11 月至 2009 年 2 月）

主　席：季小军

委　员：华茹澜、李志明、章晓平、朱文亚

经审委员会

主　任：华如澜

委　员：冯永华、季春英

女工委员会

主　任：华茹澜

委　员：季春英

2009 年 3 月至 2012 年 4 月，章晓平任工会主席。

石幢村历届工会委员会

第一任：顾渭舒（1998 年 10 月至 2003 年 9 月）

第一届工会组织（2003 年 9 月至 2008 年 11 月）

主　席：顾渭舒

委　员：高耀明、万丽红、叶建忠、叶锡峰

经审委员会

主　任：高耀明

委　员：叶锡峰、万丽红

女工委员会

主　任：万丽红

第二届工会组织（2008 年 12 月至 2009 年 10 月）

主　席：顾渭舒

委　员：高耀明、万丽红、叶建忠、叶锡峰

经审委员会

主　任：高耀明

委　员：叶锡峰、万丽红

女工委员会

主　任：万丽红

北幢村工会委员会

第一届工会委员会（2012 年 5 月至 2017 年 4 月）

主　席：章晓平

委　员：吴建伟、任娟、薛文燕、叶建忠、高群峰、杨雪锋、包军、陈维

经费审查委员会

主　任：薛文燕

委　员：吴建伟、冯永华

女职工委员会

主　任：任娟

委　员：朱文亚、陈维

2017 年 4 月至今，杨雪锋任工会主席。

无锡市前洲无缝钢管厂

第一届（2008 年 4 月至 2015 年 6 月）

工会主席：包军

工会委员：沈华平、吴德、颜从明、田明全

经 审 委

主　任：冯永华

委　员：季海华、杨志祥

女工委员会

主　任：冯永华（兼）

无锡市前洲钢管厂

第一届　（2015 年 6 月 21 日至 2017 年 10 月）

工会主席：陆文渊

工会委员：刘庆兵、吴德、吴雪娜、顾杰、颜从明

经费审查委员会

主　任：田明全

委　员：吴雪娜、吴德

女工委员会

主　任：刘妹

委　员：吴雪娜、吴德

无锡市前洲无缝钢管有限公司

第一届（2017年10月至今）

工会主席：冯吴

工会委员：王震、吴德、吴亚、顾杰

经审委员会

主　任：吴亚

委　员：田明全、吴德

女工委员会

主　任：杨静霞

委　员：吴亚、周萍

无锡山赢轮毂有限公司

第一届（2013年11月至今）

工会主席：王华瑶

工会委员：陈维、吴亚兴、张红伟、钱志峰

经费审查委员会

主　任：崔淼

委　员：陈叶新、陈维

女工委员会

主　任：叶红华

委　员：孙闻宇、崔淼

第六节　共青团组织

1957年，前洲乡成立中国共产主义青年团前洲乡委员会，北圩大队、石幢大队分别成立了中国共产主义青年团支部委员会（简称大队团支部）大队团支部书记为大队干部，有时是兼职。团支部成立后，注重团结青年农民，引导青年农民中的积极分子加入团组织，把身体健康、政审合格的优秀青年送去参军入伍，保家卫国。团支部经常性开展学习毛主席著作，学雷锋，学董加耕，鼓励青年团员争当“五好青年”，开展农业科学试验。

1973－1979年，团支部在公社团委的带领下，组织读书小组、业余文艺宣传队、青年突击队，开办图书室等活动。1980年以后，开展“学雷锋、树新风”“五讲四美三热爱”，以及争当新长征突击手活动。1990年以后，团员青年积极参加献血活动，发挥了团员青年在社会主义事业建设中的积极作用。

第七节　妇代会

1950年初，前洲镇成立妇女联合会（简称妇联），组织妇女开展反封建斗争，反对包办婚姻，提倡婚姻自由，并动员和组织妇女群众积极参加土地改革，生产互助合作运动。1956年高级社成立时，建立妇女代表分会（简称妇代会），带领妇女投入农村的社会主义革命和建设。

北幢地区的妇代会在上级领导下，围绕党在各个历史阶段的中心任务，结合妇女自身特点，开展工作和组织活动，十一届三中全会后，妇女组织积极维护妇女、儿童的合法权益，带领妇女投身于发展村级经济和农村的各项社会事业，发挥了“半边天”的作用。1990年，北圩村妇代会组织本村500名妇女参加三麦丰产方竞赛活动，亩产达330公斤，被无锡县评为农村妇女劳动竞赛先进集体。种田大户徐荣金的妻子叶丽琴被评为惠山区“三八红旗手”。妇联通过举办各类培训班，提高妇女的科学文化水平，同时还组织妇女开展“文明家庭”“五好家庭”“巾帼示范岗”等争创活动，营造奋发向上的社会氛围，积极做好计划生育、优生优育和妇女保健工作。

第八节　老龄会

1987年，北圩村、石幢村相继成立以村主任为组长的老龄工作领导小组，主要职责是围绕党的中心工作，认真贯彻执行《关于加强老龄工作的决定》和《中华人民共和国老年人权益保障法》,以老有所养、老有所医、老有所教、老有所学、老有所乐为目标，坚持党的领导、社会参与、全民关怀的方针，村委专门为老年人活动室提供场所进行各项活动，开办形式多样的健康讲座，北圩村还成立了门球队，参加各级的比赛。每年参加街道重阳节的老年舞蹈、老年操的比赛。每年暑期，给老年人发放高温费。尽力为村老年人办实事、做好事，维护老年人的合法权益，切实加强自身建设，努力开创老龄工作新局面。

发放尊老福利

尊老敬老是中华民族的传统美德，北幢村历来把尊老敬老作为精神文明建设的重要内容，为体现对全体老年人的关爱，并村前原北圩村、石幢村把村发放尊老金作为为民办实事的重要工作，根据村级财力实际情况，对村里 60 周岁以上老年人年终发放一次尊老金。2009 年并村后，继续发扬尊老敬老的优良传统，每年高温季节向全村 80 岁以上老人发放高温费补贴，每年对 80 岁的老人发放一条被头、一桶油表示祝寿。

建办老年活动室

为提高老年人晚年生活质量，共享改革开放成果，做到“老有所乐”，在 20 世纪 90 年代，北圩村就在北圩原小学专门设立的场所作为老年活动室，有图书阅览室、健身房、乒乓室等，并配备专人为老年人提供服务。

石幢村老年活动室在 20 世纪 90 年代时有三间房 100 平方米，紧邻活动室的是村卫生室。2005 年村委在原老年活动室增加了 7 间房子，增配了健身室、图书室、乒乓室、电视室等场所，丰富了老年人的生活。2011 年整个村拆迁时安排老年人的住所，为老年人过渡住房提供便利。

北圩村、石幢村合并后，不忘关心老年人的活动场所，在村委办公楼的东侧安排 8 间房为老年活动室，继续履行老年活动的职责。

第九节　治安与调解

社会稳定是做好各项事业的基石。自中华人民共和国成立后，村大队设有专职的治保主任，在公安派出所指导下工作。改革开放前，农村长期处于相对封闭的以农为主的生产生活状态，人员流动少，村民大多生活在相对稳定的熟人社会，农村治安工作相对稳定。20 世纪 90 年代，随着流动人员增多，“工业偷盗”“白日闯”“飞车抢夺”“吸毒赌博”等违法事件时有发生。1986 年，杨家圩东片由派出所民警带队，各村治保主任参与，加上联防队员轮流值班，蹲点守卡。1992年，石幢村参加镇区北片的联防值班。并村后，2015年村委会出资在村的主要路口安装探头，社会治安从根本上得到改善。同时根据本村企业多的特点，专门建造打工楼，使外来务工人员既有工作又有稳定的住所。2019年，打工楼管理经验得到了上级领导的肯定。

中华人民共和国成立前，民间纠纷采用以下四种方式解决：家庭纠纷，由亲属长辈、娘舅公亲依宗谱家训说合解决；族内纠纷由族长召集同族长辈依宗谱家训、家约、家禁、开祠堂门解决，有理无理均须服从，论定理亏者，轻则责骂，重则体罚，无权违抗；民众间较大纠纷由扇董、图董、地方贤达及当事人在茶馆内公议解决；民间重大纠纷则诉至县衙，由法律仲裁。在前洲镇水利展览馆中有一块雕刻着治水、排水章程的石碑，记述的是清乾隆四十六年（1781年）五月吴巷村民与邻村唐巷村民由于自然灾害水灾，如何解决因水灾引起的排水问题引发冲突，发生群殴。县令特进行协商调解，把有关章程篆刻于石碑上。这个章程是一个典型的协议范本。

中华人民共和国成立初期，各乡镇成立调解委员会，各村设1～2名调解员，无锡县人民法院给予指导，调解民事纠纷，民间家庭纠纷由老长辈、老娘舅或村巷上德高望重的头面人物出面调解，较大纠纷由乡镇调解委员会出面解决。

1958年人民公社化后，大队配备了专职调解干部，1983年撤销人民公社大队体制成立村民委员会后，调解工作机构和制度得到进一步完善，增加了普法教育、安置帮教、社区矫正、法律服务等工作任务。调解内容也随着农村生产方式和生活方式的变化，由邻里家庭纠纷转变为环境污染、征地拆迁、劳资纠纷、经济债务、经营承包等内容为主。

2004年石幢村、北圩村均被评为省级民主法治村，北圩村调解主任章晓平、石幢村调解主任叶建忠多次受到市区各级表彰，2010年北幢村被评为无锡市普法先进单位，2012年被无锡市评为五星级模范调委会。

2009年10月，北幢村成立后，人民调解工作在原有基础上得到进一步加强，在社区矫正工作、建立健全监管安全责任制、加强对突发事件防范处置等方面取得了新的成绩。

第十节　创建工作

中华人民共和国成立后，北幢村紧紧围绕党和国家各个历史时期的中心工作，广泛、深入开展思想政治工作。20 世纪 80 年代起，坚持四项基本原则，坚持两手抓（一手抓经济发展，一手抓精神文明建设），着重开展以五讲（讲文明、讲礼貌、讲卫生、讲秩序、讲道德）、四美（环境美、语言美、行为美、心灵美）、三热爱（热爱社会主义、热爱祖国、热爱共产党）为中心的思想政治教育。20 世纪 90 年代后，开展创建文明村、“五星级”企业、文明户、“十星级”文明家庭等活动。党的十八大以后，大力开展中国特色社会主义和中国梦的宣传教育，培育和践行社会主义核心价值观。党的十九大以后，深入学习习近平新时代中国特色社会主义思想，精神文明建设取得了明显成效。

一、创建省级卫生村

进入 2000 年后，在惠山区农村环境卫生综合整治的大背景下，全村干部开展环境整治工作，对露天粪坑进行了整治，做到一个不留，暴露垃圾得到全面清理。

前洲街道北幢村生态型户厕统计表

表 6-10-1

自然村	户数（户）	生态型户厕（个）	公厕（个）	公用生态户厕（个）	三格式化粪池（个）	普及率
吴巷	213	194	3	19	2	100%
章巷	215	194	1	21	2	100%
杨撑渡	255	204	2	51	5	100%
马路上	135	122	1	13	4	100%
高家尖	197	162	1	35	7	100%
河亭上	58	49	1	9	2	100%
石幢	218	174	1	44	9	100%
合计	1291	1099	10	192	31	100%

前洲街道北幢村垃圾收集房（厢）设置统计表

表 6-10-2

自然村	垃圾收集房（间）	垃圾收集箱（个）
吴巷	15	3
章巷	14	3
杨撑渡	16	4
马路上	16	2
高家尖	11	4
河亭上	4	1
石幢	29	4
合计	105	21

成立村环卫服务队，建立环卫服务组织机构，制定了管理章程和工作职责，建设长效管理队伍。

治理河道污染，江南水乡河道纵横，随着物质生活的改善，河浜成为一个垃圾场，河道淤泥严重，整治河道首先是驳石岸 8500 米，对所有居住区河道进行清除淤泥 8 万多立方米，利用淤泥填塞废河浜，使原来的臭河浜变成了一处农民的活动场所。增加了绿化面积。

2007—2009 年前洲街道北幢村居民区公共绿化统计表

表 6-10-3

自然村	绿化面积（亩）			绿化覆盖率		
	2007 年	2008 年	2009 年	2007 年	2008 年	2009 年
吴巷	19	23	32	21%	25%	25%
章巷	11	18	18	33%	54%	54%
杨撑渡	31	33	35	38%	41%	43%
马路上	23	25	31	38%	42%	51%
高家尖	34	43	46	37%	47%	51%
河亭上	6	11	11	24%	44%	44%
石幢	32	39	57	23%	28%	41%
合计	156	192	230	214%	281%	309%

2009 年，前洲街道北幢村全村绿化覆盖率达到 45%，与全区平均水平持平。

2007—2009年北幢村绿化覆盖率统计表

表 6-10-4

年份	村区绿化覆盖（亩）	企业道路绿化（亩）	耕地面积（亩）	全村总面积（亩）	绿化率
2007	156	306	2285	6390	43%
2008	192	372	2285	6390	44%
2009	230	445	2235	6390	45%

加强道路硬化建设，北圩村在创建省级文明卫生村时，对各自然村的道路进行硬化，共14000多平方米。石幢村在经济薄弱的情况下，采取各种办法进行道路硬化，对各自然村巷的道路采取村委出资点老板赞助点、群众赞助点办法来完成，万家村共捐37900元，河南村捐4200元，高家尖捐14600元，河亭上捐15950元，石幢捐8500元。对原来石幢到北圩的村级公路进行在原路面上浇筑20厘米厚的混凝土，采取单包的形式，材料集体进，工程的队员负责施工，村委派人监督工程质量，工程既快又好，使村民的出行更加方便。

2002年，北幢村响应惠山区委的号召“带着责任、带着感情、带着使命”掀起爱国卫生运动的高潮。针对“百年的暴露垃圾、千年的露天粪坑、河道污染”三大顽疾，进行反复的大力整治，清除了多年积累的垃圾，建设了杨撑渡、高家尖、河亭上三个点原式无动力环保型三格式化粪池，整治了河道，修筑了石驳岸，使村内无露天粪坑，房前屋后无乱堆放、乱停放、乱张贴、乱设摊，农村卫生面貌得到了明显的提升。2004年，对三大顽症的反复整治及道路的硬化绿化及小景点的建设，北圩、石幢被命名为“江苏省文明卫生村”。2006年，北圩村获“江苏省生态村”称号。2008年，北圩村获“无锡市社会主义现代化新农村建设示范村”称号。

二、创建惠山区文明村

进入21世纪以来，按照建立文明村的要求，成立了以村党支部书记带头的文明创建工作的领导小组，不断创新思路，以为民服务为中心，把管理做实做强，把服务做优做细，着力培育村民的文明意识，承担社会责任。建立健全村级工会，签订劳动和工资集体协商合同，对企业各特殊技术工种选送上级相关部门进行专业技能培训、考核发证，建立了企业的安全生产行为规程，保证企业安全生产。在村民中，大力宣传计划生育基本国策，计划生育率达到100%。保证适龄儿童全部入学，关心老年人的活动，保证老年人老有所乐、老有所为。组织老年人进行体检，保证老年人的身体健康。丰富活跃村民文体娱乐生活，开展文明户、五好家庭的创建活动。关注残疾人的就业，给予生活上的关心和工作上的扶持。开展经常性的普法活动，认真做好民事调解工作，及时化解矛盾和村民关注的热点难点问题，确保一方平安稳定。重点突出道路交通安全，扶贫帮困、治安维持、环境保护、救灾防疫等志愿服务活动。志愿者队伍不断扩大，2004年被评为“无锡市惠山区文明村”。

三、创建惠山区民主法治村

从20世纪80年代起，经过“五五”普法教育，增强了全村党员干部的法律意识，提高了村民学法、知法、守法的自觉性，在加强法制教育的同时，充分发挥村调委会的作用，认真调处各类纠纷，全村民事调解成功率90%以上，民间刑事案件得到有效遏制。自20世纪90年代起，北圩村、石幢村两村重视加强法律宣传，增强法治观念，利用一切工具、动用一切力量广泛深入地开展普法宣传教育。同时，邀请有关人士宣讲法律知识，增强了全村党员干部群众的法律意识，形成了办事依法、遇事找法、解决问题用法、化解矛盾靠法的大环境，使村民有依法反映诉求的权利，也有遵守法定程序、服从合理合法合规的结果的义务。

严格按《中华人民共和国村民委员会组织法》实施村民自治，实行民主选举、民主决策、民主监督、民主管理，从1998年第五届村委选举起，严格按照规定进行直接选举，村民代表由直接推选、直接选举，通过真正的民主选举，选出的村委班子和村民代表，工作责任心强，参政议政热情高，村委工作实行民主决策、民主管理、民主监督，每年召开村民代表会议，通过村民代表会议的决策，顺利解决土地流转、民房住宅建设户籍管理、村民福利、社会保障等问题，特别是解决并村的一系列问题，原则是就高不就低，统一标准，使村民心往一处想，劲往一处使，团结一致向前走。并依法制定和修订《村民自治章程》，重大事项由村民代表大会决定，经常召开村民组长会议，对具体事宜作出安排，按照有关村务公开要求，对全村的基本建设情况、年度预算、决算和村民关心的工资报酬、村民建房、计划生育、各种补贴发放等热点问题进行公示，接受村民监督，有效地促进了民主法治村建设。

四、创建无锡市农村现代化试点示范村

2000年起，根据无锡市委市政府“经济发展、生活富裕、社会文明、环境优美、管理民主”的要求，进行社会主义现代化新农村建设。扶持村设龙头企业，大力培育私营企业，村工业集中区产出比例达90%。加强村集体经济股份合作社资产管理，集体资产得到了增值保值，人均村级年可支配收入1500元。全村1040亩农田全部实行适度规模经营。村民人均收入13000元，人均住房面积51.5平方米，村企业职工都纳入了社保机制，本村已退休的企业职工按规定享受村职工退休养老金，为村民办理新型农村合作医疗。加大公共设施和环境整治，生态文明建设投资，使村民的生活水平和生活质量进一步提高，河道实行全面清淤整治，搞好绿化建设，建造村民广场及小景点活动广场的建设。2008年通过上级验收，北圩村获得“无锡市农村现代化建设试点示范村”称号。

北幢村别墅区 （2010年摄）

第十一节 荣 誉

中华人民共和国成立后，在中国共产党领导下，北圩村、石幢村及合并后的北幢村的“两委”带领全体村民，在各个历史阶段，积极参与社会主义建设，在奔赴小康、建设社会主义新农村、实现“强、富、美、高”生活目标的征程上，作出了不俗的成绩，得到了上级政府的表彰。

北幢村集体获得荣誉统计表

表 6-11-1

获奖名称	获奖单位或个人	获奖时间	颁奖单位
亿元村	北圩村	1993 年	无锡县人民政府
明星村	北圩村	1995 年	无锡县人民政府
关心下一代工作先进村	石幢村	2003 年	无锡市惠山区关心下一代工作委员会
环境卫生综合整治先进村	北圩村	2003 年	中共无锡市惠山区委 无锡市惠山区人民政府
惠山区民主法治村	北圩村	2004 年 7 月	无锡市惠山区人民政府
2004—2005 年度文明村	北圩村	2005 年 12 月	中共无锡市惠山区委 无锡市惠山区人民政府
2005 年度人口计生工作先进村	石幢村	2006 年 3 月	无锡市惠山区人民政府
2005 年度社会治安安全村	石幢村	2006 年 1 月	中共无锡市惠山区委 无锡市惠山区人民政府
江苏省卫生村	北圩村	2006 年	江苏省人民政府
江苏省生态村	北圩村	2006 年 4 月	江苏省环保委员会
2005 年度惠山区工会工作先进集体	石幢村	2006 年 1 月	无锡市惠山区总工会
2006 年度科普示范村	北圩村	2007 年 1 月	无锡市惠山区科学技术协会
2006 年度人口计生工作先进集体	北圩村	2007 年 1 月	无锡市惠山区人民政府

续表 6-11-1

获奖名称	获奖单位或个人	获奖时间	颁奖单位
2006 年度社会治安安全村（社区）	石幢村	2007 年 1 月	中共无锡市惠山区委 无锡市惠山区人民政府
2007 年度无毒社区	石幢村	2007 年 12 月	无锡市禁毒委员会
2007 年度社会治安安全村（社区）		2008 年 1 月	中共无锡市惠山区委 无锡市惠山区人民政府
2007 年度人口与计划生育工作先进村		2008 年 1 月	无锡市惠山区人民政府
无锡市农村现代化建设试点示范村		2008 年 2 月	中共无锡市委 无锡市人民政府
管理民主示范村	北圩村	2008 年	无锡市村务公开领导小组
星级综治站创建村	北圩村	2008 年	惠山区委、区政府
2006—2008 年度社会综治示范村	石幢村	2009 年	惠山区人民政府
2008—2009 年度文明村	北圩村	2009 年	惠山区委、区政府
文明安全村	北幢村	2009 年 12 月	无锡市社会治安综合治理委员会
交通安全综治工作示范村	北幢村	2010 年	无锡市社会治安综合治理委员会
惠山区工会系统“五五”普法先进单位	北幢村	2011 年 4 月	无锡市惠山区总工会
2010 年度征兵工作先进单位	北幢村	2011 年 10 月	惠山区前洲街道办事处 前洲街道人民武装部
盘活存量农村集体用地工作先进单位	北幢村	2018 年	惠山区前洲街道办事处

第七章　水　利

北幢地区地势低洼，地面高程均在吴淞水位1.5～2米，洪涝渍三害连续不断。修堤置闸防洪排涝治渍成为村民世代相袭的头等大事。早在战国时期，春申君黄歇受封吴地，就治理无锡湖（古芙蓉湖），立无锡塘，围堰筑陂田，开展农业生产。

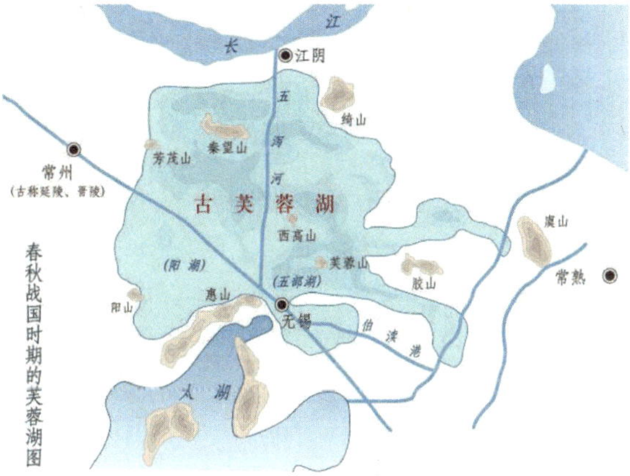

春秋战国时期的芙蓉湖示意图（前洲水利馆）

东晋元帝大兴四年（321年），晋陵内史张闿计划泄芙蓉湖水经五泻河（白荡圩）南注太湖，落干芙蓉湖水围成圩田，终因天寒地冻无法施工，未能实现。明宣德六年（1431年），巡抚周忱治水江南，总结前人治水经验，筑溧阳东坝，以阻上水，开黄田诸港，以泄下水，使芙蓉湖浅处都显露水面。宣德八年（1433年）围成东西芙蓉圩，东芙蓉圩土名杨家圩，筑圩田号“三万六千亩”。

明清两代治圩，以筑堤、浚河、置闸三者并举。境内圩多闸众，河道密布，只因水利紊乱，河库高低不一，行水不畅。旧时浚河治水，虽重治泄兼顾，因基础薄弱，再加小农经济局限，难以标本兼治，久雨即涝，重则破圩决堤，“三年没两头”。

1949年10月，中华人民共和国成立，恰遇汛期，杨家圩遭重灾。人民政府关怀圩民生活，开拓锡澄运河，逐年加高圩堤，整治内河，翻修、重建、新建涵闸，驳筑石岸，提高了防汛排涝能力。1970年，前洲人民公社党委提出“大寨治山我治水，前洲山河重安排”，制定了农田水利建设10年规划，开展农田水利建设，改造水系。用10年时间，开新河塞老河，开掘生产河，理顺水系，实现高低分开、高低分治，基本根治了洪涝渍三害。平整土地、格田成方，联圩并圩，调整涵闸，逐步调整灌排体系，更新机电设备，灌排分开，加固圩堤，驳筑石岸，做到洪水挡得住、涝渍排得出，初步达到旱涝保收。1980 年，前洲公社党委制定第二个农田水利建设规划，要求做到灌排分开，日降水量 200 毫米，48 小时排出不受涝的目标。

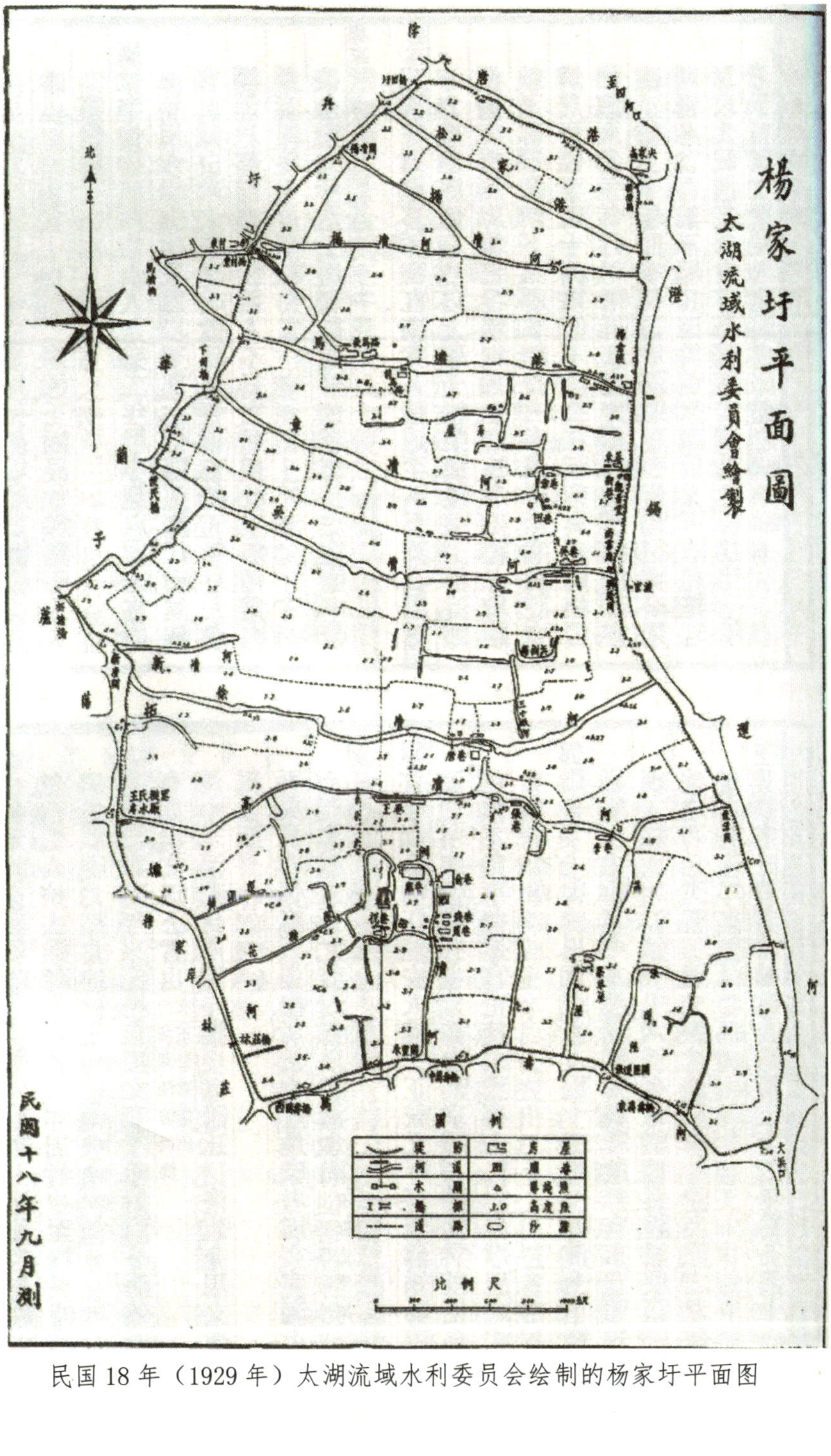

民国 18 年（1929 年）太湖流域水利委员会绘制的杨家圩平面图

第一节　治湖建圩

根据史籍记载及出土文物印证，两千多年前，北幢地区虽有少数人类活动的痕迹，还是烟波浩渺的古芙蓉湖的一部分，每至夏秋，荷花绵延，芦花萋萋。

史籍记，芙蓉湖位于晋陵（武进）、无锡、江阴三县境。

《太平寰宇记》记述，芙蓉湖西离常州五十九里，东西相距四十五里，南北相隔四十里，东面流为五泻水（白荡圩）。

《毗陵志》载，芙蓉湖在县东五十五里，南北相距八十里，南面流入无锡县境，北面通江阴流入扬子江，东南流入平江府（苏州吴县）。

《吴地记》云，无锡湖一万五千三百顷。

唐朝陆羽《惠山记》记述，惠山东北九里有上湖，一名射贵湖，又名芙蓉湖，南面通长洲（苏州吴县），东面通江阴，北接晋陵，湖水苍茫，湖面莲花不断。古芙蓉湖占地多少，今漫不可考。

芙蓉湖沧海变桑田，从农耕时代到工业化、进入城市化，经历了两千多年漫长的治水历程。

楚考烈王十五年（前 248 年），春申君受封吴地，开始治理无锡湖，筑无锡塘。《吴县志》称，无锡古水区也，芙蓉号巨浸，自春申筑陂，经历千余年方为良田。春申君治理芙蓉湖，采用筑陂塘围田、立塘垦殖方法，泄芙蓉湖水经五泻河南注太湖。

东晋大兴四年（321 年），晋陵内史张闿开发芙蓉湖，计划引芙蓉湖水经五泻河南注太湖，落干湖水成田。恰逢天寒地冻，难于施工，未能成功。后人沿着张闿筑堰旧迹，堰水塞湖造田，沿湖堰筑成一部分陂田。

圩区百姓挑河图　（前洲文史馆）

北宋绍圣年间（1094－1098年），浙江西部大水，转运副使毛渐奉命泄芙蓉湖水北入长江，减少太湖蓄水。南宋乾道六年（1170年），无锡县令吴泮在五泻河上建莲蓉、陡门两闸，控制芙蓉湖水南泄太湖，北经南闸注入长江。

明永乐元年（1403年），户部尚书夏元吉巡抚江南，对太湖调蓄洪水做了合理安排。元朝末年，海船还可溯吴淞江水从海口直达苏州葑门外停泊。明初，吴淞江海口段已严重淤塞，夏元吉吸取前朝屡浚屡淤的教训，放弃疏浚吴淞江海口段，改道由浏家港入海，使芙蓉湖尤其是太湖蓄水畅泄无阻。后人称夏元吉之举为“掣淞入浏”。夏元吉组织民工，在吴淞江范家浜段，开通范家浜，太湖水经范家浜泄入黄浦江。至今，黄浦江仍是太湖水系排水的骨干河道。

宣德六年（1431年），江南巡抚周忱治水江南，总结前人治水经验，筑溧阳东坝，以阻上水，开黄田诸港（不独黄田，还有夏港、申港、利港诸港），宣泄芙蓉湖水，致芙蓉湖浅处都显露在外，围堰塞湖成田，围芙蓉西湖十万八千余亩成田，折合平田七万多亩。围芙蓉东湖四万多亩成田，折合平田三万六千多亩。宣德八年（1433年）始，每亩圩田，仅征糙米五升（不作田赋），积存官仓，以备圩区旱涝歉收，圩民饥荒，予以赈灾。围湖造田初，官府免征田赋。芙蓉东西两湖圩民，崇祀周忱，东芙蓉湖圩民，在吴巷建尚书庙。

芙蓉东湖土名杨家圩，四至为：东至江阴界，南由五泻河出高桥至迎潮馆（今无锡市北塘区大桥下），西南至万安乡（石塘湾、洛社）连通石渎，西抵乙虞桥（印桥）至前洲，西北连芙蓉西湖之和尚圩五重（龙）泾，北至江阴芙蓉十七圩（又名马家圩），东北至泗河口。

宣德九年（1434年），无锡知县张斌续修芙蓉东西两湖圩堤，中途离任他去。第二年，知县项坯继任，督率民工兴修两湖圩堤。嘉靖九年（1530年），知县邓继曾仿周忱之法重修圩堤，加高加固堤岸。嘉靖三十二年（1553年），知县王其勤对圩田始加丈量，按田起赋，田赋上交官府。万历十年（1582年），江南巡抚海瑞亲临圩区，眼见浪冲堤塌，便多方设法，大兴工筑，修复圩堤。县丞杨光春，位低职卑，却关心百姓疾苦，尽心竭力亲赴杨家大圩，率领民工筑堤修圩。天启二年（1622年），知县刘五纬兴筑。芙蓉湖堤，图设木柩以收门税，令圩民编户自投，晚寄质库（典当），有夫役之费，则发给编户，多处修建堰闸，分立小圩，抵御水患。圩民追念刘公治水之德，尊刘五纬为城隍老爷，又称“水仙之神”。

吴兴祚赈灾　　（前洲文史馆）

清康熙九年（1670年）夏大水，芙蓉东西两湖数处决堤知县吴兴祚捐助俸米、“赈灾米三千三百六十石，并劝各田主每亩出救济米三升”，分发给各佃户，动员圩民拼力兴修圩堤，增筑圩内纵横挡水岸，使“高水不入圩中，中水不入圩下，下水不入圩低”，创高低分开之举，全圩受益。筑芙蓉东湖（章渎河）东西两坝，东坝设涵洞通水，内灌各圩，洪涝期间，东西两坝各半设水车将水车入外河。编设圩长三十六名，岸甲一百零八名，照田分派催督，年年遵照原定章程驳筑圩岸。优免各项杂差，专值岁修圩岸。芙蓉东湖每年每亩只纳芦荡税二分。芙蓉东湖圩民为缅怀吴兴祚治水功绩，在杨家圩卫泾建吴公祠，以垂永久。

康熙十九年（1680年）大水，杨家圩数处堤决，僵尸满路，饿殍盈野。康熙二十年（1681年），巡抚慕天颜告示圩民修筑芙蓉湖堤，自捐白银三千两，从常州府库拨出仓米给武进、无锡两县，修筑圩堤，派粮道刘鼎督工。无锡知县曾子驹亲赴芙蓉东西两湖，督促民工修复圩堤。曾子驹编制鱼鳞图，杨家大圩分设六图，编定“为、霜、金、生、水、号”六图，为字号六一图，霜字号六二图，金字号六三图，生字号七一图，水字号七三图，号字号九一图。曾子驹亲定派修圩堤之法：每图均分十段，按施工难易详细规定段距，以十甲挨次修筑，立“十阄十甲公拈”，岁修前夜，在卫泾吴公祠香案公拈，照阄分修，不准私自更改。 曾子驹自出赈灾银二十万贯，独任筑堤之费。其修堤之法为：钉桩以固其基，增阔以厚其力，加高以崇其势。乾隆二年（1737年）夏，大雨五昼夜，六二图堤岸倒塌，岸甲杨天生、陆文在等拆屋毁墙堵塞，因水势过大，无法阻挡，稻禾尽毁。无锡知县吴翼祖三次亲赴杨家圩探荒，得悉杨家圩圩民一荡三课，既交芦课二分，再纳田赋又输漕米。吴知县即令豁免，圩民勉强度过了灾荒。

道光三年（1823年）、道光二十年（1840年），杨家圩两次破圩。道光二十九年（1849年）四月二十九日至五月二十日连降大雨，杨家圩又一次破圩，“舟行屋檐下”，圩民又遭灭顶之灾。绅董孙元楷主持重修杨家圩堤，开创民间自发兴修杨家圩之先例。光绪元年（1875年），无锡知县廖纶再次兴修杨家圩大堤，全面修筑北塘岸，将锡澄运河沿线之多处芦荡滩围筑成小圩，扩大杨家圩圩田。光绪五年（1879年），知县裴大中垫款计七百千文，再次修筑杨家圩堤，四百千文资助七一图（前洲村、柘塘浜及中圩各一部分）筑两水夹岸，其余修筑杨家圩东堤高家尖南段。第二年五月，六三图、七一图图董收齐修圩堤款归回裴大中。光绪三十一年（1905年），常州知府许星壁发文武进、无锡两县，檄修东西芙蓉圩，款项尚未筹措就绪，杨家圩圩长岸甲即率民工施工，不久即竣工。

民国11年（1922年），七三图士绅郁耀卿独资兴修七三图（今塘村）东南圩堤，钉木桩若干，驳筑石岸100多丈。民国12年（1923年）大水，杨家圩决堤，第二年，市董唐以成，图董孙鹤卿、华觐韩，提捐修筑杨家圩大堤东塘岸尖以南驳筑石岸42丈。这是民间自发组织的第二次修圩

民国时期北幢水灾图　　（前洲文史馆）

民国时期北幢水灾图　　（前洲文史馆）

第二节　联圩并圩

联圩并圩，缩短防洪堤岸，提高圩区抗洪排涝能力，前人早就倡导之。封建土地私有制和小农经济局限，终难实现。1949 年新中国成立，经土地改革、农业合作化、人民公社化，前洲圩区的联圩并圩才成为现实。

1956 年建成的联圩有玉北联圩、石幢南联圩、石幢北联圩。

玉北联圩　境内的梅家圩、犁洋岸、上下尖岸、菱塘圩、东西河降岸、尚公岸、黄岸圩、泾滩、浮舟圩、西北圩、姚家圩、村前圩、村西圩、唐大圩、刘太圩、南北歧背圩等 27 个小圩联并成玉北联圩。总面积 5600 亩，圩堤长 7.75 公里。

石幢南联圩　北端北起迎潮闸河（石幢河），东临锡澄运河，南对中家港，西靠暮塘港，由新圩、南都圩、北都圩、诸家尖等小圩组成。面积 1435 亩，堤长 4.15 公里。

石幢北联圩　位于迎潮闸河以北，东临锡澄运河，北靠北塘河，由外伶仃、里伶仃岸、陈司令圩、庄上圩、中圩、上圩等小圩联并而成。面积 850 亩，堤长 4.6 公里。

前洲联圩　1956 年，在台阳桥浜口建西联闸，将上峰岸、西堵圩、东堵圩、上、下朱家尖、细岸圩、庙塘圩合并。1963 年，在长浜口建长浜闸，将老鸦岸、杨青岸、里杨岸、芦荡、上圩岸、七升坊、三潭等小圩联并，建成前洲联圩。面积 2105 亩，堤长 4 公里。

1969 年底，前洲人民公社革命委员会主任朱光明，多次亲赴圩区，实地踏勘，调查摸底，了解全社 28000 多亩圩田，分布在诸多小圩，圩岸低矮单薄，外围圩堤路线太长，险工隐患多，排涝防洪设施难以统筹安排，为改变“年年三十六，前洲逃勿落”（全县 35 个公社，加阳山农场，前洲粮食产量年年最低）的落后面貌，党委一班人统一思想，统一认识，党委书记朱光明挂帅，建立水利工程指挥部，各大队由大队副书记或副主任负责，抓水利规划及水利施工，制定以治水为重点的农田水利建设十年规划，做联圩并圩的各项准备工作。1971 年，建高渎闸，筑姚家浜坝、野河口坝，将杨家圩、石幢南联圩、石幢北联圩、玉北联圩、前洲联圩新开市镇河以东，连同南圩、北圩、彭大尖、秧稻圩、张埠下、丁家圩、谢大圩、中家圩、高介圩、 朱北圩、车口圩、西湾圩、下段圩、南塘圩、柘塘圩、清明岸、座圩、塘湾圩、东歧背圩、 西歧背圩、周伯地、弯头上、祝大岸、周四圩、西大圩、南滩、北滩等无堤滩田，联并成前洲大联圩。1972 年，前洲大联圩建成，圩堤由原长 92 公里缩短成 19.95 公里。

锡澄运河以西，万寿河、印桥港以北，西到市镇河以东，北抵北塘河。今南圩、中圩、北圩、石幢、北七房、诸巷、小桥头、甘科头、黄石街、暮塘桥、邓巷、柘塘浜、塘村、永谊、浮舟、前洲村 市镇河以东田块，石塘湾镇秦巷村、西蔡村、东泾村的杨家圩田块，都属前洲大联圩范围，面积 24313 亩。

1973 年，建成前洲西塘联圩。东沿市镇河西岸，南到谢印河，西至西塘河，北接市镇斜河。前洲西塘联圩包括前洲村市镇河以西，西塘村及谢村的部分田块，1973 年冬，由无锡县前洲人民公社及相关大队、生产队三级负担经费，在前洲大队秧田头建联圩闸，在印桥港太平桥西筑坝，将原前洲联圩市镇河以西、西塘大队、谢村大队尖头圩连成一片，建成前洲西塘联圩。面积 604.4 亩，堤长 2.3 公里。

1991 年汛期，前洲镇遭受百年不遇的洪涝灾害，东部低田区、前洲大联圩、前洲西塘联圩、高平田区却遇灾不灾，西部半高田区则受淹。是年冬，组建港南排区，东起西塘河，南临谢印河，西抵绿洲路，北到印桥港，谢村、印桥、西塘三村部分田块联并组成，由镇、村两级投资，水利管理站组织施工，筑雁荡坝、季巷浜坝，建季巷排涝站，面积 840 亩，堤长 2.5 公里。

1991 年冬，建港北排区。镇、村两级投资，水利管理站组织施工。建西塘张巷闸，筑俞巷浜坝，建何房桥排涝站，将西塘、印桥两村部分田块联并组成港北排区，面积 1600 亩，新筑圩堤长 1.4 公里。

1991 年冬，建永泰排区。新建永泰闸、永泰排涝站。永泰排区东起前洲镇区，南对锡玉公路，北抵高丰南闸。由前洲村、塘村村、蒋巷村及玉祁镇曙光村部分田块联并组成，包括弯头上、七宝宕、周坟园、周外圩、刘潭圩等。面积 2700 亩。

1991 年冬，建欧宕排区。南距欧宕里约 100 米，西达欧宕里西路，东北抵印桥港为界。面积 360 亩，堤长 0.8 公里。

1992 年，建成谢村郁巷联圩。东起沈巷浜，南至三大王，西面至谢村南郁巷西路，北至谢印河南岸。镇、村两级投资，县政府补贴，筑郁巷坝，建郁巷排涝站，将解放圩、绍兴圩联并建成郁巷联圩。面积 330 亩，堤长 0.3 公里。

另外，张明桥村南建有马盘联圩，马盘联圩灌排由洛社镇管理，张明桥村部分田块在圩内，自 1958 年马盘联圩组成至今，马盘联圩有 0.8 公里圩堤的岁修保养归张明桥村负责。

1991 年冬建港南排区、港北排区、永泰排区、欧宕排区后，前洲农田日降水量 200 毫米 48 小时排出圩区，农田受灾不灾，极大地提高了防洪排涝能力。

第三节　圩区建设

一、堤岸建设

中华人民共和国成立后，人民政府十分重视圩区堤岸建设，20 世纪 50 年代，杨家圩大堤顶宽筑至 2.5 米，大堤顶高筑至吴淞水位零上 5 米，外坡 1∶1，内坡 1∶1.5。1954 年，境内遭遇历史上特大洪涝灾害，杨家圩未出险。

20 世纪 60 年代，境内圩堤岸顶加筑至 3 米，堤岸顶高筑至吴淞水位零上 5 米，外坡 1:1，内坡 1∶1.5。

20 世纪 70 年代建设大联圩后，外围堤岸顶宽加筑至 3 米，堤岸顶高筑至吴淞水位零上 5.5～6 米，外坡 1∶1，内坡 1∶1.5。加固圩岸的土方取自各村的农田。

1991 年，境内遭遇百年罕见的特大洪水，是年冬天，大力加固圩堤，圩堤顶宽 3.5 米，顶高吴淞水位零上 6.5 米，外坡 1∶1.5，内坡 1∶1.5。

1992 年，北幢村村民修筑圩堤

1992 年冬起，采用挖泥船机械施工和人工施工相结合的办法，1994 年起，外围圩堤加固培宽改变往年冬春施工模式，改由挖泥船专业化全年施工。在两水隔一岸险处堆放大平土。

1995年，圩堤建设标准堤岸顶宽4米，堤顶高程吴淞水位零上7米，外坡1∶1.5，内坡1∶2。北幢村利用锡澄运河切角的泥土堆筑圩堤。

1997年，北圩土工模袋护岸工程

驳筑石岸阻挡风浪，保护堤身，为历代治水者重视。1949年前，杨家圩大堤外都驳石驳岸，只是标准较低，大都是水下打桩木，石头搁在桩木上堆取的石驳岸。20世纪50年代到60年代新筑、整修都为石灰、黄沙浆砌，70年代改为水泥、黄沙浆砌，混凝土压顶。80年代后对老石驳岸进行翻修，防洪墙顶高从原有的5.2米加高到6米。1995年后为了更好地护堤，采用新的工艺，将水泥砂浆灌进土工模袋内，紧贴圩堤外坡，阻挡洪水的浸入，以保护堤岸。

涵闸建设

古人治水，历来以筑堤、置闸、设堰、设置涵闸为主要举措。

清康熙十年（1671年），杨家圩有插入木闸8座。

清嘉庆元年（1796年），位于北圩吴巷建兴隆闸。

民国时期，北圩有朱坊坝闸、中港闸。

20世纪50年代，在石幢建西闸，以上闸都是插式木闸，底座钉以木桩，底面铺上条状金山石，用糯米粉、明矾、石灰浆浇缝，西侧闸身用长方金山石堆砌，闸身外侧有三条凹槽以备关闸防洪时用长方松木板由凹槽插入，闸板间填土挡水，内侧第三条凹槽也插入松门板，推土抵于外侧，以厚其势，闸身上面铺条状石条，以通行人，闸身西侧堆放泥土，供闲闸挡水取用。插入木闸汛期封闭时间长，农船通行受阻，生产生活诸多不便。60年代兴隆闸改建为套闸。

1970年，前洲公社实施十年水利规划，对全镇水闸分防洪闸、套闸、分级闸三级。闸门孔径一般净宽3.2～5米，闸底高程为吴淞水位零上0.88～1.3米，套闸闸室长 20～55 米，闸底板为钢筋混凝土，闸台结构为浆砌块石，外侧勾缝，混凝土压顶。

1995 年，北幢村杨撑渡闸坐落于杨撑渡暮塘港锡澄运河口。1965 年建成，原为木结构一字门，1984 年换成钢筋水泥结构一字门。1989 年，改造上闸首，上闸门换成直升横移式钢板门。1994 年，下闸翻修换门，设计水头差为 1.5 米，闸底高程吴淞水位零上 1.4 米，闸底高程 5.4 米，径孔净宽 3.2 米，闸室长 20 米，是原北圩村通锡澄运河的东大门。

1989 年，可倾梁式平面闸门启闭机鉴定会（杨撑渡套闸上闸首使用情况）

石幢闸，坐落于石幢迎潮闸河与锡澄运河口。1963 年建，以蔡公桥改建为木结构一字门防洪套闸，20 世纪 80 年代，换为水泥钢板双拼推拉式一字门。1993 年改造上闸门，换为直升横移门，下闸首不变。石幢闸于 2000 年锡澄运河改造工程废弃。

石幢西闸，1952 年，在石幢村西建义丰闸。1972 年建成大联圩，该闸移地重建在荷花泾灌溉站东南北新开河上，水泥结构一字门，是大联圩中心河道通石幢的分级闸。

石幢东闸，又名河南闸，位在河南村陪河上。1973 年建为河亭上灌区分级闸，钢筋水泥结构一字闸。闸底高程 1.9 米，闸顶高程 5.1 米，孔径净宽 3.2 米，设计水头差为 1.5 米。

高家尖防洪套闸，坐落在高家尖与锡澄运河交界处。1971 年因闸底是灰芦土质，无法施工，当时采用先进的技术，将管道插入泥中进行真空抽水，再进行施工建成。1992 年关闭堵废。

二、河道沟渠建设

1970 年，前洲人民公社党委、政府制定农田水利建设十年规划。“大寨治山我治水，前洲山河重安排”。1970 年在杨家圩中心河开动员誓师大会。每年冬春季节分条进行人工开河。

前洲公社的主要骨干河道，由公社分派各村分段实施，全村男女劳力齐参战。对于通村级的河道由各村自行解决。开河的泥土用于烧砖，堆筑公路，填塞老河，加固圩堤。开河时男女劳动力吃住在外（当地），同时也参与了苏州地区浏河（1975 年冬）、太浦河（1977 年冬）及锡澄运河（江阴段 1979 年冬）的开挖施工。通过开挖河道，粮食产量稳步提高。

开河工地　（1971 年 12 月摄）

北幢村新开河道一览表

表 7-3-1

河道名称	起止地点	建成年份	长度（公里）
杨家圩中心河	高家尖新河、永丰闸	1970	4.6
杨渎新河	暮塘港老河、杨家圩中心河	1970	0.92
六十亩河	杨渎河、东陪河	1971	1.92
北圩副业新河	杨家圩中心河、东陪河	1971	0.75
前马路新河	前马路鱼池、东陪河	1972	1.43
北圩新村河	高速公路、东陪河	1973	0.45
锡玉公路陪河东段	下甸圩闸、东陪河	1974	2.5
吴巷新河	旺芸新河、东陪河	1974	1.22
姚家浜新河	姚家浜、石幢中心河	1975	0.35
石幢陪河	北塘岸、高家尖	1973	1.61
石幢中心河	姚家浜、高家尖	1974	1.66
高家尖新河	高家尖、杨家圩中心河	1974	0.85

境内的农田灌溉，有史以来，长期使用龙骨水车，戽水机船，都是流动的，当时没有沟渠，一律串灌、漫灌。1951 年建杨家圩第一电力排灌站，1956 年建杨家圩第二排灌站，1958－1962 年多处建排灌站。境内 90%的土地通过明排渠得到了灌溉。明排渠占地面积多，灌溉用水沿途流失多。

北圩社员用水泥板铺设明排沟

20 世纪 70 年代，水利规划间隔 200 米挖一条生产河，中间建地下渠道，暗渠有利于灌排，上面填土建机耕道。

20世纪70年代以“三七”灰土筑地下渠为主，“三七” 灰土是用石灰和开挖的泥土打碎拌匀打实、地下渠道省地节水，但使用时间过长，容易造成塌方、堵塞。20世纪80年代，改灰土暗渠为水泥管道暗渠，水泥管暗渠建设成本高，却坚固耐用。根据用水情况分别使用40～60厘米水泥管铺设地下渠道。进入21世纪后，地下渠道淤泥堵塞严重，施工成本高。现在境内仍采用水泥的明排沟，原来的机耕道都浇筑为水泥路，方便农机操作和收获粮食。

1995年北圩村有明渠4条，暗渠9条，5.80公里长。联产承包制以后，明、暗渠大都仍发挥作用。

地下灌溉水渠系统控制分水井

第四节 灌排设施

一、水车

境内河网密布，水源充足，长期沿用大力水车提水。旧社会灌溉、排涝都是用水车解决。扛车肩轴，是农村男劳动力的劳动技能，经常车水车到膝漫头肿痛。

二、戽水机船

新中国成立前后，一种18匹冷迸柴油戽水机船用于灌溉及排涝，电力灌溉站建立后逐渐取代。

三、机电排涝、灌溉站

北圩电力灌溉站（1997年7月摄）

1949年10月，中华人民共和国成立，机电灌排事业迅速发展。1951年，国家直接投资在杨家圩建立地方国营无锡县第一电力排涝站。1956年，建杨家圩第二排涝站。1963年，增建北圩朱巷站、石幢荷花泾站。

1970年，筹建前洲大联圩，1971年建成。原有灌溉系统不能适应大联圩要求，排灌站调整改造、重新布局。20世纪80年代初，前洲人民公社实施灌排分开。

杨撑渡排涝站 （2023年5月摄）

杨撑渡站1978年重建，安装200千伏安变压器1台，6160柴油机、55千瓦电动机4台，苏二型水泵4台，排涝流量1.8×4立方米每秒。2012年再次进行翻建，有32.4寸轴流泵3台、40寸轴流泵2台、95千瓦电动机3台、180千瓦电动机12台、变压器1080千伏安，排涝流量12立方米每秒。

吴巷排涝站机房 （ 2023年5月摄）

吴巷站，位于北圩吴巷，吴渎河东端。1971年建，安装55千瓦电动机、90马力柴油机2台，苏二型水泵2台，排涝流量为3.6立方米每秒。1976年建200千伏安变压器1台，增55千瓦电动机2台、苏二型水泵2台。1983年变压器增变为320千伏安，废除柴油机2台，增加55千瓦电动机2台、32ZLB-125水泵1台，排涝总流量为9立方米每秒。2014年再次进行翻建，有32寸轴流泵2台、40寸轴流泵2台、有95千瓦电动机2台、180千瓦电动机2台，950千伏安变压器1台，排涝流量为10米每秒。

石幢排涝站 （2023年5月摄）

河亭上站，位于石幢河亭上厂区。1979年建，装有100千伏安变压器1台，28千瓦、55千瓦电动机各1台，苏二型、苏四型水泵各1台。1994年改装 30 千瓦电动机，202 磅水泵 1 台（套），排水流量 2.7 立方米每秒。

河亭上排涝站于 2017 年拆除，移建在石幢港上，有 32 寸对轴流泵 2 台、95 千瓦电动机 2 台、400 千伏安变压器 1 台，排涝流量为 4 立方米每秒。

高家尖站，1967 年原建在斜江河与塘古港河上。1971 年建在高家尖塘古港锡澄运河口，1977 年移建在高家尖新开陪河上。1991 年重建于高家尖前河口，装有 100 千瓦变压器 1 台、30 千瓦电动机 1 台、苏四型水泵 1 台，排水流量 1 立方米每秒。高家尖站于 2014 年重新翻建，有 32 寸水泵 2 台（套）。

高家尖排涝站 （2023 年 5 月摄）

1995 年，北圩灌溉面积 1680 亩，水泵有 18 台（套），143.04 千瓦，流量 1.69 立方米每秒。

石幢灌溉面积 1500 亩，有 7 座电灌站 8 台水泵，共 90.85 千瓦，流量 1.41 立方米每秒，解放圩 170 亩是柴油机灌溉，1999 年通上堰桥界泾电源改为电力灌溉。

经过长期的农业水利规划，灌排能力逐年完善，圩堤逐年加固加宽。2015 年锡澄运河“五改三”工程的实施，大联圩大堤更加坚固扎实。在村境内大联圩原石幢村，自北七房界—暮塘桥界，桩号 4650～6430，承包管理长度 1780 米。黄石街村，自石幢界—北圩界，桩号 6430～7530，总长 1100 米。北圩村，黄石街界—三洲钢厂界，桩号 7530～9430，总长 1900 米。三洲钢厂，北圩界—中圩界，桩号 9430～10710，总长 1280 米。境内大联圩岸长 6060 米，境内承包防洪圩堤分管经费由镇、村各半承担，排涝电费由各村承担。

1975 年石幢建造的电灌

第五节　防汛救灾

北幢地区地势低洼，吴淞水位1.5～2米，洪、涝、渍三害连续不断。防汛救灾是常态，前文多有叙述，这里仅详述了1991年、1999年遭受的洪灾及全村村民抗洪抢险的情景。

1991年，境内遭受了百年未遇的特大洪灾，入夏以来，阴雨不断。6月14—16日，降雨251.2毫米，锡澄运河水位高至5.08米。6月30日至7月2日连续降雨444.2毫米，锡澄运河水位高至5.43米。杨家圩外围圩堤仅比水面高出0.3米，境内民房、学校、工厂的低洼区都已经进水，被迫停工停课。北圩告急，石幢告急。7月2日，淫雨连绵不断，锡澄运河的水位均超过了圩堤内民房的高度，成了名副其实的地上河。锡澄运河的河水成了境内人民的心腹大患。锡澄运河圩岸石幢段多处出现了圩堤坍塌的险情。洪灾来临后，村党支部、村委会带领全村人民奋起抗灾，动员一切可以动员的力量进行抗灾救灾。全村各条战线紧急行动起来。各厂在厂长的带领下组织抗洪抢险队，各老年党员组织起来进行圩堤巡视。按照分工，各人带好工具，村委组织人员搬运抗洪抢险物资。村民自带锯子，找出多年不用的石榔头进行打桩，站在高处打毛竹桩，一人20下累得喘气。打桩要轮番上阵，一个接一个进行换打。抢险工作是一个系统工程，需要大家协同配合，一边打桩，一边进行填土装袋。叶祖铭拿出自己种田用的300只蛇皮袋进行装土。装土人员顶着风雨、扛着泥土，填塞险堤，再用多道钢丝紧固圩堤内外桩基，这样才能稳固圩堤。之后，加强该地段的重点巡视。朱巷闸到南轮船码头，河水漫过闸门，用木板、木条在闸门上沿加固堆土（长100米、高1米）阻挡洪水。三前钢厂圩堤出险决堤，杨撑渡村民回家用木板、被子、蛇皮袋紧急堵险，圩堤外侧用一只大船靠堤护岸，到三洲钢厂紧急调运钢板，放在塑料布外挡水，外侧停靠大船。

1999年北圩吴巷排涝站出现了底板渗水险情，村党支部组织村内所有力量进行抢险，运土的运土，填土的填土，在吴巷排涝站外用蛇皮塑料袋布挡水，用装泥的蛇皮袋在锡澄运河岸边筑起了挡墙。由于长期劳作，人力有限，前洲镇防汛指挥部协同南圩、中圩、石幢部分人员进行支援，使吴巷排涝站转危为安。

经过1991年抗洪抢险的历程，在前洲镇水利指挥部的统一安排下，增加了境内的排涝流量，拦住了高田泄水，疏通了河道坝基，清除了河道淤泥，加固加高了外围圩堤，堵塞了外围圩堤两水隔一岸的隐患地段，备置了防汛救灾物资。1998年，长江流域再次遭受了洪灾袭击，相比1991年，境内有了牢固的防汛设施，损失较小。

1998年，前洲镇党委书记杨志明（左）陪同无锡市委书记洪锦炘（中）、市长吴新雄（右）视察前洲石幢村水利建设

第八章　农　业

楚考烈王十五年（前 248 年），春申君黄歇受封吴地后，在无锡执政时，治理无锡湖（古芙蓉湖），立塘围垦，种植水稻。至隋唐，无锡已有稻麦两熟制。明宣德八年（1433 年），围成的东芙蓉圩（即杨家圩）一年只可种一熟水稻，称之为“不麦之地”。清代种桑育蚕成为农家主要副业。

民国初期，家家种桑，户户育蚕，为蚕桑事业的鼎盛时期。20 世纪 30 年代，种植果园、推广稻麦良种。抗日战争时期，农副业生产遭到严重摧残。新中国成立前水稻亩产 160 公斤，小麦亩产 40 公斤左右，圩田地区的北幢农民只能“靠天吃饭”。

新中国成立后，政府大力组织和发展农业生产。1951 年，杨家圩（含北圩地区、石幢高家尖）实现电力灌排，增强了抗洪排涝能力。经土地改革，实现了耕者有其田。实行农业合作化以后，发挥了集体的作用，同时改进栽培技术，推广选用良种，试用农药防病治虫，农业产量稳步上升。1958 年，水稻亩产 272 公斤，小麦亩产 98.2 公斤。

1958 年“大跃进”，一度出现“一平二调”“浮夸风”和瞎指挥风，挫伤了农民生产积极性，继之三年困难时期，农业产量明显下降。由于及时贯彻中共中央发展农业生产指示，纠正错误，普遍推广水稻良种农垦“58”号和陈永康高产栽培技术，农业产量逐步提高。1962 年产量回升，1964 年北幢粮食平均亩产超全国农业发展纲要 400 公斤。同期集体养鱼、养猪有所发展。

1967－1970 年的 4 年中，受“文化大革命”影响，粮食产量又一次下降。1970 年起，实施《前洲公社农田水利建设十年规划》，开新河塞废河、整田平地、格田成方、建大联圩、增设排涝站，影响圩田地区农业增产的洪、涝、渍

“三害”有所控制，全面改种双季稻，实行三熟制，提高复种指数，提高农业产量。这一时期，产量虽高，但成本大、用工多、分配低、米质差，农民得不到实惠，同时由于片面强调“以粮为纲”，副业、渔业都受到影响。

1983 年，全面推行家庭联产承包责任制，纠正片面追求粮食产量的倾向，调整农村内部结构，恢复稻麦两熟制，实行农业生产适度规模经营、专业化社会服务，改进耕作方法，实施科学栽培技术，机械耕作替代了体力劳动，极大地提高了生产效率，促进粮油稳产高产。

2005 年，无锡市政府根据党的十六大提出的“要实现全面建成小康社会”的奋斗目标，推进“人口向城镇集中、产业向园区集中、土地向规模经营集中”的总战略。北幢村所在区域成为无锡市万顷良田建设工程的一部分，至 2020 年，大部分村民搬迁至前洲市镇的居民小区，北幢的农民全部离开了土地，成为无锡的新市民。这里记述的与农业相关内容都已成为历史。

北幢村民用自动化收割机收割水稻　　　（2003 年 11 月摄）

第一节　生产条件

一、耕地

北幢村的土地都是圩田，粮田以水旱田为主，主种稻麦。至 1950 年，由于排涝条件限制，村内尚有大片“锅底田”常年积水。1951 年，无锡县政府在杨家圩建成无锡县第一电力排灌站后，北幢村才把大部土地开发为粮田。

1954 年，人均占有粮田 1.32 亩，互助合作后，开发了部分坟岗，粮田面积有所扩大。1958 年后，大规模开展农田基本建设，建站筑渠，占用了部分粮田。1970 年始，前洲公社实施农田水利建设十年规划，重新安排前洲河道灌排体系，开新河、填废河、建前洲大联圩。根据 1982 年江苏省土壤资料的统计，人均占有粮田面积 0.91 亩。

20 世纪 70 年代，境内农民在政府的安排下掀起建房热。20 世纪 80 年代以来，乡镇企业的发展，市镇范围的扩大，公路、乡道、村道的建设，粮田面积缩减。1995 年统计，人均占有耕地 0.66 亩。

2005 年以后，北幢村所在区域成为无锡市万顷良田建设工程的一部分，所有耕地实施规模经营。

二、劳动力

北幢的农业劳动力主要来自本村的农村人口。一般情况下，是 16～60 岁的青壮年男女，在以畜力、手工劳动为主的传统的农业生产力水平下，所有劳力必须学会所有的农活，并且能熟练操作，如固田岸、开沟、莳秧等。有些长期在外从事非农业的劳动力，在农业生产大忙时，大多回来参加农业生产活动。

农闲时节，也有农民从事其他手工劳动，以贴补家用。如木匠、泥瓦匠、裁缝等。

三、畜力

本地的畜力只有牛。主要用来耕田、耙田。

牛耕田

稻、麦收割后种植下一轮农作物，都要把田块翻转、晾晒，再捣碎，方能再次种植。农耕时代，多数是人力翻土，男劳力用四个齿的铁耙一下一下地把田翻。这项农活是相当费劲的，往往是一天下来手掌上都起了血泡。锄了几天后，泡变成了老茧，茧厚了，以后锄田才不会再起泡，所以查看你的手掌，就知道你是干什么活的。后来，条件好的种田人家购买了耕牛，开始用牛犁田。犁是一种原始的农具，把人字形肩担，套在牛肩上拉犁，犁用铁弓和硬树做成，并配上犁头。犁头是生铁（白口铁）翻铸的，当磨损到一定程度时可更换，犁的后端是扶手。犁田时牛在前面走，人在后面跟，右手掌着犁，左手握着牛绳和鞭，眼睛看着牛的脚，顺着田岸耕翻，需牛向左只需拉拉牛绳，向右只要掼掼牛绳，牛便顺应地听着主人的使唤一步一步地向前走，土也随着犁翻起。当牛走得慢时，左手的牛鞭便可抽打牛屁股，使其加快步伐。那时田里都用河泥等有机肥，土壤松软，很容易耕，但一天耕下来，人、牛都很疲乏。若是现在用牛去耕田，恐怕牛是拉不动了，因使用化肥后的田块已板结，加上机械的重压，土质已起了根本的变化，用人工去翻，根本不可能，也没有那个必要了。

牛耙田

收麦后，抢时间要把田翻耕好，待晒上几天太阳，便可灌水。灌水从人工车水至机灌，经历了漫长的岁月。一般麦子收割后，正值夏至节气，很少有阴雨天，所以田块晒得很干，上水后土壤像化石灰一样很烂，名曰“拗白鼻”，对下一步推田或耙田很有利。但也有天气不正常年份，有时阴天或下雨，使田块半干半湿，这时上水后的田块很硬，名曰“拗僵田”，对推田或耙田很是不利，尤其是莳秧影响更严重。

耙田用的耙是一种原始的农具，用树做成凳形，在下端横向装上长约20厘米的耙齿，两齿间的距离约8厘米。耙田时将耙用绳套在牛肩上，人坐或立在凳形耙上，在田间来回将土块耙碎。若是“白鼻田”，只要一耙一平便可莳秧。若是“僵田”，则要来回多耙几趟。田里有高低不平之处则可用耙将泥挟向低的地方，耙好田后即可莳秧了。

犁

肩担

四、手工农具

境内传统耕作依靠畜力和人力耕作，都使用手工劳动工具。农具有：锄头、阔锄头、铁耙（分大、中、小）、钉耙、铁塔、乌尖、犁、八秒耙、刀耙（牛用）、耥、卷、挖耙、翻耙、铁铲、铁锹、插锹、步锹、镰刀；榻谷板、秧凳、手指头套（指篮）、扦豆棒；提桶、粪桶、料勺、喷壶、吊桶；扁担、担绳、担钩、合络、杠棒、绳叉头、转钩；笤帚、扫帚、竹畚箕、铁畚箕、垫出、笆斗、藤头、箩头、苗篮、土挞（泥挞）、筛子（米筛、粞筛、绷筛、麻筛、绢筛）、麻袋、编织袋、米囤、栈条、稻床、木碧、夯、滚场碌碡、连枷、丫（wu）枪、风车；水车、车轴、水车盘、斗板、连头、车横、水挂、塌整、人车水轴；铰刀、剪刀、桑剪、砧板、桑叶砧墩（用稻草做的切桑叶用）；锯子、斧头、斜凿、凿子、榔头、铿刀、钳、老虎钳、刨子；木船、水泥船、桅杆、桅灯、船篷帆、篙子、划桨、橹、舵、铁锚、跳板、平机板、纤绳、缆绳、链条竿、罱网。

20 世纪 70 年代起，乡镇企业迅速发展，逐步实现农业机械化，村民从事农业劳动也逐渐减少，随着城镇建设城市化、整村搬迁，农民变成工人，很多传统农具淡出了村民的生活，成了文物。以下的图片涉及部分农具。

土挞（泥挞）

锄头、铁耙

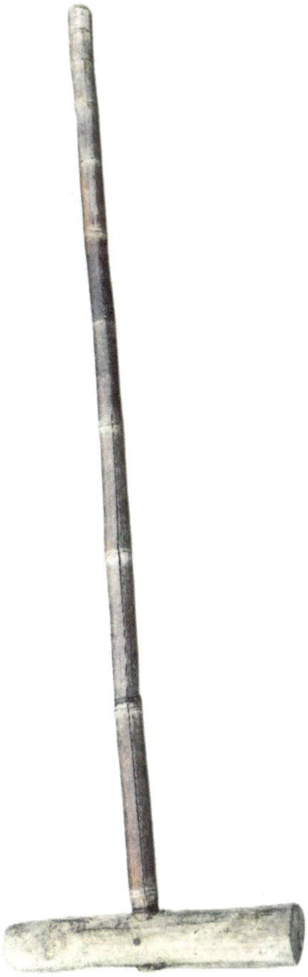

敲麦榔头

镰刀

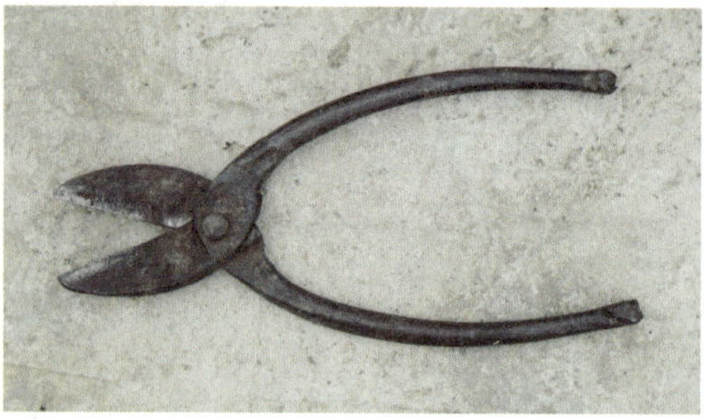
桑剪

粪桶

合络

猪食槽

桅灯

五、农机农具

（一）种植机具

20世纪70年代有了手扶拖拉机，80年代就有了中型拖拉机，80年代后期中型拖拉机装上割麦机。90年代境内购买了割麦机。1989年三洲钢厂赠送给杨家圩片各村中型拖拉机各一台。到21世纪后插秧机比较完善，机插秧面积逐步扩大。

北圩社员在农机现场会上操作手扶拖拉机
（1972年10月摄）

在农业机械化过程中，北圩村拥有6间机库180平方米6台中型拖拉机，5台手拖，旋耕机6台，盖麦机4台，割麦机5台；植保机械有东方红18型弥雾喷粉机2台，长江36型喷雾机喷水机2台，拖拉机手8人。石幢村拥有机库150平方米，中型拖拉机5台，手拖2台，盖麦机2台，整田机1台，开沟机1台，拖拉机手5人。

1995年，石幢村将中拖转给拖拉机手管理使用，21世纪后有了插秧机插秧。

（二）植保机具

20世纪60年代，稻麦病虫害的防治主要用手动背包喷雾器、手摇喷粉机、喷桶以及人工泼洒实施的。后来使用水枪和推动的机械泵，再后来使用高压沪动03型和长江36型及东方红18型弥雾机。实行联产承包责任制后，各家各户自备了一台背包喷雾器。种田大户承包土地后，增添了XAG6和XAG3无人机。

（三）收割机具

稻麦收割，农民长期使用镰刀、人力操作，1975年北圩大队购进90-4型机动割晒机割稻。1992年北圩村购进桂林-2型割麦机4台。石幢村1993年购进桂林-2型割麦机3台。2000年后，种田大户购买了CT250驱的洋马收割机。

（四）脱粒机具

脱粒，历来使用稻床、门板、石条和连枷作为工具，用人力掼稻、掼麦，拍打脱粒，再利用自然风扬净。民国时期，境内部分农民使用脚踏轧稻机脱粒。20 世纪 60 年代，使用稻麦两用脱粒机。80 年代起，有的农户购买了镇江式半自动脱粒机。90 年代起收割小麦使用桂林-2 型收割机，2000 年起使用了洋马收割机。

联合收割机收割水稻 （2008 年 10 月摄）

（五）粮食加工机械

旧中国，加工稻谷用人力或畜力牵引，将稻谷碾成糙米，再用臼或脚踏来臼舂成白米。磨粉用人力或畜力石磨加工。民国早期，农村逐渐购买戽水机船灌排作业后，装有碾米机的戽水机船开到各村河浜为村民碾米。20 世纪 60 年代初通电以后，北圩大队、石幢大队先后开办了粮饲加工厂。北圩大队有碾米机 4 台，饲料粉碎机 3 台，磨粉机 1 台，麦片机 1 台，砻谷车 1 台；石幢大队有碾米机 3 台，320 磨粉机 2 台，饲料粉碎机 2 台。北圩大队办起了淀粉加工厂。联产承包以后，由 S195 柴油机装上碾米机流动上门碾米。2019 年，种田大户购置了久川烘干机 15 台进行稻麦烘干，再连接太湖 TH988 型碾米机碾米。

六、农田基本建设

参见本志第七章水利。

无锡市都市农业惠山区万亩优质稻米基地　　　（2005 年 7 月摄）

第二节　作物种植

一、耕作制度

根据本地自然资源、土壤性质，以及亚热带季风气候特征，北幢村多年的种植作物，水田作物一年二熟（夏、秋）。夏熟以小麦为主，约占 65%，大麦、元麦、油菜和红花草约占 25%，冬闲田（秧田） 8%～10%。秋熟全部为水稻（中稻、 晚稻）。旱地作物主要有桑树、黄豆、蚕豆、山芋、瓜果、蔬菜等。1965 年开始引进双季稻种植，1975 年双季稻、三熟制全面覆盖。但“双三制”种植并不受农民欢迎，社员有顺口溜：“三三得九不如二五得十。”意思是说，与其三熟，不如两熟划算。双季稻在那时被封为“革命稻”，尽管农民在私下里反对，还是硬任务硬指标。1980 年开始，“双三制”种植面积逐年减少。1983 年，实行家庭联产承包责任制后，“双三制” 种植退出了历史舞台。

二、种植品种

（一）粮食作物

中华人民共和国成立前，北幢村域内水稻种植品种主要有“芦花白”“白芒粳”“铁粳光”“香粳糯”“牛毛黄”。1950 年后，水稻品种主要有“荒三石”“老来青”；20 世纪 60 年代有“苏稻一号”“农垦 58”（又称世界稻）；70 年代“苏粳二号”“农虎 6 号”“锡丰 1 号”，双季稻有“黄科”“矮南早”“桂花黄”“菊花黄”“二九青”“盐粳系列 1 号 3 号 4 号”；80 年代有“武复粳”“武育粳”“农林百选”“香血糯”“武香粳”“国际 24”等。现在水稻品种主要有“武运粳 23”“武运粳 31”“武育粳 39”“南粳 46”“苏香粳 100”“南粳 3908”“南粳 5055”“软玉”等。

（二）经济作物

1949 年前，域内小麦品种主要有“菜籽黄”“淮麦”“红长梢”。 20 世纪 50 年代，有“方六柱”“洋麦”（有白皮、紫皮）；60 年代有“矮秆红”“华东 6 号”“武麦”；70 年代有“武麦一号”“扬麦一号”；80 年代有“万年一号”“阿夫”“吉利”“宁麦”“泰山一号”“扬麦系列”（1 号、4 号）。大麦品种有“三月黄”“2-14”“早熟 3 号”“浙 114”（二棱）；元麦品种有“757”“村农 1 号”。 大麦、元麦不再种植，现在小麦种植品种主要有“扬麦 23”“扬麦 25”“明麦 133”。

1949 年前，域内很少种植油菜，只有一个品种叫“菜花菜”，其籽有 1/3 是呈黄色，跟鱼卵相差无几。绝大多数农户种植黄豆、芝麻为食油原料。1960 年前后开始引进油菜籽种植，品种有“菜籽黄”。20 世纪 60 年代引进“胜利油菜”，80 年代有“字油 7 号”“沪油 3 号”“扬油 4 号”。80 年代后期又引进了“中油 821”“浙油 1 号”高产品种。

（三）蔬菜

黄豆、蚕豆、赤豆、绿豆、豌豆、豌豆苗、长豇豆、长豆荚、豇豆、刀豆、扁豆、四季豆、稻熟虹、花生、芝麻、向日葵、油菜、青菜、细菜、白菜、黑菜、菠菜、苋菜、韭菜、荠菜、甜菜、水芹菜、旱芹菜、药芹、卷心菜、蓬蒿菜、金花菜、大头菜、油麦菜、空心菜、金针菜、黄豆芽、绿豆芽、雪里蕻、芥菜、马兰、萝卜（红、白、青、紫及心里美）、胡萝卜、山芋、马铃薯、芋头、生姜、洋生姜、慈姑、蘑菇、香菇、木耳、百合、葱（香葱、胡葱、大胡葱）、洋葱头、大蒜、蒜苗、大蒜头、茭白、藕、菱、甜粟、莴苣、笋、荸荠、西红柿、茄子、辣椒、甘蔗、桃子、葡萄、柿子、无花果、冬瓜、南瓜、西瓜、北瓜、生瓜、丝瓜、黄瓜、吊瓜、菜瓜、笋瓜、苦瓜、紫角叶（又称木耳菜）、秋葵、紫苏等。

菱

北幢村地处江南水乡，地势低洼，四周河流环绕，村民利用河道水种菱。品种有四角菱（元宝菱）、二角菱，境内以四角菱为主，生的、熟的菱都可以食用。菱的谐音好，小孩上一年级，大人一般要在书包内放菱，以示小孩聪明伶俐，念书有出息。在清明后将菱种均匀地撒入河内，外围用菱草（水花生）加菱桩围住，防止流入船道。菱长在水面上，经过一段时间生长，其根扎入河底。生长过程中，只需喷洒农药防治病虫害。俗话说，七月半，提着菱头看看；八月半，吃一半；九月半，谢菱盘。采菱是一项技术活，只能坐在菱桶内，一般不能站立。菱桶大约宽 80 厘米，高 40 厘米，长 1.5 米左右，椭圆形木桶。采到的菱可以直接到集市出售，也可以煮熟后出售。

菱盘谢了以后，请专业捕鱼的渔民把菱塘外围围起来叫淘菱塘，菱塘内把渔网逐渐缩小，最后叫“起小张”，这样就捕到了鱼。鱼的多少有丰、歉之别。当地村民与渔业队提前预约商定按比例分成鱼的多少，并多以鱼量实分，各自出售后作为村民、渔民的收入。20 世纪 80 年代末，因为种植作物都用化肥，不用河泥肥田，河道淤泥逐年增多，农药残留也逐年增多，河水受污染，菱的产量降低。20 世纪，太湖流域开始水环境治理，加强企业环保管理、河道清淤，水质又逐年转好。2020 年前后，已经住在安置小区的熟悉种菱的村民，又开始到原来的河塘种菱。收获的四角菱除自家食用外，也到集市上出售。

1980 年 9 月，国际见闻基金会摄影组在前洲北圩拍摄采菱场景

三、耕作方法

（一）水稻的耕作方法

育秧 俗话说："秧好半熟稻"。秧田一般选在近村易灌能排的田块。冬翻冻酥春捣碎，用人粪或豆饼作基肥，也有用猪灰作基肥的。水稻育秧时，一般在立夏前一两天浸种。方法是用蒲包或瓮头、水缸盛谷浸种，一般是"授三合四"（浸在水里的时间短，脱水的时间长）。例如，蒲包浸种，白天浸水里，傍晚捞起，到第二天再浸于水，晚再捞起。待到谷芽长到适合最佳播种长度。后来改为带药浸种，将"多菌灵"和水充分搅匀，种子浸泡48小时后捞出催芽，待芽露白即可播种于秧板上。秧田做法：秧田放水耙平后，起沟压平，撒上化肥，人工抹平作畦，上有泥浆，下有泥块，播谷时谷粒半露半陷最佳，再用尺板抹平，次日早上撒一层稻草灰，增肥保湿。秧田前期管理以保湿全苗为主，中后期做好灌水、施肥促分蘖，拔秧前3天，施好起身肥。

在种植双季稻时，为抢季节不误农时，又因为前季稻育秧时气温低，绝大多数采用药剂浸种，温水37℃洗浴2分钟后再入地窖催芽，播种后用塑料薄膜平覆盖育秧。后季稻则采用水育大苗、两段育秧、大田条寄育秧方式。

耕翻 大田三麦、红花草收茬后，随即耕翻。至20世纪60年代中期使用拖拉机前，都是人工用专用的"九斤王"铁耙垒地，或者用牛耕田。翻耕后抢晴天晒上几个好太阳，抢在雨前灌水。晒过的土块，上水后易化易碎烂，好莳秧，秧苗易活棵，转青快易发棵。俗有"梅风吹到垄头白，来年白吃一熟麦"之说。

施基肥 大田灌水前要施上基肥，以灰潭里的草塘泥为主，也有猪、羊、兔灰等基肥。起灰是项十分繁重、劳动强度大的力气活。起灰后，妇女、儿童把肥料均匀撒开。20世纪70年代后逐渐用化肥作基肥。

移栽（莳秧） 播种后30～35 天就要移栽。莳秧前先将大田用铁耙推平，把一早拔好的秧苗运至大田，打好秧，上、下午莳秧。单干户时移栽规格是稀植大棵，有"撒手一托、尽脚一缩"之语，株行距一般是6×7寸（1寸≈3.33厘米）。每人一道，每道六棵，横竖对直。格田成方后，改为经绳莳秧，一般规格是4×5寸。前季稻5月上旬移栽，栽插规格为2×4寸，前季稻早熟品种都是铲泥莳秧。为达到密度要求，采用"拉线定点莳秧"方式移栽。后季稻在7月下旬至8月8日一段育秧移栽，8月15日结束二段育秧移栽。后来单季稻的移栽密度一般都为 3×7 寸、3×8 寸。2000 年后，水稻改为免耕直播或浅耕直播或机插秧。

田间管理　水稻栽培历来精耕细作。施肥加工、水浆管理尤其重要。移栽半月后，要开始耥稻，叫“稻耥黄秧草耥芽”。耥稻前加施追肥，亩施豆饼 30 斤或猪灰、人粪 10 担。耥稻目的是除草、肥泥充分混合，扎去老根，排除有害毒气，肥料充分氧化，耥熟泥土，促进不定根生长，有利于水稻低节位分蘖。

方法：用长耥在两行稻棵中间横向来回牵动，既要紧靠稻棵根部，又不伤及稻苗。隔 10 天后用小耥（撬耥）竖向牵动，耥平耥梗，去除杂草，拔尽稗草。隔一星期后开始捋稻（耘稻）搁田（又叫烤田）。一般在“大暑”间进行，民间有“秋前不搁稻，秋后要懊恼”的说法。随着农业技术的进步，提出“苗到不等时，时到不等苗”的搁田标准。搁田要二看：一看稻苗新根长出，稻秆硬实，叶片挺直，风吹叶子响，叶尖刺巴掌。二看田块，四周稍发白，中间勿陷脚，裂些麻丝尺（缝）。搁田目的是控制无效分蘖，深扎根，抗倒伏，保丰收。搁好田后，上头遍水，同时，看苗施用好穗肥。孕穗期足水灌溉（最好要活水灌溉）。齐穗后，做到干湿交替，最好是“三干四潮五湿”，使稻长成绿叶、青秆、穗头黄。“双三制”搁田是以时到脱水，干上几天后以不陷脚即可复水，复水后自行落干两三天再上水，薄水勤灌，干湿交替到成熟。

20 世纪 50 年代，当地全面推广水稻专家陈永康的种田经验，他有一套完整理论和实践经验，如“一钱三谷育壮秧、三耕九耙莳好秧、三黑三黄管好苗、保你亩产千斤粮”。时有民谣：“种了三年‘雁宕青’（老品种），肚皮饿得瘪瘪青，种上三年‘老来青’（新品种），陈年宿债全还清。”他落谷育秧，炉火纯青：“称斤定田来播谷，落到尽头不缺一只角，勿多半把谷，一钱三粒谷。”他的理论和经验对促进水稻耕作技术革命，实现大幅增产，作用巨大。从 20 世纪 70 年代起，开始使用化学除草剂除草，不再耥稻，化肥的用量也不断增加。20 世纪 80 年代开始，水稻基肥、追肥均使用化肥，并以叶龄为指标看苗栽培管理。

“双三制”期间，前季稻均采用“基肥足，面肥速、追肥早”的“一哄头”施肥方法。浅水莳秧，深水活棵，脱水扎根（自行落干），足水孕穗，及时开沟搁田，干湿交替直至收割的水浆管理模式。

收割、脱粒、加工　双季稻前季稻收割一般在 7 月下旬至 8 月上、中旬盛夏三伏炎热时期，后季稻、单季稻收割在10月下旬至11月上旬。“寒露无青稻、霜降一齐倒”。过寒露至霜降，进入收割水稻的阶段。新中国成立前至20世纪70年代里，都是用镰刀人工割稻，天气晴好抢晒稻铺三四天，然后束稻挑上场堆好，待等种好麦子后拣晴天脱粒。60年代后期，为抢秋种进度，推广了“双个直垄堆稻法”，把束好的稻棵堆放在田埂上，稻穗离地防水晾（晒）干，腾出田块种麦。20世纪80年代有了联合收割机后，大大减轻了体力劳动，保证了粮食安全进仓。

20世纪60年代前，农村没有电，稻谷脱粒靠“稻床”人工掼稻，脚踏脱粒机脱粒，费时费力。60年代农村通了电，用电动脱粒机脱粒。80年代有了联合收割机，割、脱、扬一气呵成。

碾米机出现之前，吃米靠牵砻成糙米，再用石臼舂成白米。民国以后，有了轧米机船，农忙时抽水，农闲时轧米。20世纪60年代后，依靠电力灌溉站的电力，办起了粮饲加工厂，逐步告别了原始的粮食加工方式。20世纪90年代又有私人置办的拖车轧米机上门服务，更加便利农民。

（二）三麦的耕作方法

历史上农户视三麦为“小熟”。三麦指小麦、大麦、元麦。20世纪50年代前后，农户种麦习惯是“棍子论头”“划子沟”（形容小船可行的沟），都包心论塄，塄两边锄转各两棵稻秆桩，中间留了两棵稻秆桩，千篇一律，家家如此。塄阔4尺余，中间高，两边低。大多数农户无肥下种（“白底下种”），每亩用种子8～10公斤，在小雪结束种麦。待到苗长成3～4叶时锄麦沟，用铁锹、铁耙把塄沟里的泥垡上塄面，均匀摆放在塄面上。过几天后，垡上来的泥稍干就用敲麦榔头敲碎。大约半个月后在晴天要“撩麦沟”，就是用锄头把沟里的泥（碎土）撩起均匀地撒上麦塄。垡、撩麦沟能起到对三麦壅根、保暖、保墒作用，既可防止杂草，又能清沟排水防渍涝。冬至后施好腊肥，春分后施返青肥，一般亩施人粪尿20担。

“大跃进”年代，种麦提倡并实行普耕、深耕、密植。20世纪60年代初推广优良品种，合理密植。普施草塘泥、氨水、草木灰等作基肥，适时施好提苗肥穗肥。推广先开沟后种麦，田间有总沟、竖沟、塄沟和横沟，沟沟相通，解决麦田积水。70年代，全面推行“薄片深翻山芋论”的耕作方法。内沟、田外沟配套，阔沟改狭沟，浅沟改深沟，明沟改暗沟，排除地面积水，降低地下水位，促使麦根深扎，防倒伏。施足基肥，精做麦垄，催芽播种，拍麦保墒，力争早苗、全苗，在 11 月中旬结束播种。80 年代中后期，全面推广套播麦，垈沟压板麦：在水稻收割前一星期播种，同时套施高浓度复合肥每亩 15～20 公斤，水稻收割后亩施 10～15 公斤尿素。小麦三叶期即可垈沟压板，论阔 2～3 米， 沟深 8 寸。抓住下雨后土壤潮湿时机，喷施好“除草剂”。腊月用开沟机开好三条至五条横沟，一条竖沟（中心沟），防渍害。小麦越冬前施上腊肥，促壮苗越冬，开春后施好返青肥，看天、看地、看苗施好孕穗肥，加强田间管理，做好防病治虫工作，确保丰收。

小麦　　（2023 年 5 月摄）

5 月底 6 月初，是三麦成熟期，要适时抢收、抢割、抢上仓。俗话说：“稻老要养，麦老要抢”。以前是人工收割，费工、费力、费时。20 世纪 80 年代有了联合收割机，抢收三麦既快又好，省工省本效率高。

北圩大队社员给油菜喷药　（1978 年 4 月摄）

（三）油菜的耕作方法

油菜种植首先要育壮苗。播种时间 9 月 20 日前后，秧龄 30～35 天，秧龄过长，容易长成高脚苗。控制密度，过密秧苗细长，不宜移栽。苗期适当施肥，防止蚜虫危害。起初油菜大都种在旱地里，推广使用磷肥和复合肥后，油菜大都移栽至水稻田，比旱地更加活熟有力。1980 年前后，农民直接在稻茬田里免耕种植油菜，具体做法是："锹撬一条缝，肥料中央送，油菜两角种，一脚踏报缝"。既保湿又防冻，干活快又轻松。一般行距 40～50 厘米， 株距 15～20 厘米，亩栽 8000～10000 万株。开好一套沟，包括轮沟、腰沟、田内总沟，直通田外排水沟，沟沟相通，防溃害。越冬前，做好中耕、培土、清沟、施上腊肥；开春重施蕾苔肥（肥料中间要加上钾和硼肥），巧施花肥，认真防治病虫害的发生。适熟收割，"九成老十成收、十成老九成收"。

四、作物保护

（一）防病治虫

中华人民共和国成立前，农民在防病治虫上办法较少，只能靠天吃饭。新中国成立后，政府组织农民人工防治，如点灯诱蛾、捉稻苞虫、采摘卵块、掘稻根桩等。到 20 世纪 60 年代开始使用农药防治病虫害，223 乳剂、六六六粉、敌百虫精等农药广泛应用。70 年代使用乐果、1605 粉、杀虫醚、甲胺磷等高效农药，防治螟虫、稻飞虱、稻蓟马、纵卷叶虫，效果明显。防治方法：药剂兑水喷雾或药剂拌土撒入田中。水稻病害有：稻瘟病、白叶枯病、纹枯病、基腐病，用井冈霉素、多菌灵、稻脚青兑水喷洒或大水泼浇。80 年代以药剂为主，实行综合防治，水稻育秧在落谷塌谷后，秧板上无积水，稍微干一下，在芽未出土前喷施除草醚和"灵丹粉"，兼治稻蓟马、螟虫、灰飞虱和杂草，收到理想的效果。水稻拔节分蘖期，用杀虫醚和井冈霉素混用，防治纵卷叶虫、稻飞虱，兼治纹枯病。8 月中下旬，三代褐飞虱和纵糖叶级、纹枯病同时发生。将补虱灵、杀虫双和井冈霉素混用病虫兼治。水稻抽穗期的稿虫害均可用药剂复配兼治。现在防治水稻虫害农药品种有：127%噻呋戊唑醇；40%甲氧茚虫威；80%稀啶吡蚜酮；5%甲维盐；15%茚虫威；10%三氟苯嘧啶；60%稀啶呋虫胺；30%稻瘟戊唑醇；10%四氯虫酰胺；75%肟菌戊唑醇；40%稻瘟灵乳油；25%甲维茚虫威。

三麦虫害主要有：行军虫（黏虫）、麦蚜虫、红蜘蛛，用乐果、乐安磷、1605 等药剂防治。三麦病害主要有：赤霉病、黑穗病、白粉病、纹枯病、叶锈病，使用多菌灵、粉锈宁、井冈霉素兑水喷洒。防治小麦虫害的农药品种有：井冈霉素；40%丙硫菌唑；22%高氯氟噻虫；40%戊唑咪鲜胺。

（二）草害防治

20 世纪五六十年代，水稻耘、耥、摸，三麦锄、敲、撩，都是人工除草，费工又费力。70 年代中期起，水稻、三麦及油菜先后用上化学除草剂取代人工除草。1976 年用除草醚对秧田除草，1979 年用二甲四氯除阔叶草。1984 年后，秧田、大田前期用除草醚，中期使用二甲四氯除阔叶杂草。90 年代起，丁草胺替代了除草醚，并推广了天草王、稻益丰、稻草畏等除草剂。目前水稻化学除草品种有：30%苄嘧丙草胺；10%吡嘧磺隆；50%丁草胺；20%乙羧；草铵膦；10%吃唑丙草胺；30%氰氟草酯；55%吡嘧丙草胺；38%二甲灭草松。以上品种任选 4 个。

20 世纪 80 年代起用绿麦隆除麦田草害。80 年代后期用异丙隆、施它隆、绿黄隆、骠马除草剂，防治效果十分显著。目前小麦化学除草品种有：大能 5%唑啉炔草酯；世玛 3%甲基二二磺隆；50%异丙隆；澳虎 75%二甲四氯二甲胺盐；施它隆 20%氯氟吡氧乙酸。以上品种任选 4 个。

油菜草害的防治，20 世纪 80 年代中期，使用杀草丹、绿麦隆，在移栽前进行化学除草。后又推广稳杀得、盖草能、禾草克除草剂，取得了显著效果。

五、肥料使用

农谚云：“庄稼一枝花，全靠肥当家”，“肥是农家宝，种田不可少”。可见肥料在农作物生长过程中的重要。传统的有机肥有草塘泥、厩肥、饼肥、人粪尿、草柴灰、堆肥、绿肥、秸秆肥等。

（一）草塘泥

农户很长时期使用草塘泥。秋播时在大田横头上田角留下一方角用作开灰潭。冬春时节罱河泥加入稻草或红花草堆积在河边，待河泥干后挑入开好的灰潭里，春天红花草盛花期（第三盘开花时）割下做潭，即把灰潭里的河泥搭出，放在潭沿上，把河泥、猪羊灰、红花草、

做潭　（1976 年摄）

蚕豆萁等分批放入潭中，加水搅拌，把河泥块搅成泥浆，与草一层层地充分搅拌混合，直到满潭，待沤烂腐蚀后作水稻基肥。如果漏潭，要重新做潭，直至不漏为止。1949 年前，农户无船，只能花钱雇人罱河泥。20 世纪 60 年代每个生产队购买了 1～2 只水泥农船。罱河泥是门技巧活，每个青壮年都必须掌握。早起，摇船出浜，一人在船艄撑篙，一人在船头趟河泥，两人搭档配合默契。罱满河泥后，再把河泥拷入河泥宕子里，岸上有人把铡断的稻草均匀撒入河泥中。一天要罱好几船。寒冬腊月，罱泥人头顶寒风、脚踏冰霜，手握网杆一把冰水， 咬紧牙关仍坚持，甚至全队安营扎寨吃住在芦荡滩上，几天换一班人马，等河泥干后再运回。60 年代曾推广稻田放养绿萍，在百头场召开过全县“放养绿萍的现场大会”。70 年代推广水河泥浇麦，直到 80 年代后用上化肥，草塘泥才逐步消失。

罱河泥 （1981 年 11 月摄）

（二）厩肥

农户养猪、羊、兔是一项传统，不仅是为了增加副业收入，更重要的是为了积肥。俗话说：“养猪不赚钱，回头看看田”。农户在合作化前后的年代，养猪、羊、兔都是圈养，把事先备好的干土（板论泥土）垫圈吸收猪粪尿，并放入稻草由猪、羊践踏腐烂发酵成肥。厩肥可直接运撒田中作稻麦基肥，也可与草塘泥混合后做潭作基肥。20 世纪 70 年代后大规模养猪时，养猪都不垫圈，厩肥就少了。

（三）饼肥

以豆饼为主，也有少量的菜籽饼。将豆饼捣碎后用水泡几天，再捏碎后撒入秧田或稻田作基肥、追肥使用。20 世纪 60 年代开始，豆饼用作配方饲料，菜饼作为鱼饲料，不再作肥料使用。

（四）人粪肥

农家自积肥料，用于水稻、三麦面肥，亦可作秧田、麦田、稻田的追肥。

20世纪60年代，肥料紧缺，生产队委派人到无锡市里公共厕所包运大粪，起先是自找门路包管厕所，后来市里严格管理，发放大粪券，凭票提粪。

（五）草木灰

农家自积钾肥，用于秋田播种后盖谷，也可用于麦田播种后直接撒在麦塄上，增钾保墒又保温，还减少了某些杂草的危害。

（六）绿肥

绿肥主要有红花草、蚕豆萁、青草等。用于做潭时和沤制腐烂作基肥使用，也可作家畜饲料过腹成肥，也可直接翻耕入土沤制成肥。20世纪60年代中后期，生产队开始放养绿萍，大元麦收割后，立即耕翻上水，整田筑埂放萍，作为二级萍种田。待等大批小麦田耕翻后，耙平做埂放养绿萍。部分二级萍种养绿萍田作为后季稻秧田，此时绿萍派上了大用场，待稻秧移栽前放水倒萍作稻田基肥，移栽后，每块田撒上萍种，待搁稻时，将绿萍成团埋入四棵稻之间的泥中。20 世纪70年代初曾推广放养“三水”（水浮莲、水葫芦、水花生），80年代逐渐废弃。

（七）沼气肥

20世纪70年代，农村推广沼气，部分农户在家前屋后空地上建造沼气池，将猪粪、人粪尿等放入沼气池内，厌氧发酵后产生沼气作燃料使用，池中的粪尿作稻、麦、油菜的肥料，80年代后逐渐废弃。

（八）秸秆肥

20世纪80年代后，大规模推广秸秆还田。2000年后，环保工作加强，严格禁止秸秆焚烧，全面推行秸秆还田，增加了土壤的有机质，使田越种越肥。

（九） 堆肥

20 世纪70年代号召大积自然肥料。春秋二季，割青草，铲草皮，搞“三面光”。将青草、草皮加入猪、羊灰，堆积在一起，浇上粪水，外涂上河泥封面，腐蚀焖烂，过一段时间，进行翻堆，并加上过磷酸钙，再重新混合堆好、拍实，加河泥封面，作为三麦盖籽肥，也有少量作后季稻基肥的。

20世纪60年代后，化学肥料得到普遍推广和使用。化肥分氨肥、磷肥和钾肥。氮肥有碳酸氢铵、硫酸铵、氯化铵、硝酸铵、尿素和氨水，磷肥主要有过磷酸钙，钾肥有氯化钾、硫化钾。复合肥是氮、磷、钾的混合肥。

第三节 养殖业

一、蚕桑业

清末民初，栽桑养蚕逐渐成为北幢地区最主要的一项副业，是农民经济收入的主要来源之一。 民间有“吃饭靠种田，用钱靠蚕茧”和“一季春蚕茧，相抵半年粮”之说。民国初期1913－1920年， 每亩桑田一般产蚕茧 130斤，按当时价格售后可得65银圆，而同期种植水稻和小麦，亩产米2.3石，麦0.7石，售后得15.45银圆。民国16－18年（1927－1929年），亩产茧售后得75银圆，而稻、麦售后得21.9银圆。民国30－31年（1941－1942年）是茧最值钱的年头，每担蚕茧均可折大米750公斤。利益驱动着蚕桑事业的发展，所以出现了农民“家家种桑，户户养蚕”的景象。

中华人民共和国成立后，人民政府大力号召并指导各地扩大桑田，并有蚕桑技术指导员专门指导蚕桑工作。“三级所有，队为基础”后，大队设专职蚕桑指导员，各生产队派人到“三五馆蚕种场”集中培训种桑、接桑、养蚕技术。有好多生产队有育桑苗的基田，育苗、管理、嫁接（有根接、袋接、抱娘接等）以及自繁、自育、自种，用了不到5年的工夫，就淘汰了“湖桑32号”，推广本地选育的“湖桑7号”“湖桑119”等优良品种。后来桑树品种基本更新，实现了良种化，使蚕桑事业的发展上了一个新的台阶。

蚕从卵孵化成蚁蚕到结茧，前后共一个月多一点时间，要经历头眠、二眠、三眠至大眠。早期由大队共育室集中孵育。大眠后几天，蚕已成熟，不再进食，蚕宝宝头部呈透明状要吐丝结茧，把成熟的蚕撒在草龙上，一般2～3日茧子成形，待蚕成蛹后，立即采摘出售给蚕茧收购站。

农业合作化后，生产队都建起仓库，为养蚕提供了场所。北圩村共有养蚕室22处，最盛时春蚕280张，每张产量约40公斤，总产量11200公斤；夏蚕120张，每张产量约30公斤，总产量3600公斤；秋蚕220张，每张产量约35公斤，总产量7700公斤；桂花蚕20张，每张产量约42.5公斤，总产量850公斤。石幢村有 19 处蚕室，最多一年养春蚕 170 张，产茧子 6800 公斤；夏蚕 50 张，产茧 1500 公斤；秋蚕 150 张，产茧 5300 公斤；桂花蚕 15 张，产茧 600 公斤。春蚕茧、桂花蚕茧每百斤售价为 83 元，夏蚕茧和秋蚕茧稍低一些。

20 世纪 70 年代“以粮为纲”时期，大搞整地平田及旱改水（旱地改水田），毁桑种粮，桑田锐减，加上桑树黄化病毒危害，导致桑树大片死亡，养蚕业随之萎缩。随着村办企业的发展，1991 年，在桑地上建起了厂房，蚕桑业退出了北幢村村民的生产生活。

二、畜类

（一）养猪

生产队期间，养猪是肥料的主要来源，年终分配先要结算猪的肥料款，剩余利润再结算工分工资。养猪是家庭收入的主要来源。1970 年后，上级号召“一人一猪”“一亩一猪”，家家户户养猪，每个生产队都建了集体猪舍，以养殖母猪为主，猪崽供给本生产队社员饲养。农村联产承包制以后，土地逐年向村委、种田大户流转，猪的饲料短缺。随着经济发展，农田不再使用猪粪肥田。农民生活水平逐年提高，新造的住房不适合养猪。20 世纪 90 年代末，只有极少村民养猪。进入 21 世纪，随着太湖流域水环境治理，大型猪场关闭拆除。2018 年，完成拆迁工作后，养猪成为北幢村的历史。

北圩大队八队猪舍　　（1972 年 10 月摄）

（二）养牛

饲养耕牛，以畜代劳，是农业的传统。牛主要用来耕田、耙田，有的用来戽水、拉磨，本地都是以养水牛为主。20 世纪 70 年代以后，农业机械化普及，耕牛在本地已经淘汰。21 世纪后，本地养殖奶牛，以生产牛奶为主。本村有朱学庆、朱育良、朱育兴三兄弟及高伟东养奶牛。由于太湖流域水环境治理，奶牛养殖也结束了。

（三）养兔、羊

养兔、养羊也是农家的主要副业，主要为农田积聚肥料，同时可以增加收入。生产队期间养兔主要是养菜兔，宰杀后肉类食用，后供销商收购兔毛，发展为拉毛兔、拉毛，兔毛纺纱后织成毛衣。兔子繁殖较快，可月月生产一窝。养羊有绵羊和山羊。绵羊的毛剪下可纺纱可织毛衣，山羊的毛可以制作毛笔，增加了农户的收入。随着乡镇工业经济的发展，家禽基本上不再饲养。

三、禽类

农户养家禽的历史悠久，主要有鸡、鸭、鹅，大多农户是以养鸡为主，每户养鸡数量不定，鸡和蛋以自吃为主，也有少量农户出售换钱。也有农户在靠近鱼塘、河浜的地方放养鸭子，以本地老绵鸭为主，后来有个头较大的北京鸭、红头鸭。1980 年起，出现了养禽专业户，以养殖食用肉鸭为主。从购进鸭苗，加控棚内温度和亮度，食用专用饲料，一般 30 天出售。少量农户养鹅，以青饲料为主，鹅还有看家护院的作用。随着农村卫生条件的改善和城镇化建设，农户逐渐不再养鸡、鸭、鹅等。

四、养鱼

北幢村地处杨家圩圩田地区，河网密布，养鱼成为本地的主要副业。一般养殖鲢鱼、鳊鱼、草鱼、青鱼等家鱼为主，数量、品种以鱼塘的大小而定。

北圩大队于 1976 年在天鹅潭开了 5 个鱼池，在杨撑渡北低洼地区成片开了鱼塘，新开鱼塘 130 亩，再加上原有老河进行养鱼，共计 300 多亩。1978 年成立了北圩大队渔业队，队长杨汉兴、杨阿进，养鱼人数达 60 人，将鱼池人员分成几组，承包管理，年终春节前发给全大队村民每人鲢鱼 2 斤，对逢年过节遇事的村民照顾一定数量的青鱼、草鱼食用。沈三昌、曹正兴等不少村民成了养鱼专业户。

高家尖生产队利用天然的河道养鱼，每年冬至干河，将鱼分给村民食用。家庭联产承包以后，斜江河鱼池先后分包给高耀泉、高荣培、高惠兴、高建兴承包养殖，取得了较好的收益。大多数生产队在春节前分鱼给村民。

2000年后，随着鱼池土地的复耕，鱼池越来越少，养鱼的人数逐渐减少。

第四节　农事与农活

一、二十四节气与农事

春雨惊春清谷天，夏满芒夏暑相连。

秋处露秋寒霜降，冬雪雪冬小大寒。

二十四节气是以黄河流域的气候特点为依据而形成的，是农事耕作的主要时令依据。“人误地一时，地误人一年”，是说常年的农事活动与二十四节气息息相关。

（一）春季的节气

立春　每年2月4日或5日交节（月、日均为公历，后同）。

“立春”是二十四节气的首节，是气温寒暖的转折点。“春冷冻煞老牛精”，立春节气后冷空气依然活跃，经常有寒潮南下，大风降温，是这段时间的气候特点。立春日正值“六九”，大地复苏，百草回芽，一般过了正月十五“元宵节”后就着手春耕备耕。

雨水　每年2月19日前后交节。

“雨水”表示两层意思：一是天气回暖，降雨量逐步增多；二是在降雨的形式上雪逐渐少了，雨逐渐多了。有谚语：“雨水下了雨，阴阴沉沉到谷雨。”适量的春雨有利于夏熟作物的生长，但连绵阴雨会带来渍害。

主要农事：

1. 麦田施好返青肥，做好清沟排水，防治草害和渍害。
2. 开好灰潭，积肥，挑河泥，为水稻备肥。
3. 秧田耕翻，为育秧早做准备。
4. 桑田果园中除草，修条剪枝，施好有机肥。

惊蛰 每年3月5日或6日交节。

“蛰”是“藏”的意思。有民谚：“惊蛰麦直， 蛇虫百脚开食。”惊蛰的意思是天气回暖，土壤解冻，春雷始鸣，惊醒了蛰伏于地下冬眠的昆虫。我国各地春雷始鸣出现的时间各不相同，“惊蛰始雷”的说法正好吻合长江流域的气象特征。惊蛰节气，冬小麦进入拔节孕穗期。“尺麦吃勿得寸水”，这时麦田不能有积水，否则要烂麦根。惊蛰节气春耕备耕进入实质性阶段。

主要农事：

1. 做好麦田清沟，做到雨停田干。“麦田红花草须排水，开沟清渠最要紧”。

2. 做第一次灰，即将入潭的河泥挖出，再加水把河泥分层搅拌成泥浆。目的是让柴草河泥进一步腐烂，为下一次沤肥做准备。

3. 加固田岸，即田中的田埂加宽加高加固。目的：一是便于耕作行走；二是为了种水稻做好防渗水、防漏水工作。

4. 做好育春蚕的准备工作，消毒蚕室及蚕台、蚕匾等用具。

5. 植树造林（我国每年3月12日为植树节）。

春分 每年3月20日或21日交节。

“春分昼夜二相平”。一是指 24小时白天和夜里平分，各12小时；二是古代以“立春”至“立夏”前为春季，春分正好是春季3个月之中，平分了春季。春分时节，是一年中升温速度最快的时段，天气回暖进程加速。

主要农事：

1. 小麦做好防病治虫工作。

2. 晾晒稻种。

3. 建立共育室，培育好蚁蚕。

4. 做好农田小型水利维护工作。

清明 每年4月5日或6日交节。

“清明断雪”。严寒已去，天气清澈明朗，万物欣欣向荣。清明是传统的“祭祀祖先，追思先古”的日子，现今国家定清明节为“国定假”。这段时间雨水最多，利于作物生长。

主要农事：

1. 做好麦田的田间管理，防止病虫害。

2. “植树造林，莫过清明”，清明是植树造林的最佳时期。

3. 茄子、长豆、番茄、黄瓜、丝瓜、苋菜等蔬菜开始移植和播种。

谷雨 每年4月20日或21日交节。

“谷雨断霜”。谷雨节气天气暖和，雨水明显增多，对谷类作物生长发育关系很大。

主要农事：

1. 秧田翻揭，做好水稻播种准备。

2. 培育春蚕。“谷雨三朝蚕头白”，意思是谷雨期春蚕已经头眠了。

3. 做好小麦病虫害防治工作。

4. 麦田清沟排水。田内沟、田外沟，沟沟相通。

（二）夏季的节气

立夏 每年5月5日或6日交节。

“立夏”作为夏季的开始，气温明显升高，雷雨增多。但要到“小满”后日平均气温在22℃以上，才真正入夏。

主要农事：

1. 精做秧田，稀播育壮秧。俗话说：“秧好半熟稻”。

2. 培育春蚕，绞好草龙，扎好山帚。俗话说：“蚕老一歇，麦老一日，蚕老麦黄，一歇辰光。”“立夏”春蚕已三眠了，男劳力忙着绞草龙、扎山帚，准备春蚕上“山”结茧。

3. 做第二次灰。将灰潭里第一次做的灰起出，然后分层加红花草、猪羊灰、蚕豆萁等与河泥用水搅拌，使其成为沤制腐熟的草塘泥。

小满 每年5月21日或22日交节。

小满节气，气温由暖变热，降水更多。民谚：“小满大满江河满。”要及早提防旱梅出现，做好防汛。这时夏熟作物籽粒开始成熟收割。“小满枇杷黄，夏至杨梅红。”

北圩大队抢收小麦 （1978年5月摄）

主要农事：

1. 及时收割小麦、油菜。

2. 培育壮秧，施好肥，治好虫。

3. 做好春蚕上“山” 工作。

芒种 每年6月6日或7日交节。

“芒” 指麦类有芒等作物收获，“种”指谷黍类秋熟作物的播种。芒种是谷黍类秋熟作物播种最繁忙的季节，也就是人们常说的“夏收夏种”大忙季节。

主要农事：

1. 抢耕农田，又叫“转田”“锄麦山”，抢晴天“晒白” （指土块翻身在骄阳下曝晒）。

2. 水稻插秧。

3. 黄豆等豆类作物插种，“芒种芒种，样样要种”。

夏至 每年6月21日或22日交节。

“夏至”这天，太阳直射北回归线，北半球的白昼最长，且越往北越长。夏至以后，阳光直射地面的位置南移，北半球的白昼逐渐缩短。夏至当天为年中白天最长的一天。

“夏至三庚便起伏”。小暑后第一个庚日是起伏。初伏10天，中伏（正伏、大伏） 10天或20天，立秋后第一个庚日是末伏的第一天， 10天后出伏。所以“三伏”有30天或是40天，是一年中最热的时期。

主要农事：

1. 结束插秧。

2. 抓好水稻中耕除草。

3. 施好水稻追肥，防治病虫害工作。

小暑 每年7月7日或8日交节。

“暑”表示炎热的意思。“小暑大暑，上蒸下煮”，形容天气进入蒸煮模式。小暑期间的温度高低，主要取决于梅雨期的长短。梅雨结束，盛夏开始，进入旱伏期。早结束早热，晚结束晚热。这时人们开始下河滗冷浴了。

主要农事：

1. 水稻施好追肥，耥好稻，开始搁稻（烤田）。

2. 抓好水稻防治病虫害。

3. 黄豆、山芋等旱作物中耕除草。

大暑　每年7月23日或24日交节。

大暑正值中伏前后，是一年中最热的时期，气温最高，农作物生长进入旺盛期。天气炎热，正是水稻长粗的最佳时期。这期间也是旱、涝、风灾的频发期，抗旱排涝、防台风及田间管理任务十分繁重。

主要农事：

1. 做好水稻田间管理，耘好稻，施好长粗肥，及时做好搁田还水。

2. 旱地作物中耕除草（白菜、萝卜、青菜、大蒜等蔬菜准备下种）。

（三）秋季的节气

立秋　每年8月7日或8日交节。

立秋一般预示着炎热的夏天即将过去，秋天即将来临。这时气温依然是夏天。总的天气趋势逐渐转凉。立秋后，秋熟作物进入重要生长发育期。

主要农事：

1. 看苗施好水稻穗肥，抓好水稻防治病虫害。

2. 旱地蔬菜作物开始下种。

处暑　每年8月23日或24日交节。

处暑节气，白天气温较高，常表现为闷热状态。“处暑处暑，热煞老鼠。”但总的来说，北方冷空气不断南下，气温下降逐渐明显，日夜温差拉大，表现为昼热夜凉，对农作物体内干物质的形成和积累十分有利。水稻处于孕穗期，做好肥、水管理尤其重要。处暑的雨对旱地豆类、薯类等作物干物质形成也极为有利。

主要农事：

1. 防治水稻病虫害。

2. 做好水稻水浆管理。

3. 开始堆积农家肥，为秋播积聚基肥。

4. 做好秋冬蔬菜作物播种与管理。

白露　每年9月7日或8日交节。

白露节气，昼夜温差大，夜里草木上可见到白色的露水。这时炎夏已逝，暑气渐消，秋高气爽，云淡风轻。白露节气，正是水稻抽穗扬花期。夜寒白热，对水稻灌浆十分有利。

主要农事：

1. 做好水稻水浆管理，薄水勤灌。

2. 做好油菜播种工作。

秋分　每年9月22日或23日交节。

秋分的意思有二：一是24小时昼夜平分，各12小时，“秋分昼夜二相平”；二是按古代立春、立夏、立秋、立冬为四季的季节划分，秋分节气居秋季90天之中，平分了秋季。日平均气温在22℃以下。秋风后冷空气越来越活跃。“一场秋雨一场凉”，是这个节气的特征。秋分节气水稻进入灌浆结实阶段。

主要农事：

1. 管好水稻水浆。

2. 防治水稻病虫害。

3. 结束油菜播种，培育壮苗。

4. 红花草播种。

5. 利用空闲时间，疏通河道，整修水渠，为秋收做准备。

寒露　每年10月8日或9日交节。

“寒露”的意思是气温比白露时更低，地面的露水更冷，快要凝结成霜了。所以说“寒露脚不露”。寒露以后北方冷空气有一定势力，大部分地区处在冷高压控制之下，雨季结束。“寒露无青稻。”水稻已趋成熟，收割即在眼前。

主要农事：

1. 水稻田保持湿润，干干湿湿到成熟，注意不要过早断水。

2. 油菜开始移栽。

霜降　每年10月23日或24日交节。

霜降节气，夜里越来越冷，露水凝结成霜（无锡地区霜降节气一般不下霜）。“霜降一齐倒”，意指水稻成熟，开始收割。其他秋熟作物都到了收获的时节。

主要农事：

1. 做好套播麦播种，完成旱田油菜移栽。

2. 收割水稻。

3. 及时播种蚕豆等夏熟作物。

（四）冬季的节气

立冬　每年11月7日或8日交节。

我国古代习惯以“立冬”为冬季开始。按气象学划分标准，秋后平均气温连续5天降到10℃以下为冬季，降温的头天即为冬季的开始。

主要农事：

1. 水稻收割，颗粒归仓。

2. 抢种三麦。

3. 稻田抢栽油菜。

4. 豆类、薯类等旱地作物收获。

北幢社员在种麦　（1972年10月摄）

小雪　每年11月23日或24日交节。

小雪节气气候逐渐变冷，下雨而为寒气所侵，故凝而为雪。无锡地区小雪节气罕见有雪。

主要农事：

1. 继续开好麦田沟、油菜沟，使田内沟、田外沟相通。

2. 加强夏熟作物田间管理，及时施肥。

3. 做好粮食归仓，稻柴堆放好，有老话说：“稻上场、柴资子、米腾囤，一年农活告结。”

4. 根据田间墒情及时喷洒除草剂。

大雪　每年12月7日或8日交节。

大雪节气，气候更冷，下雪天气明显增多，雪量也随之增大。无锡地区下雪年份较少。

主要农事：

1. 施好小麦、油菜腊肥，壅根（方言，用土把小麦的根护好）防冻，确保安全越冬。

2. 清理田内沟、渠，确保沟渠相通，雨停田干。

3. 安排农船罱河泥积肥，为下年度水稻种植做准备。

4. 继续看天施好三麦、油菜除草剂。

冬至 每年12月21日或22日交节。

冬至日，太阳直射南回归线，北半球白昼最短，夜里最长。“过了冬至节，日里一日长一日。”“晴到冬至落到年”“干净冬至邋遢年”，意指冬至前天气持续晴好，到农历年底必有连续阴雨，印证了“久旱必有久雨”的规律。冬至作为我国的传统节日，有“冬至大如年”的说法。冬至还有祭祖的习俗：“清明扫墓，冬至祭祖。”“冬至起九”，冬至日是第一“九”的首日，预示着冬天正式开始走向“数九”严寒。冬至是公历年最后一个节气。

主要农事：

1. 小麦进入三叶期，锄好麦光安全越冬（压麦）。
2. 油菜田掘好沟，壅好根，施好肥，安全越冬。
3. 罱河泥积肥。

小寒 每年1月5日或6日交节。

一般“小寒”节气天气已经很冷。“小寒”一过，就进入“出门冰上走”的“三九”天了。无锡地区以1月的平均气温最低。

大寒 每年1月20日前后交节。

一般“大寒”节气是一年中最冷的时期。西北风劲吹，天气持续低温，地面冰雪不化，呈现出冰天雪地、天寒地冻的严寒景象。

进入小寒、大寒后，农活减少，主要以积肥为主，亦有安排整田平地、小型水利等工作。

二、其他农活

（一）牵砻

稻谷扬净晒干后，各户都用栈条将谷囤储起来，到冬季田间农活忙过后牵砻。砻是用一种韧性较好的树做成的，像磨一样的木笼， 有上下两爿，都凿好齿，齿成方形，中间开的齿槽为直径1厘米，呈半圆形，下半爿固定在砻床上。上爿转动时，将谷壳剥下，用风车将壳吹开，稻壳叫砻糠，米为糙米。糙米还要上板筛，把少量没有脱壳的稻谷筛出来再牵。摇板筛是一项手艺活，都由村里的老把式来做。

（二）舂米

舂米是农村妇女的家庭主活（方言，犹主要工作），是用舂臼将糙米舂成白米，也有用脚踏舂的，叫“打米”。石臼用金山石凿成，用一根树棍做成舂柱头，约 1.2 米长，上端装上圈形石帽，下端锥形处套上铁圈，双手握在上端适当处，上下用力，将石臼中的糙米冲击摩擦翻转。当糙米上的皮被擦下后，再用小筛子筛离，筛下的米皮称清糠，碎粒称糠粞，糠粞用来喂家畜。米需要白一点的可多舂几转，一般翻转用红赤豆作记号。脚踏打米的原理是一样的，只是装米的臼为木制的，底部也有一块臼形的石头，有一个木架，人站在木架上，利用杠杆作用，脚踩舂的一头，另一头有用石头压重的柱头，将糙米在臼中翻转。脚踏打米比用手舂米要省力一些，且一次可以加工 40 公斤左右，石臼只能 7.5 公斤左右。但农村石臼较多，打米的架子较少。1956 年，农村开始有了碾米机，人工舂米的情况才慢慢减少。后来，村里有了粮饲加工厂，舂米退出村民的生活。

（三）牵磨

牵磨就是把米、麦磨成粉，做成糕、团、饼之类的食品。磨是用金山石凿成的。农村的石磨很多，差不多几家就有一部，最小的叫“悠磨”，只需一个人单手摇转。“悠磨”一般用来加工水磨粉或豆浆。较大的石磨直径在 60 厘米左右，需两人以上才可操作。磨粉时一人用磨夯牵转，另一人“喂磨”，有时两个人牵，也有在磨夯上再搭上一个小夯，三个人牵的。磨夯是用树杈做成的，用绳子吊在房屋的横梁上，磨下的粉用深匾盛装，经过用绢做成的绷筛将粉筛下，粗的再牵，直至将粉磨到剩一点“粉头”。 磨粉时需将米淘洗，并加入一定的糯米，增加糯性。

小麦需淘洗，再晒干，将麦在磨中直接牵成粉，第一遍牵下的叫头遍粉，比较白净，用以摇面或做饼，吃口好。二遍粉或三遍粉就差了，因粉中已含有一定的麦麸皮，其颜色也黄了。筛下的麦麸，困难的家庭也把它做饼吃，名曰“麸皮饼”。村里有了磨粉厂后就不再牵磨了。

（四）晾水稻

晾水稻是圩田地区一个特别的农活。众所周知，杨家圩是闻名的低洼圩区，北圩村则是杨家圩区中的一个村落，水田约有 1760 亩。

早年，圩区耕田地势偏低，加上设有排涝设施，内河水位无法下降，致使耕田积水，特别是夏秋季节，水患频发，种植的水稻长期泡在水中。至稻麦发黄秋收时节，田间仍积水过脚板，水稻无法收割。面对水害，智慧的先祖们在无奈之下却想出了特别的办法，就是在水田内架起“桥扦”，把水稻晾在竹竿上，被称为“晾水稻”。

所谓桥扦，是用三根竹竿扎成三脚撑，地方话叫“三走”。把两个“三走”扦在田内，再用一根较粗长的竹竿横在“三走”上，然后将捆好的水稻晾在竹竿上，让太阳暴晒而干。可是在江南地区竹资源十分稀少，无处有竹头购买。经四方打听，在苏北靖江农村有此园竹，竿虽不粗，但内质厚，韧劲好，不易裂断。于是，村民们合伙租了木船至靖江采购。竹子买回来后，农民将竹子分档，粗长的竹头当作横杆，稍细的按尺寸锯断，以三根一档扎结成“三脚撑”。三角撑的扎结却有讲究，一是绳必须要用麻绳，它不但牢固，还耐水不易腐烂；二是扎结要双圈活结，不能绕死，否则竹竿不易撑开。

晾水稻是个烦琐吃苦的农活。收割开始后，往往是全家出动，挑的挑，掮的掮，背的背，不但要挑“桥扦”，还要掮横杆，有的要背菱桶，有的要提长凳，这些工具是在收割水稻时放水稻的。下田以后，要先搭好“桥扦”，然后开始收割稻子。割下的稻把放在木桶内，然后按数量捆好，并逐个将水稻中间掰开晾在横杆上。每根横杆一般晾上二三十个稻子，晾多了，横杆会倒下或被折断。稻子晾好以后，晴天时晾5～8天就可以收单上场，阴雨天则要十天半个月，因“桥扦”数量少，周转缓慢，秋收时间必将延长。对于农田较多的农户，秋收的时间则更长了。水稻收完以后，还要将“桥扦”竹头洗刷干净、晒干，然后放置在阁上，以便来年再用。

中华人民共和国成立以后，在共产党领导下，加强了农田水利建设。特别是在1970年以后，前洲制定了农田水利大规划，实行了大联圩，在圩区周围分别建了排涝站，设置了大动力排水设备。秋收前夕，开动机器排水，降低内河水位，圩区水田随即开缺排水。到水稻收割时，田极干燥，干起活来旱手旱脚，割下的稻子晒满田里，易于收干。从此，晾水稻的农活成了历史的记忆。

（五）绞草绳、绞毛龙

三退缩是莳秧、绞草绳、固田岸。

“仓库传出打柴声，雨天夜晚绞草绳；一人摇转绞绳机，三人纺股同步退。腹挂转钩顺手转，狗头棒槌泾渭分；随手妙结绳一条，瞬间草绳一捆捆。”这民谣说的就是绞草绳。绞绳要四个人合作才能完成。绞绳首先要选青白长稻草，删清底部黄叶，用木榔头打熟（软）。绞绳的专用工具是绳车头、转钩和有三个叉槽的芯子。绳车头是树做的 3 个通过手摇后既能同时转动又可单独转动的老式工具，固定在长凳上。绞绳时一人坐在凳上摇动绳车头，三人分别在车头的桩头扎钩上用稻草各自向后在手心放单股绳，当绳变细时不时地添稻草。绳在手心中转旋添稻草时，必须将稻草头卷在绳芯当中，否则稻草头露在外边变得毛躁、不光洁，影响绳的使用。三人边放边退，当到 4 米左右时即停止。一般的单股绳都是右旋，接着由一人将三股绳用转钩钩在一起，转钩另一端钩在自己腰带上向左摇转，另一人则用硬树做成三叉形的芯子夹在三股绳中间，使绳绞合成一根，到头时再将绳头扣成结，便成了一根草绳，备作收割时捆稻用。草绳是农耕时代除收割外很重要的用具，既便利又不花钱。绞绳是农村男子必须掌握的农活，是农活“三缩退”之一。

固田岸是用铁耙岔泥踏实，再用铁锹抹泥加固田岸，隔住田间来水和农田作业的行走。

绞毛龙：毛龙是蚕“上山”结茧的主要载具。绞毛龙时先把清白的稻草用四齿草耙头去掉根部老叶，铡成约 0.3 米长的草段。然后两人用绳叉头转钩放一条数米长的单股草绳，将其中间套在地桩上折成两条，把铡好的草段均匀地铺在两绳中间，这时一人将转钩扎在腰上，转钩的另一头钩住两个绳头，开始与放绳时的反方向摇转转钩，另一人用手按住草段慢慢地向后退。随着转钩的摇转，一条毛龙就完成了。

（六）摇船、撑船

所谓摇船就是行船技艺。旧时无锡地区河网密布，船是主要的交通运输工具。小型船是用橹在河里摇动划水推动前进的。摇船前行，用橹按在船艄，向左划水。船要转弯时，向左用力叫扳艄，向右用力叫推艄，船前行转变动力依靠人工。随着交通运输的发展，摇船技术逐渐淘汰。

撑船是大货船在风力较小或无风时，撑船人在船头沿船舷落篙，用肩膀顶住篙梢向船后走，当人走到船尾时再拔出竹篙走向船头下篙，周而复始，一篙一篙将船硬推着前行。大的河道河岸上都有纤路，背纤人背上的绳连着船，背纤人弯腰一步一步拖着船前进。

船上都有篷帆，遇到顺风时升起篷帆，船就乘风破浪前行，撑船人集中注意力掌好舵，船就“一帆风顺”了。

第五节　现代家庭农场

惠山区新美家庭农场　（杨汉民 2023 年 5 月摄）

进入 21 世纪后，有些村民以开办家庭农场的方式承包土地，种植西瓜、草莓、葡萄、小南瓜等。2007 年开始种植草莓和小南瓜的新美家庭农场，至 2020 年已经是种养特色明显，品牌口碑良好，集休闲观光、科普教育功能于一体的综合型生态农场。农场现有面积 188 亩，其中标准钢架大棚 120 亩，连栋温室大棚 60 亩，其余为露地种植。农场内实行“一区一品、分区运作、立体种植、美观高效”的栽培方案。农场现有蜜橘标准化种植区 30 亩、葡萄标准化种植区 15 亩，以及贝贝小南瓜、小皇冠西瓜、红颜草莓、小番茄、梨、桃、橘等瓜果轮作种植区 120 亩。农场所有产品均秉承绿色标准生产种植，连年被列为科技入户示范户。

贝贝小南瓜　（臧兴良 2007 年 6 月摄）

农场种植的“孙丰”牌贝贝小南瓜是迷你南瓜的特优品种之一，其营养价值很高，口味特佳，肉质致密细腻，粉质多，美味可口，深受市民欢迎。每年5月至10月上市销售，连年供不应求。

他们种植的奶油草莓每颗可以长到30～80克，不仅个头大，甜度也大大超过普通草莓。10多年来，前洲种植草莓大户以其独特的技术和经验，保持了草莓的绿色有机栽培生产，产量从1200公斤/亩提高到了1500公斤/亩。奶油草莓采摘期较长，从11月可持续到来年的5月。惠洲瓜果生态园内种植草莓15亩，产量可达22500公斤。“惠洲”牌奶油草莓施生物有机肥，健康无污染，以其颜色鲜亮、甜香浓郁、致密多汁、风味极佳，深受周边消费者的欢迎。

红颜草莓　（2023年5月摄）

葡萄　（2007年6月摄）

小番茄　（2023年5月摄）

第九章　工　业

农耕社会，农民只是填饱了肚子，顺其自然维生度日。直至20世纪六七十年代，农村才有了工业的萌芽，给农民致富带来了希望。北幢村村办工业起步较早，但步履缓慢。原因是思想上受到了束缚，手脚放不开，在建办工业时缺乏资金，没有厂房，没有门路，只能是小打小闹。十一届三中全会以后，实行了市场经济，解放了思想，放开了手脚，兴起了大办工业的热潮。从不断探索到不断成功、不断发展，农村工业真正踏上了快车道，为农民致富找到了光明之路。工业兴、百姓富、农村美，成了大家的共鸣。

第一节　北圩村工业概览

一、探索起步

1953年，北圩村办起了起重队，工人有季德生、卫度南、卫二南等。他们土法上马，边学边干，后来成了起重作业的技术骨干，为起重队的发展奠定了基础。季德生、卫二南二人被选派到中国援助坦桑尼亚的建设队伍，参与了尼罗河大桥的建造。回国后，季德生被分配到无锡县化肥厂工作，卫二南被分配到浙江输变电所工作。卫度南也被分配到江苏输变电所工作。

1963年，后马路19队的村民朱湧生、朱荣金、朱荣泉购买轧米机1台，开办19队粮饲加工厂，进行粮食加工，当时设在朱湧生家，1964年搬入朱茂荣家。1965年，由季听荣负责的粮饲加工厂联办在朱巷福慧庵吴兴祚祠内，有轧米机2台、打糠车1台、钢磨机1台，还有麦片机1台。同时办起了山芋淀粉加工场，依靠锡澄运河船运方便，生意特别兴隆，安排了好多北圩大队的劳动力，增加了集体收入，增加了社员的收入。

1968年，吴巷老七队在尚书庙开办螺丝攻厂，吴祥宝负责，聘用下放工人章炳良、章伯荣为技术工人。吴月章负责在尚书庙内开办村铸件厂。年内，螺丝攻厂、铸件厂被前洲公社接管为社办企业。

1969年，大队重新组建了北圩起重队，季锡庆、吴云生为负责人，技术骨干是季德生、季坤清，工人有杨汉章、吴桂良等。主要承接地方企业大型设备的转运和吊装业务，也为村民吊运建造私房的建筑材料。

1969年，吴才兴、季听荣负责在章巷10间头新房内开办大队农机厂（修理五金配件）。1975年搬迁至尚书庙，增办了铸件车间、塑料网车间。章伯荣、季听荣自己动手造冲压机，为塑料网车间快速高效的生产工艺提供了技术支持。

1976年，吴才兴、朱寿福聘请上海师傅在尚书庙内开办了汽车修理厂，厂名为“无锡县汽车大修厂”。在当地的汽车修理行业中，该厂开办时间早、技术好，为当地的汽车运输作过贡献。

1984年，委派吴才兴、朱寿福、朱国平等人负责在杨撑渡磷肥厂内开办汽车改装厂，注册商标555，采购汽车底盘及其他设备零件，共组装了20多辆汽车。

1974年11月，位于北圩村的磷肥厂、水泥预制品场等社办企业下放给大队，成为队办厂，吴云生、杨正泉、吴才兴负责接管。1978年，磷肥厂搬至杨撑渡北大湾头，由杨正泉、章全法负责基建，厂名为无锡县磷肥厂。新厂规模较大，实行了电气化生产，磷肥产量大幅提高。依靠锡澄运河便利的运输，产品销往大江南北。

二、发展壮大

十一届三中全会后实行市场经济，乡镇工业发展如虎添翼，村办企业与大企业实行联营。1980年，吴才兴、朱荣金在吴巷排涝站创办针织纱厂，后搬入朱巷原北圩小学内；1984年，与无锡市羊毛衫厂联营，厂名为“无锡市羊毛衫厂前洲分厂”，厂长为朱荣金，有横机25台，生产羊毛衫、腈纶衫。同年，吴才兴、李龙才在尚书庙开纺织配件厂，生产定型机、平洗机、举式轮占机。

1983年，吴兴苟、吴才兴、李龙才负责开办前洲往复泵厂，聘请上海师傅到前洲往复泵厂工作，负责往复泵的制造技术，生产往复泵、清洗泵、清洗机。当年投入15万元，招收职工104人，年销售达到110万元。该产品科技含量高，几十年过去，市场潜力仍然很大，衍生了一批村级企业。

1983年，北圩村与无锡县公安局联办锡安印刷厂，位于朱巷的原北圩小学校舍改建为厂房，厂长是吴才茵。

1983年初，村委会委派吴兴苟、吴浩良、季惠明、杨金春在杨撑渡筹建北圩剪板厂，当年与前洲镇建筑公司合营，任命吴浩良为厂长。1984年上半年与上海第三钢厂联合经营，厂名为“三前轧钢厂”，吴兴苟为厂长，副厂长由上钢三厂委派，负责生产、经营、财务及原料采购。招收职工380人，返聘退休的工人师傅在工作上“传帮带”，培训工人学技术。生产Φ12普钢、螺纹钢。当年投入资产（主要是上钢三厂）233万元，销售收入356万元。三前轧钢厂的建设创造了较大的社会效益和经济效益，村级经济有了较大的发展。1986年，三前轧钢厂进行翻建改造。

1984年，北圩村成立工业供销经理部。1985年，村委会安排杨素林在田祠堂内开办彩印厂，下半年搬入尚书庙新厂房内，业务是彩印纸塑印刷、制铅字。

1988年，在尚书庙新建电焊条厂。

1990年，在吴兴苟、季金林的校友任华兴的帮助下，北圩村建办了无锡前洲无缝钢管厂，任命沈建平为厂长，季金裕、吴立平负责生产。

1992年，北圩村级收入超过亿元，无锡县人民政府授予亿元村、明星村铜牌。1992年8月18日的《人民日报》进行了报道。

1993年，委派杨志明、杨金春负责建办金鑫钢厂。建有一个制氧车间、两只2.5吨的电炉。

1993年，为保证村内的工业用电，建造了3.5万伏变电所。

1994年，丁建文建办了无锡生物工程有限公司。

1998年，王玲（新加坡籍）到北幢村创办外资企业“无锡前兴钢铁有限公司”，2002年在堰玉公路北侧章巷建办新厂，年销售收入2亿多元。

1971—1983 年北圩大队企业基本情况表

表 9-1-1 单位：万元

年 份	职工人数（人）	工业总产值	净利润总额	大队基金		全年工资总额	上缴税款
				固定资产	流动资金		
1971	29	7.34	0.12	0.61		0.28	
1972	70	3.21	0.12	1.61	0.65	1.03	
1973	55	3.13	0.56	1.61		1.36	
1974	23	15.74	0.74	1.64		0.62	
1975	135	26.17	10.01	8.98	4.37	4.66	2.20
1976	129	35.86	15.13	14.80	5.21	5.58	1.76
1977	130	55.41	23.22	15.20	5.22	7.40	3.11
1978	167	65.37	20.37	20.37	9.12	8.41	4.68
1979	152	79.43	24.01				3.51
1980	219	95.05	25.55	34.03		11.42	2.90
1981	220	95.47	5.77	37.75	6.62	15.11	6.24
1982	423	206.00	28.57	72.18	38.98	22.21	7.13
1983	540	210.41	44.57	90.40	40.47	29.76	8.51

1978 年、1983 年、1995 年北圩村经济情况表

表 9-1-2

项目 \ 年份	1978	1983	1995
工业产值（万元）	65.37	210.41	10024
农业产值（万元）	41.83	51.68	330
上缴税金（万元）	6.68	10.85	183
务工人数（人）	167	540	1460
务农人数（人）	810	650	100
副业人数（人）	58	80	20
人均年收入（元）	135.6	496.8	4024

三、企业转制

村党支部清醒认识到村级经济要取得进一步发展，必须对集体企业进行产权制度改革，使企业的所有权、经营权统一，做到政企分开，企业自主。经营自负盈亏，激发企业的活力。

1997年开始，村党支部首先把无锡金化生物工程有限公司转制给丁建文，前洲往复泵厂转制给朱志仁，原村农机厂（铸造车间）转制给无锡市小阿林、吴兴祥，后转给吴胜志。1998年支部换届选举后，新一届支部对前兴钢铁有限公司的外资企业土地进行转制。1999年8月，锡安印刷厂转制给杨建清。1999年10月，无缝钢管厂转给季金裕，2000年又转给吴其平。1999年，北圩小学、幼儿园及操场转卖给高如明。2000年，原汽修厂土地转给边文阳。2010年村将无锡裕盛压延有限公司的厂房租给无锡市锦翔制造有限公司。2011年将原村经理部卖给河海公司。2011年金鑫钢厂办公楼拍卖给江苏国华物流有限公司无锡分公司。2000年金鑫钢厂的厂房租给朱国平办前洲镀锌厂，前洲镀锌厂小车间转让给邹晓明开办顺天镀锌厂，前洲镀锌厂部分场地转租给莫晓东创办前丰镀锌厂。企业转制基本结束。

企业转制在镇党委和镇政府的直接领导下进行，村党支部成立领导小组，村书记为组长，村“两委”主要干部为组员，镇经管办进行具体指导，首先由镇经营管理办公室委托有资质的机构进行资产评估，然后与企业厂长商讨确定转制方案，拟定转制合同，经转制小组反复讨论定案，村委会主任和企业经营者签字，经过前洲镇人民政府的批准和公证处公证，工商局注册成为私人企业。

企业转制的关键是摸清家底，确定企业净资产，各转制企业的会计提供资产和负债的明细清单。村转制领导小组对清单、账目详细审核、内外调查、多方倾听员工意见，为评估公司提供详细情况。村党支部坚持公开、公正、公平的原则，阳光操作，集体决策，严格按上级工作程序进行，为有利企业的后续发展，原有企业基本上是原经营者接收，有的公开招标、拍卖、决定经营者、转制工作顺利进行，为村级经济更快发展奠定了坚实基础。

四、再上台阶

企业转制后，权责利更加明确，企业经营者的积极性更加高涨。吴其平成为无锡市无缝钢管有限公司经营者后，加大科技投入，注重企业质量标准。产品持续在市场上领先，销售旺盛。为保证企业职工安心工作，2002年在厂内建造了打工楼，供外来职工居住。

1999 年，北幢村杨家圩大桥堍南面的前洲汽配厂出售给边文阳。2000 年，边文阳在此创办无锡市阳光干燥设备有限公司。

2004 年，王兴瑶在村北部工业园区创办了无锡市山赢轮毂有限公司，生产的轮毂销到海外。2009 年又创建了无锡市格莱德科技有限公司。

企业转制后，经营者的经营自主权更加灵活，销售渠道更加顺畅便捷，厂房、土地利用率更高，企业效益最大化，全村经济红红火火。

第二节　石幢村工业概览

一、起步

20 世纪 60 年代中期，石幢大队在“以粮为纲”的方针指引下，粮食产量大幅增收，但副业生产基本上丢了，把原有种蔬菜、桑地以及养鱼的鱼塘都改成种植粮食。特别是在 1966 年号召全面种植“双三制”的情况下（一年种一季麦、两季稻），农民付出了成倍劳动力，生产成本也大幅度增加，农民收入不增反降，生产大队的经济情况也相当困难。

在这样的情况下，当时石幢大队在支部书记叶仲裕带领下，认真分析了当时情况，加上在周边各大队有的已零星办起了一些小型的队办工业来弥补集体资金的不足、增加农民收入的情况出现，经认真考虑，想办法、找门路，最后在青阳人周三宝（石幢万家村人）引导下，在 1966 年 4 月办起了大队回纺厂，即土机织布厂（简称粗纺布），高林泉任厂长。当时大队没有厂房，就借用了后十四队的观音堂及十二队仓库作为队办厂厂房，并购买了轧花机三台及土织布机二十台，自行轧花织布。主要原料是新棉花加工后的下脚料，经过加工后，先由社员用手摇竹制纺纱车纺成纱线，后用织布机织成土布。回纺厂开办后，广大社员积极性相当高，每户都添置了纺纱车。在不影响生产队白天工作的情况下，主要利用晚上时间纺线。方圆十里之内的社员都来领取原料进行纺纱加工，社员增加了收入。社员深夜一点多就来排队开票领棉花回家纺纱。当时回纺纱的价格一级 0.31 元/公斤、二级 0.29 元/公斤、三级 0.26 元/公斤、四级 0.24 元/公斤。有的纺纱快手，一个晚上能纺纱 1 斤左右。就这样，社员的经济收入提高了，村级经济收入增加了。石幢大队的队办工业正式起步。

1970 年，石幢村接收了前洲抽水站的粮饲加工厂，杨云庆任厂长。主要设备有轧米机 2 台，加工稻米；粉碎机 1 台，加工稻草做猪饲料；钢磨机 1 台，加工面粉。大大方便了社员的粮饲加工，很受社员们的欢迎。

石幢的回纺厂开办的时间较长，1980 年才停办。粮饲加工厂时间更长，村企转制时才停办。这两家工厂的创办，为石幢村办工业的发展打下了基础，积累了经验。

二、发展

进入 20 世纪 70 年代后期，党的十一届三中全会召开后，石幢村党支部认真总结以往办企业的经验教训，在党支部书记高淳芳带领下，对石幢所有小厂进行改造扩建，对所有老厂房进行拆迁改造，建造了新厂房，修建了砂石马路，为工业发展铺路。20 世纪 90 年代初，进一步解放思想，拓宽工业发展思路，开办了一批新厂。先后办起了石幢纺配厂、染整设备厂、人造毛皮厂、毛纺厂、化工厂、气泵厂等有一定规模的工厂，其中毛纺厂、化工厂、纺织配件厂的年产值都要百万元以上。石幢村的工业产值最高时近亿元，上缴税收在前洲镇里也名列前茅，村民的收入同时也有很大提高。

1971—1983 年石幢大队企业基本情况表

表 9-2-1　　单位：万元

年份	职工人数（人）	工业总产值	净利润总额	大队基金		全年工资总额	上缴税款
				固定资产	流动资金		
1971	120	2.72	0.22	0.70		1.44	
1972	105	1.37	0.08	1.63		0.62	
1973	47	3.74	0.17	2.01		0.92	
1974	49	7.72	1.87	1.80		1.17	
1975	49	15.37	3.52	2.88	1.69	2.04	1.30
1976	56	17.86	4.41	6.54	1.67	2.54	1.83
1977	53	13.11	3.24	8.83	1.69	3.93	1.20
1978	53	9.63	1.55	10.86	1.68	2.86	0.57
1979	76	28.11	6.12				2.18
1980	61	90.88	14.63	17.71		7.10	4.66
1981	89	135.95	35.63	15.54	29.87	6.99	13.82
1982	121	124.00	37.86	15.78	31.30	7.53	9.52
1983	81	76.91	15.05	19.50	32.43	5.78	8.58

三、改革

进入20世纪90年代，石幢村进一步解放思想，深入改革开放，在党支部书记高建新的带领下，对所有村办企业进行改革，大胆实行企业改革，由原来的村办企业转成民营企业，进一步发挥了企业的积极性、创造性。企业改革后，石幢的民营企业迎来新的更大的发展。

21世纪初，石幢工业园区道路笔直、工厂林立、绿树成林。企业改革后，石幢村涌现出一批人才、能人，办起了许多民营企业。

如无锡市前洲鸿诚塑料五金厂、无锡市春杰废品回收有限公司、无锡井耕农技科技有限公司、无锡前洲轴瓦厂、无锡齐翔纺织有限公司、无锡搏全机械制造有限公司、无锡瑞丰机械制造厂、无锡市万里防火暖通设备厂、无锡前洲昌成塑料制品厂、无锡市美富荣机械制造有限公司、无锡市新亚持装饰布厂、无锡市筑悦建筑装饰工程有限公司，等等。

一大批新型民营企业为石幢经济发展作出了重大贡献，这些成绩都是在党的正确指引下，是在中国特色社会主义的道路上进行改革开放取得的又一重大成果。

1978年、1983年、1995年石幢村经济情况表

表9-2-2

项目＼年份	1978	1983	1995
工业产值（万元）	9.63	76.91	6024
农业产值（万元）	27.13	36.95	456
上缴税金（万元）	2.09	10.44	75
务工人数（人）	130	387	1065
务农人数（人）	740	594	30
副业人数（人）	75	41	8
人均年收入（元）	120	391.8	4162

第三节　北幢村工业

2009年10月，原北圩村和原石幢村合并为北幢村。北幢村从成立开始，工业发展就面临很多困难。一是原来北圩村工业经济比较强劲，石幢村工业经济比较薄弱，企业的土地租金上缴各自为主，上缴租金的标准不统一。二是工业经济结构不合理，环境污染较严重，治理成为发展经济的“瓶颈”。三是市场的不稳定、不确定，市场疲软，经济增长放缓，严重影响到经济的发展。全村群众对村“两委”发展经济寄予莫大的期望。北幢村到了新的转折关头，村“两委”深感责任重大，必须进行改革创新，认清形势，摸清家底，保持清醒的头脑，站上新的历史高度，谋划全局，确定目标，攻坚克难，明确抓好全村经济发展的重点和突破口，以精准服务为重点，加大科技投入，以转型升级为突破点争取全村经济高质量发展。

一、统一全村土地租金上缴标准

村“两委”对此总结了以往发展村级经济的经验，深刻认识到企业发展各项村级待遇必须一个样，企业与企业才不会攀比。上缴租金的统一为企业发展创造了良好的条件，村委会也得到发展的利益。

二、抓好环保工作

冶金行业是北幢村的重要支柱产业，是全村销售和上缴收入的主要来源，且大多集中在原北圩村，原有污水虽然经过多次改造，但排污始终不能达标。给达标排放带来重重困难，保证企业的正常生产，确保污水达标排放，始终是压在村“两委”主要领导和众企业身上的一块石头。村“两委”通过调研和思考创新思路。对原来无缝钢管厂建设的船坞进行填土整治，使原来排放污水的河道减少了4/5，企业的排污都纳入了自管的范围。村委组织企业拆除所有燃煤导热油炉，推广使用天然气，彻底解决了燃煤产生的烟气污染，同时对全村所有生产生活污水进行接入排污管道处置。

三、抓好安全工作

人的生命安全是我们赖以发展的保障，人民至上，生命至上是实现美好生活的基本保证。保证生产安全，从企业到职工，安全生产是第一要务，是企业最大的效益。

对打工楼的煤气罐进行改造，打工楼现在全部用上电磁炉，对打工楼的电线进行整治改造。

四、培育人才增后劲

北幢村的村办企业从诞生至今，前后跨越了半个世纪，如何帮助企业做好传承接班，培养企业所需的各类人才，成了村“两委”会的重要工作。经过深入的调查研究，从现有企业的实际出发，与企业主反复商量后续人才的培养，并采取措施放在关键岗位上加以历练，让他们提前适应企业的管理和经营发展的需要。

在村“两委”的关心下，北幢村一批重点骨干企业的“企二代”在父辈的身边历练成才，前洲无缝钢管厂是村重点骨干企业，原业主吴其平将经营原理全部交给其儿子吴科，无锡前洲高压泵厂卫正明交给儿子卫严冬经营等。“企二代”接过父辈的企业成为企业的掌舵人。这批“企二代”有个共同特点，学历高，视野开阔，了解科技发展前沿。村“两委”着力支持爱护这批接班人，注重与他们交流思想，鼓励他们在商海中闯荡，支持他们创新创业，使他们早日成为新一代企业家。

北幢村 2015—2020 年工业销售收入统计表

表 9-3-1　　　　单位：亿元

年　份	销 售 收 入
2015	28.4196
2016	31.69
2017	32.6
2018	59.9254
2019	61.00
2020	65.46
合　计	279.095

第四节　规模企业

一、无锡市前洲无缝钢管有限公司

法人代表吴菊，占地面积 5 万平方米，建筑面积 2000 平方米，现有固定资产 1 亿元，注册资金 820 万元，厂址在北幢村杨撑渡北，2018 年销售额为 5.42 亿元，有职工 198 人。

无锡市前洲无缝钢管有限公司创建于 1991 年，2001 年 7 月转制，由吴其平接手，2018 年企业交给其儿子吴科管理。

2000 年后，企业取得了 ISO9000 认证体系、中华人民共和国特种设备（压力管道）生产许可证、安全生产标准化三级企业、质量管理体系认证证书、环境管理体系认证证书、中华人民共和国特种设备检验、检测人员证。生产的光管已广泛应用于汽车制造配件、工程机械、石油化工、电站、锅炉设备等行业。

企业先后获得无锡市重合同守信用企业、星级职代会创建工作先进单位、经济增量突出企业、环境保护先进单位称号。

无锡市前洲无缝钢管有限公司外景

二、无锡市鑫福铸锻有限公司

无锡市鑫福铸锻有限公司（原无锡市锦祥铸锻有限公司，由无锡格莱德科技有限公司及无锡前洲无缝钢管厂兼并）创建于 2009 年 7 月，是民营股份制企业，位于北幢村杨撑渡北，紧靠锡澄运河，公司占地面积 2 万平方米。法人代表为周雷，有职工 97 人，2018 年销售额 1.63 亿元。公司拥有 10 千伏变压器 2 台，铸造生产线一条，年生产各种机械铸件 2 万吨，机械合金锻圆（包括机械零锻件）生产线 2 条，主要装备有 1600 吨自动液压快锻机 1 套，630 吨自动液压快锻机 1 套，产品畅销全国 30 多个省市。

三、无锡能之源生物科技有限公司

法人代表顾颖俊，有职工 29 人，占地面积 1.2 万平方米，2018 年销售额 2500 万元。企业创建于 2016 年，主要是将废旧木料粉碎成木屑颗粒，替代石油化工煤炭，作为企业的重要燃料。

四、无锡市前洲镀锌厂

企业法人乔成皋，有职工 50 人，占地面积 5388.5 平方米，2018 年销售额 2690 万元。主要给各种机械零配件表面镀锌。

五、无锡市顺天镀锌厂

企业法人柳洪，有职工 52 人，占地面积 6263.7 平方米，2018 年销售 7138 万元。主要给各种机械零配件的表面镀锌。

六、无锡三和热镀锌厂

企业法人钱文栋，有职工 44 人，占地面积 4700 平方米，2018 年销售额 4400 万元。该企业主要是给金属表面镀锌。

七、无锡市阳光干燥设备有限公司

坐落于中国喷雾干燥的发源地——无锡市惠山区前洲街道，公司法人代表朱红星，占地面积 5222 平方米，2018 年销售额 1635.4 万元。公司成立于 1990 年，原名锡山市前洲喷雾干燥机械厂，是国内最早生产喷雾干燥设备的专业工厂之一。设备用于化工、食品、制药、陶瓷、喷雾造粒。30 多年来，不断引进和消化国内外的先进技术，坚持科技为先导，以大专院校科研单位为依托，自

无锡市阳光干燥设备有限公司外景

我积累，逐步发展，建设成为一个产、学、研相结合的科技进步型企业，可根据物料特性及厂方要求量身定做，产品销往国内各地、台湾地区，并出口至美国、日本、澳大利亚、韩国、泰国、马来西亚、印度尼西亚、印度、伊朗、越南、菲律宾等国家。

公司生产兴旺，企业诚信经营，被评为2014年无锡市高新技术企业、国家重点学科食品科学与工程一级博士后站点、江南大学教学科研实习基地，连续三届成为江南大学食品学院董事会董事单位。2002年通过ISO9001质量管理体系认证，2012年通过德国TUV认证。

八、无锡市前洲高压泵厂

法人代表卫正明，占地面积8123平方米。专业生产三柱塞高压泵，在生产、技术和质量管理方面形成一套行之有效的质量保证体系，获环境管理体系证书、职业健康安全管理体系认证证书、质量管理体系认证证书。该厂生产产品有磷酸盐泵、浆料泵、试压泵、注水泵、液氨泵、超高压泵、水刀切割机、高压清洗机等，被评为江苏省优质产品、无锡市AAA级重合同守信用企业。

无锡市前洲高压泵厂

第十章　村庄建设

第一节　道路交通

北幢村地处江南流域水网地区，境内河道纵横，村民沿河而居。北幢所处的前洲地区，东有锡澄运河、南有万寿河、北有北塘河、西有西塘河，互通的四条河护住前洲，也给圩民的远行带来困难。20 世纪 70 年代前，境内大宗商品进出主要靠水运，小宗物资人挑肩扛走陆路。陆路多是乡间田埂、河岸小道。向东的通道是石幢大桥和三个摆渡口，20 世纪 70 年代后，境内开展大规模农田建设，开新河、填老河、筑公路，在实行农业机械化过程中拓宽道路、修桥铺路。乡镇工业发展后，对境内道路进行公路化升级、改造，水路逐渐萎缩，运送物资全靠公路。20 世纪 70 年代后通了堰玉公路，有了杨家圩大桥。90 年代有了沪宁高速公路大桥，21 世纪初，沪宁高铁途经石幢，石幢大桥改造为公路大桥。

一、道路

（一）北圩村的道路建设

北圩村地处前洲东大门的杨家圩水网地区，与外界的通行在很长一段时间内靠锡澄运河的水运。镇内、村内往外界的出行主要是靠河岸高岗，全是泥泞土路。20 世纪 40 年代，村里的有识之士和工商界人士田夏林为方便小学生上学，铺设了尚书庙到杨撑渡、朱巷卫巷到中联港的双块步石路，长约 1500 米。进入 20 世纪 60 年代中期，境内开始进行大规模的农田水利基本建设。20 世纪 70 年代以水利建设为中心，响应“前洲山河重安排”的号召，经过多年奋战，连续开新河，塞老河，削平土墩，填平池塘老河的整田平地，南北每200米开一条横河，中间新筑一条可跑拖拉机的路网框架，形成了圩区特有的道路。特别是70年代开始，堰玉公路陪河将开挖河道的泥土堆在河的南面形成了堰玉公路路基，而后有公社分派任务到堰桥西胶山运石料填筑路基，再铺上柏油形成了公路。1977年8月1日通上了公共汽车。堰玉公路经1987年、1994年、2007年的拓宽形成了双向六车道的公路。为方便各自然村的通行，1978年北圩大队还在机耕跑道上用黄砖铺设了宽1米、长800多米的道路。马路上村村民出行到大队上班、小孩上学不再走泥泞土路。

20世纪70年代开挖北圩陪河，新建由堰玉公路至杨撑渡连接石幢的南北纵向的公路，1991年又在村西新建了石洲路（拆除了田祠堂）。

1998年拓宽后的堰玉路北圩段

1992年，横贯北圩村东西的沪宁高速公路在境内建设。1999年拓宽，又拆迁了民房44间，同时纵贯南北的新长铁路在北圩村经过，征地29.877亩，为国家大交通作出了重要贡献。

2010年，为改善整个地区的交通，按无锡市政府统一规划，拆除了马路上部分民房，新筑了南北纵向的市级公路惠澄路，使交通得到了进一步改善。

（二）石幢村的道路建设

石幢村在前洲的东北角，是前洲镇最偏远的一个村。整个村庄紧靠锡澄运河，进出生产生活物资多依靠农船。历来村民出行依靠河岸田埂。20世纪前期石幢高家尖的高祖羔铺设高家尖到北七房的金山石步石路，方便村民出行。

中华人民共和国成立后，特别是20世纪70年代，前洲山河重安排，大搞兴修水利，整田平地，使农田形成格子，成方成块的粮田，新建了农用跑道方便群众出行。利用开石幢陪河的土方新筑了自北圩村杨撑渡至北七房袁巷的公路路基。当时石幢大队分派给各生产队到江阴秦望山运石料，分工包干。1984年与北圩村沟通，全村与外界交流更加顺畅。

1991年，在前洲镇政府的协调下，在村西又新建了石洲路，直接由北七房、往石幢至北圩，减少了村级公路穿村而过的危险隐患。

2000年前，村内道路高低不平，坑坑洼洼，村民反应大，意见多。村党支部和村委会想尽一切方法向上争取资金，村里挤一点资金，企业主和村民赞助点资金，全面整修路面。

2004年，在石幢村河北浇水泥路，收到捐款59929元。

2005年，河南村浇水泥路收到捐款4200元，建石幢南北桥收到捐款8500元，河亭上浇水泥路收到捐款15950元，万家村浇水泥路收到捐款37900元。高家尖浇水泥路收到捐款14600元，通过村内浇水泥路，使道路得到了硬化，给村民出行带来更多便利。

2005年，为进一步改善村巷公路坑坑洼洼的路况，村“两委”动员各企业主为自石幢至连接北圩村的公路改造捐资出力，由村委会主任主管，高志立具体监管，村负责供应材料，施工队施工，既节约了资金，又办好了实事。施工道路总面积3431平方米，其中获得赞助款24.9万元。

2007年，为了把村里的道路全部变成水泥路，村“两委”经过动员，共获得企业及个人捐款63250元。2008年，铺设村主干道路时筹得捐款249000元（详见表10-1-1）。

2008年，京沪高速铁路经过石幢村北部，境内全长1100多米。拆迁民房80多户。

2012年，惠山区建设的北环路在境内穿村而过，发展经济的硬件通道更加方便了。

（三）北幢村的道路建设

北幢村设立后，道路建设又上了新的台阶。公路四通八达，路网齐全，一律黑色路面。设有南北方向的惠澄路、东西方向的北惠路。另外，村与村之间、企业与企业之间都有公路相通，打通了“最后一公里”。国家省、市级的交通道路有新长铁路、京沪高速铁路、沪宁高速公路、惠澄大道、石洲公路、北惠路等。锡澄运河傍北幢村东侧而过，境内全长约5公里，是全村的水上交通大动脉。

2008年铺设村主干道路企业及村干部捐款一览表

表 10-1-1

企业或个人	金额（元）
无锡市前洲印花染整设备厂	10000
无锡市兴扬印花业有限公司	15000
无锡市新亚特装饰布厂	30000
无锡市润祥石化有限公司	10000
惠山区前洲新美家庭农场	20000
无锡市瑞丰机械厂	10000
无锡市欣天晟机械有限公司	20000
无锡市久泰新型建材厂	10000
无锡市前洲涂层材料厂	5000
无锡市昊宇铝制品有限公司	10000
无锡市旺达印染机械有限公司	10000
无锡市盛瑞机械有限公司	5000
无锡市安协钢材有限公司	10000
邱秀华	10000
严淑芳	15000
叶中秋	5000
李金忠	5000
杨忠	5000
徐敏	5000
姚仪	5000
况候平	5000
高小松	2000
工业气体厂	5000
高明吉	15000
高建新	1000
高玉祥	1000
顾渭舒	500
叶建忠	500
任娟	500

续表 10-1-1

企业或个人	金额（元）
王浩良	500
高群峰	500
高云	500
高皓	500
高文惠	500
薛文燕	500
叶锡峰	500
合　计	249000

二、　桥梁

北幢村紧邻锡澄运河，地处江南水乡的杨家圩，境内河道密布。新中国成立之前，境内主要桥梁有石幢大桥（又名龙寿桥）、蔡公桥、青店桥、高家尖桥、杨撑渡桥、吴巷桥等。新中国成立后，随着水利建设、道路建设，新建、改建了一批桥梁，有部分老桥废弃不用，年久坍塌拆除。

石幢大桥，又称龙寿桥、仁寿桥，清康熙年间（1662－1722 年），杨绍雍在石幢港南 100 米处建环洞步行石拱桥，横跨锡澄运河（河宽约 50 米），桥形与无锡清明桥相同，东西至桥面的步行阶各有 34 级。嘉庆六年（1801 年）重建石拱桥，1956 年建木桥，1963 年建双墩水泥桥，1979 年建水泥双曲拱桥。2000 年向南 200 米建水泥双面提篮机耕桥。2014 年再南移 300 米建六车道钢板混凝土公路大桥。

蔡公桥在石幢河通往锡澄运河的出口处，是叶茂才的学生蔡状元而建，2008 年“五改三”航道时拆除。

青店桥，石幢河中段为方便村民通行搭建的简易桥梁。

高家尖桥，锡澄运河出口处的桥梁。

1972 年 10 月竣工的杨家圩大桥

杨家圩大桥，横跨锡澄运河，连通堰

玉公路，是1972年建造的双曲拱桥。1987年拓宽公路重建为平板桥，2014年再次重建为双向六车道的钢板水泥桥。

2014年建造的杨家圩大桥　（2023年5月摄）

沪宁高速杨家圩大桥，1992年在锡澄运河北圩境内建造沪宁高速公路而建。

京沪高铁石幢桥，2008年在锡澄运河石幢境内建京沪高铁而建。

2008年所建京沪高铁石幢桥（蓝色）和2000年所建石幢桥（黄色）
（2015年2月摄）

以下的桥梁都是双曲拱桥。

磷肥厂桥，位于堰玉公路尚书庙旁桥，建杨家圩大桥时拆除。

杨家圩中心河桥，因堰玉公路经中心河而建，水泥平板桥。

堰玉公路陪河桥，自东至西，有北圩小学桥，路经石前路的北圩桥、塘村工业园的永信桥，通过马路村的大圩桥。

北圩村东陪河桥，自南向北有三洲钢厂桥、吴巷桥、尚书庙桥、5 队桥、朱巷桥、7 队桥、里扬桥、外扬桥、变电所桥、杨撑渡桥。

中心河上建有西庄桥、中心河桥、百头场桥、章巷桥、中渎桥、西南圩桥。

马路上有大圩桥、六十亩桥、中心站桥、前马路桥、后马路桥、新长铁路桥、惠澄路立交桥、吴巷村东桥，其中有前吴巷桥、后吴巷桥、田祠堂桥、章巷西北桥、东南桥。石洲路有高家尖桥、高家尖公路南桥、高家尖河南圩桥、高家尖公路北桥、新西圩桥、北惠路新西圩桥、河亭上桥、石幢村委桥、石幢小桥、石幢小学桥、河南村桥、石幢东桥、石幢西桥以及石幢厂 1 桥、2 桥、3 桥。

双曲拱桥　（2023 年 5 月摄）

随着道路、水利建设的进展，一批老桥、小桥被拆除。

三、码头

中华人民共和国成立后，无锡航运公司于锡澄运河开通了客运班轮，村内有杨家圩码头（吴公祠旁）和石幢码头。无锡出发到江阴的班轮，上午 6 点从无锡工运桥码头（无锡火车站旁）开出，8 点到杨家圩，8 点半到石幢码头。下午班轮，12 点从无锡开出，下午 2 点到杨家圩，2 点半到石幢。江阴出发到无锡的客轮，上午 6 点半从

石幢客运码头旧址　（2023 年 5 月摄）

江阴开出，9 点到石幢，9 点半到杨家圩。下午的班轮，12 点从江阴开出，下午 2 点半到石幢，3 点到杨家圩码头。乘客带的重物要打行李，即要买票。1972 年堰玉公路通车后，乘轮船的人逐年减少。1985 年，无锡至江阴的客运班轮结束了历史使命。

四、渡口

锡澄运河北幢村段有 3 个渡口，吴巷尚书庙渡口、杨撑渡渡口、高家尖渡口，是前洲和堰桥往来的主要通道，每渡每人收费 0.03 元。1972 年，锡澄运河杨家圩大桥建成后渡船停渡。

五、运输工具

1976 年 11 月北圩大队用挂机船运粮

江南水乡，河道纵横，生活在这河网地域的人们，开门见河，出门遇河。船是历代村民生产、生活的交通工具。新中国成立前，水上航运工具主要是木船，仅少数地主、富农家有木船，一般百姓买不起船，如需用船，数家农户到船厂租借使用。船设有前舱、中舱、后舱（水泥船前、后有安全舱），船上有平基（跳板），篙子、橹、橹拧头（铁制）及桅杆洞（设在前舱和中舱的横梁上），橹安在船艄的橹拧头上，摇动划水前行。摇船是农民必会使用的技能。从细的橹学起，到荡三步，摇船看似简单，其实很危险，推力不能过大，如果过大，橹拧头一脱，必落入河中，摇船用力要均匀。如遇逆风，就竖起桅杆进行背纤（纤绳沿着桅杆船的动力前行），如遇顺风就竖起桅杆升起篷帆，船就顺着风向乘风破浪

1976 年 11 月社员用手扶拖拉机交公粮

前行。1980 年起，随着工业的发展，开始使用动力机械的挂机船，大大减轻了村民的劳动强度。随着境内公路及农用道路建设的日臻完善，河道淤积日趋严重，水上农船运输逐步被路上车辆运输所代替，农船的使用结束了它的光荣历史使命。

第二节　商业配置

至民国时，石幢形成了一条门对门的商业街，街道两旁店面鳞次栉比，错落有序。在街东口，还专门建立了金山石门框，两条石条左右竖立，有常州府颁发楹联。右联上书：夜行到此停泊，左联上写：一帆风顺千里。石门框上镶着石拱，上面写着“石溪里”三个大字。

街路全是青砖铺地，两米多宽。店面林立，叶和和开了爿烟酒杂货粮油店，唐桂荣开了家卤菜小吃店，杜德明开了爿中药店，黄杏生开了家面条馄饨店，叶方宝三间门房坐南朝北，开了茶馆加赌场，叶国良则开了家医药门诊所，叶永元、王梅春都开了生面和皮子加工店，叶阿七开了豆腐百叶作坊，徐师傅开了家裁缝店。早晚时分，渔民、村民纷纷前来摆摊，人声、叫卖声响成一片，街市人头攒动，热闹非凡。兴旺的商业又带动了邻村的商业开发，河南村上开起了典当、石灰行，石中村开起了染布青店和棺材行。

1949 年新中国成立后，在国家统购统销的政策下，北圩和石幢生产大队只有前洲供销社派驻代销店。20 世纪 80 年代后期，供销社代销店逐渐淡出，北幢地区涌现出很多个体工商户，有的村民就在自己家里办起小店，经营日用品

北圩农贸市场　（唐毅 2011 年 10 月摄）

1990 年 8 月，北圩小学搬至位于吴巷堰玉公路北的新校舍，在卫巷的原校址改建为农贸市

场，村民称菜场。市场里有固定的门店、摊位，也有空余场地，提供摆放临时摊位。蔬菜、肉类、水产一应俱全，有日用品小店、理发店、五金杂货店、车行（维修摩托车、自行车）、家电维修、服装店、小吃店。

因道路建设、万顷良田建设，在拆迁置换中，一些商业设施随着村民的搬迁也就一并失去功用，或拆除或另作他用。

第三节　环保绿化

2004 年，根据惠山区提出的家河整治规划，北圩村、石幢村围绕清淤、护岸、植树、保洁的总体要求，根据村级财力逐年投入，对全村河道进行整治。北圩村对陪河经章巷、吴巷等地的河岸筑驳石岸 2000 多米，对驳好石岸的河道进行全面清淤。2004 年创建省级文明村，石幢村加快村内河道石驳岸建设，对陪河分段筑驳石岸，对石幢港全部驳石岸，实施河道清淤，筑驳石岸 2500 米。

2009 年并村后，新的村委会继续加大对村庄的环境整治，对全村各地段的河道实行河长制管理，村委会主要领导及委员都有自己的分工范围，定期检查，发现问题负责监督处理，村委会保障配备的专职人员的报酬，全面落实河面无漂浮物，无水生植物。针对河道污染源头——工业废水、农田化肥农药、居民生活污水，对工厂企业周边的排水口进行全面排查，杜绝出现泄污、渗污现象；先后对全村两个工业区的生产、生活进行大改造，接通镇级污水管网，从源头抓紧落实。指导农业种植户降低农药、化肥的使用量，搬迁不符合环保要求的养殖场，保障点源或生活污水处理设施的正常运转。村庄拆迁以后，坚持配备河道的专人承包管理，逐年加强对河道硬件的建设。先后对马塘港河两岸用木庄护岸、高家尖新河东段筑石岸、西段用木庄护岸。对全村二处居民区的河道石岸加装护栏，在河道里装增氧机、养护水生植物，改善水质，实现河道治理的目标。

2017 年起河长制管理名单：

季小军：星火东河、前马路河　　杨锡峰：十六亩河
章晓平：东陪河　　吴浩清：里扬新河
吴建伟：章巷新河
叶锡峰：石幢陪河　　薛文燕：高家尖河
叶　菲：石幢河　　任　娟：新西圩河

第十一章　收入与分配

第一节　村民收入变化

清朝年间，杨家圩（含北幢地区）聚居着万余农民。他们起早摸黑长年耕耘在这块三年荒两头、十种九不收的低洼低产田上，生活苦不堪言。清道光三年（1823 年）水灾，浮棺、骸骨到处可见。民国 15 年（1926 年）4 月 4 日《新无锡报》地方要闻载《青城市民食消息》：“北乡青城市因地势低洼，产半年不足，上年杨家圩等处又收成减色，以故该市各处之民食问题盖形恐慌。最近调查各镇粮店之营业情况，大多有出无入，且系一二升之散户者居多，其苦状可见　斑。”百余年来，土地相对集中在少数富户人家。占 85%以上人口的贫下中农，仅占有 14%的土地，而且不麦之地或低洼低产田占多数。这些土地正常年景收入无几。五口之家种几亩田，仅可勉强维持温饱。自耕田少，租田多的农户，去掉了田租之外，所剩无几，只能维持几个月的生活，其余部分只能靠出卖自己的劳力去打短工，帮长工或捕捞，饲养或纺纱织布挣钱养家糊口。1950 年前，境内的短工工资为：夏忙每日 8 升～1 斗（1 石＝10 斗，1 斗＝10 升，1 石＝75 公斤）；秋忙日 6～8 升；平时 4～5 升米。长工年工资 6 石米，仅能供夫妻俩半年以上的口粮。每遇青黄不接之际借贷黄米，秋收时本利清还，其利甚重。

在种植业收益低的情况下，境内农民为谋求生存，一面积极开展纺纱、织布、种桑养蚕、肩挑贸易、手工劳动、长途贩运等多种经营；另一方面，在沪宁铁路开通以后，人口大量流向城市，投亲靠友，打工挣钱。

新中国成立后，中共无锡县委发动农民开展减租减息。1950 年，境内进行土地改革，无田少地的农民才从根本上翻了身。但由于一家一户的个体生产，经不起自然灾害的侵袭，农民生活仍很困难，少数多子女家庭只得变卖土改分得的家具或离家远的零星土地，维持一家人的生活。1954 年 10 月起，通过互助组、农业合作化运动，提高了抗拒自然灾害的能力，调动了农民生产的积极性。又依靠集体力量平整土地、改善和兴修水利，提高了单位面积产量，全镇农业生产逐年提高。但由于政府征购任务过重，农民留粮偏低。

1954 年 8 月，国务院颁发《农村粮食统购统销暂行办法》，对农村实行“三定”（定产、定购、定销）政策，农民留粮标准提高。1956 年，由“三定”改为“以户归社”和“计划用粮，节约用粮”的政策，农民吃粮得到进一步改善。1957 年，农民人均年收入达 36.20 元。1958 年人民公社成立，全公社农业大丰收。但农村又刮起了“共产风”“浮夸风”，社员吃“大锅饭”，粮食浪费现象甚重，丰产未得到丰收。以后又遇三年困难时期。农村全面实行“食堂制”，定粮供应，至 1961 年 1 月结束。

1958 年后的三年困难时期，导致农民口粮困难，但收入还是有所提高，1958 年农民人均年收入 53.90 元，1959 年 68 元。1961 年 9 月，中共中央颁布《六十条》，农村经济得到初步恢复。1964 年农业生产全面恢复，社员口粮年人均原粮 265 公斤，比 1963 年增加 11.4%，人均年收入达 66.4 元，比 1963 年的 57.1 元增加 9.3 元。“文化大革命”时期，社会经济遭受严重破坏，农民年收入一直徘徊在 60 元左右。20 世纪 70 年代起，境内大搞水利农田建设，联圩并圩，开挖新河，增强了杨家圩防洪抗洪能力，实现了旱涝保收，提高了单位面积产量。同时，社队企业开始起步，工业收入逐年积累。以工补农，以工建农有了经济后盾。农田水利建设、农业机械化有了经济保障。

1958 年后，农村养猪、养蚕等饲养业由生产队集体经营，集体经济不断发展壮大。社员家庭养羊、养兔、饲养母猪、编织等家庭副业同时得到发展，农民家庭收入和生活稳步提高。

1970—1980 年北幢农民人均年收入统计表

表 11-1-1　　单位：元

年份	1970	1971	1972	1973	1974	1975	1976	1977	1978	1979	1980
人均收入	70.2	79	76.7	90.7	101.7	105.1	114.7	112.7	141.2	164.9	216.2

1978年起，90%以上的农户脱了贫，并且有所积累。1981年，全公社人均分配达256.15元，口粮年均分配原粮288.5公斤。全家年收入超千元以上的有1479户，占全公社总户数的15.6%。随着乡镇企业迅速发展，大批农村劳力进入了工厂，农家的经济结构发生了变化。农民忙时务农，闲时务工，并从工厂中得到比较稳定的收入。1985年，粮食亩产462.5公斤，比1970年增加71.5公斤，人均年收入达883元，比1970年提高了10.58倍。改革开放后，农民一年比一年得到了更多的实惠。

1983—1995年北幢农民人均年收入统计表

表11-1-2　　　　单位：元

年份	1983	1984	1985	1986	1987	1988	1989	1990	1991	1992	1993	1994	1995
人均收入	487	827	883	1032	1059	1148	1214	1274	1255	2305	3018	3632	4321

第二节　务农的计酬与分配方式

一、土地私有制

在长期的封建社会和半封建社会中，大量土地被少数地主、富农占有，广大贫苦农民只有少量土地。

地主以出租土地获取地租，境内地租主要是：借田（田底、田面二权属地主或业主）；租田（亦称灰肥田，田底权属地主或业主）；承种田（地主将荒田交由农民开垦耕种，一到二年不交佃租，以后双方立据契约，规定承种年限与租额）。租额也随着地租形式、时间和地区而有差异。一般借田重于租田（灰肥田）；乡村地主的地租重于居住城市的地主地租；封建统治较强的地区重于地下党活动地区；抗战前重于抗战时期；抗战时期重于抗战后。

纳租的形式主要有：谷租，也称实物租，以稻谷、小麦缴纳。折租，以实物量定租额，折合成货币缴纳。钱租，以货币计量租额。劳役地租，以一定的劳动量抵地租。

租额：在民国16年（1927年），无锡县平均租额12.4%。民国37年（1948

年），平均租额30%，而高的每亩交租1.2～1.6石，地租高达45%～60%。农民一年辛勤的劳动收入缴纳地租后，所剩甚微，有时年成不好，甚至入不敷出，生活极其困难。

（一）地租

一般每年每亩地租为3～5斗米或麦，秋熟收米，夏熟收麦。地主收租时要用风车扇、大筛筛、大斗量，仓厅常备有铁、链，常把迟缴或缴不出田租的佃户锁在仓厅庭柱上毒打，逼其退田，然后另租给他人耕种，日伪时期还有警察下乡武装联合收租。

（二）雇工

地主富农常年雇用在家的称长工，膳食由东家供给，报酬按劳力强弱、干农活质量情况发放，一般长工全年为二、三担大米，农忙季节雇用的忙工（又叫忙月），临时工叫短工，工钱以月计算，忙工、临时工的工钱略高于长工。

（三）高利贷

“一粒四”，农民在稻麦青黄不接时断炊借粮，在新粮登场时归还，借100斤要还140斤。

卖青苗，贫苦农民在青黄不接时借款，言明待稻麦登场时，以新粮折合结算，所定粮价比市场低二至三成。

利滚利，借钱者到时无力归还本利，利上加利，三年顶对（利息与本钱相等），四年转弯（利过于本）。高利贷更甚的还有“印子钱”“拆会”等。凡借高利贷者，需立契找中人担保，有的还要押上房契田单，到期无力偿还，产权属债主。另外还有典当，困难农民急需用钱，则把衣服、器具拿到当铺抵押，当铺按质论价，扣除月息（月息2分，以典当期18个月计算），后找付现金，到期不赎，需交清利息，方可延期，否则没收当头。

二、土地改革与互助合作

土地改革后，经过农业劳动互助组、农业合作社，农民在自己的土地上耕耘，粮食产量有所增加。除去上交公粮，自种自吃，生活得到改善。

三、生产队核算时期的分配

1962年，党中央吸取“大跃进”“浮夸风”引起经济失衡，带来严重社会问题的历史教训，停止“吃食堂”“大兵团作战”式的生产方式，纠正为“三级核算，队为基础”的生产队时期。当时把这个时期称为“从社会主义过渡到共产主义的过渡时期”。从1962年开始到1982年“分田”（分户承包集体土地）止，共经历了21年的生产队分配。生产队分配是那时社会形态下的一种特殊的分配方式。

（一）评工记分

生产队分配的原则是“按劳取酬”，就是按照劳动量的多少决定分配量。年终经济分配时按经上级批准的分配总金额除以全队的劳动总工分，得出每1“工”的分配单价。“工”是指标准男劳力出勤8个小时的工作量。每1“工”等于10“分”。评工记分的方法很多，最主要的评工记分办法有两种：一种是定额工。例如，割一亩田水稻得1工，每莳一亩田秧得1工2分（1.2工）。另一种叫“日头工”，平时记出勤时间，年末按共同评定各人的折率计算出实际工分。一般普通男劳力为“十折”，出勤8个小时得1工。一般普通女劳力为“七折”，每出勤8个小时得7分（0.7工）。在“农业学大寨”的时候流行“自报公议”的“大寨式评工”。还有外出劳力要交钱记工的方式，管理人员得补贴工分等多种形式的评工记分方法。

附：

石幢大队关于外出务工人员的意见

我们大队除在县、社、队厂的外出劳力外，不固定的外出人员有泥水匠、裁缝、鞋匠、手工纺织、私人搞运输、飞马牌采购员等。为了有利于发展农副业生产，有利于巩固壮大集体经济，有利于稳定农业这个基础，有利于“四统一”，把各项经济收入纳入生产队统一分配，坚定社员走“集体致富”的道路，特作如下规定。

一、定出勤天数。全年规定，男的为320天，妇女280天，采取倒扣办法进行结算。特殊情况（如因病，确实经社员公认）除外。

二、定分成。

1. 泥木、鞋匠等每天分成上交贰角。

2. 裁缝，每天分成上交壹角伍分。

3. 编织，每天分成上交伍角。

4. 豆腐坊，每天分成上交壹元。（按做的天数计算）

5. 未经生产队同意和订合同的外出人员，全年按 360 天，每天按叁元上交，生产队纳入统一收入，靠社员工分进行结算分配。

6. 以上人员口粮按生产队第一平均粮分配。（包括自带粮最多不超过同等劳力的吃粮水平）

7. 农忙阶段需服从生产队的生产安排，如果规定回队而不回队的，一律按每天上交伍元纳入生产队统一收入。

8. 上述规定必须坚决贯彻落实，如生产队徇私舞弊或放任自流，不纳入统一收入的，大队在生产队应得的以工补农、以工补副的补贴款中扣除百分之十。

石幢大队

一九八二年三月三日

（二）实物分配

生产队有实物分配和经济分配（又称现金分配）两种。实物分配主要是粮食、柴草和油菜籽的分配，每年夏季各生产队编制《粮、柴、油经济分配方案》，再据该方案编制各户的分配明细方案分配三麦（元麦、大麦、小麦）、麦草和油菜籽。每年秋季编制当年《粮食柴草决分方案》，再据该方案编制各户的分配明细方案分配稻谷和稻草。另外还有一些零星的实物分配，如生产队自产的鱼、猪肉，桑梗、菜、黄豆、蚕豆，零星实物分配一般随产随分。最重要的实物分配是粮食分配，上级关于粮食分配有严格的规定：对各生产队实行“定产、定购、定销”的“三定”政策。以全村的“三定”面积为基础，根据核定的各队前几年的平均单产和“三定”面积核定总产量、“定购”任务和“定销”任务。定购任务是“粮”，用于抵交农业税，定销任务是核定的余粮任务，粮价高于定购粮。定购任务和定销任务合称“征购任务”。实行“超产超购多吃，减产减购少吃”的分配政策。分配顺序一是要完成征购任务。二是集体（生产队）要留足种子和养猪用的饲料粮。三是社员分配粮。社员分配粮食的方法是：先按人口分基本口粮，每人每年的分配标准是：成年人 500 斤左右。各队根据粮食的多少程度有所不同：1～3 岁小孩 250 斤；4～7 岁小孩 350 斤；中学生 550～570 斤；退休职工分“三定”口粮 520 斤。四是分饲料粮，社员饲养的每一头猪分饲料粮 70 斤；社员每投 1 元钱肥料分配 1 斤粮食。五是在大队工作的干部按照核定分大队代劳粮及其他的零星分配。六是根据剩余粮食的多少程度分配劳动，每一个人工分配粮食0.6～0.88斤。全部实物分配都折价记入各户经济分配的《社员往来分户明细账》。

（三）经济分配

经济分配又称现金分配，每年夏季和年终各分配一次，实际上夏季除实物分配外，现金分配很少，每年春节前进行“决分”，决分前各生产队都要编制各生产队的《年度经济分配决分方案》，决分方案由大队审核后经前洲人民公社批准，再由各队编制各户的明细分配方案。由于当时生产水平很低，全大队有约40%的家庭不但分不到现金，还亏欠生产队现金。在这种情况下，亏欠户只有两种选择：一是交现金给生产队买回粮食，二是吃“周转粮”，就是由生产队把亏欠户应分的粮食卖给前洲“粮食管理所”，亏欠户要吃粮，出钱到粮食管理所买回粮食。如果生产队不卖周转粮，就没有足够的现金进行分配。

四、家庭联产承包责任制

关于联产承包责任制，1983年春，境内全面实行家庭联产承包责任制，北圩按人分半亩口粮田，石幢按人分0.55亩口粮田，按生产队土地多少划分劳力田，男10折，从事五匠者8折，妇女7折，每户种田有4～5处（大田与秧田分开划种）。

在户承包期间，对承包土地不准买卖、抛荒和擅自变更土地用地。产品分配实行大包干，交足国家的，剩余自己的。农户按合同完成国家征购任务、缴纳税费和机耕费、水电费后，自主分配收获的农副产品和经济收益。生产队的原有生产资料，大部分通过协商由各户保管使用。在很短时间内，把原生产队的主要集体资产分给农户。人民公社制度下基本核算单位自然解体，村委会成立农业服务站，继续为全村承包户提供农机、农技、植保、水利等统一服务。有的地方种植物由承包户自行解决。

土地分到各家各户之后，农事活动用工量大大减少，加上主要农活机械化率的提高，加上化肥、农药。除草剂的广泛普遍使用，使大批农业劳动力得到解放。一般农户除种好口粮田外，不再用心经营，外出务工或自谋出路发展非农业，出现了农田抛荒和半抛荒现象。村委因势利导，根据群众自愿，鼓励有条件的村民实行土地适度规模经营，并对规模经营的种田大户实行每斤稻谷0.20～0.30元补贴。农户重新划分劳力田。20世纪90年代后期，北圩村由于经济雄厚，为了土地建厂的方便，统一将老百姓的土地收归村委集体统一管理，发放村民 500 斤稻的补贴或每年 200 元。

全面推行家庭联产承包责任制后，在前洲乡人民政府的领导下，逐步进行了种植业结构、农业内部结构和农村生产结构的调整。

1992 年底，国家停止了施行 39 年的粮食统购统销政策。2005 年起国家全面实行农业税免缴政策，并对承包土地的农户进行粮种和粮食补贴，并对农户实行购买农机补贴。农村分配制度发生了巨大的变化。

第三节　务工的计酬与分配方式

关于石幢村民（或社员、农民）在队办（村办）、乡办（镇办）企业工作的工资收入情况，主要分两个历史时期说明，一是实行家庭联产承包责任制前，二是 1983 年春实行家庭联产承包责任制后。这两个时期农民作为企业职工的收入有质的区别。

1983 年前，乡、村企业工人的分配，“劳动在厂，分配在队”。这个阶段的工人农闲时在工厂劳动，农忙时回生产队务农。为了体现农村共同富裕的目标，只要户口在生产队的，在县办厂、社办厂、大队厂工作的社员，每月发的菜金（生活费）发给个人，工资都没有直接发到工人（农民）手中，而是转入所在生产队的账户。依据生产队同等男或女劳力靠工，如男劳力劳动一天为 1 个人工，女劳力劳动一天为 0.8 个人工。生产队年终结算时，如核算 1 个人工的报酬是 1 元，一年做了 300 工，则一年的劳动所得即是 300 元 。如果扣去生产队平时已分配的物资，年终的收入会大大少于 300 元。

实行农业家庭联产承包责任制后，由生产队统一分配改为乡、村企业与农业分配两个层次。农业分别由过去的单一集体分配，改为粮、油、饲料包干自给，统一经营部分年终找补。1983－1995 年前洲乡实行以工补农，视各村集体经济情况，农户每出售 50 公斤粮食补贴 8～80 元。乡、村企业分配，由“劳动在厂，分配在队”改为乡、村企业直接分配，与企业经济效益直接挂钩。农民收益来源，由生产队一本账，改为集体统一经营收入、承包经营收入，企事业单位直接工资收入，农民自营经济收入等方面组成。

1995 年，北幢村农民人均年收入 4321 元，在镇办、村办企业工作的职工人均年收入 6000 元。2000 年，北幢村农民人均纯收入是 5508 元，2005 年是 9110 元，2010 年是 15350 元，2015 年是 27250 元。2015 年的人均纯收入是 1995 年的 6.3 倍。

第四节　北幢村经济股份合作社

一、概况

北幢村集体经济收入主要来源于村办企业的发展和积累，经过几代人几十年的奋斗，村级企业已经形成一定的规模，不仅使大量村民就业，还为村级集体经济作出了巨大贡献。村级经济的主要来源是村内企业的土地租金、电力设备租赁费和部分厂房租金，共计有 700 多万元，这些收入成为村办收入的重要来源和福利依靠。2009 年 10 月，北幢村成立时，有 1248 户 4640 人，新成立的村委会秉持这一理念，将两村村民的福利统一标准发放。

二、成立北幢村集体经济股份合作社

通过农村集体股份制改革，把集体收益分配办法固化为制度，让村民从法律上获得保证，今后不受村人事和行政建制的变动和影响，减少村级经济的跑、冒、滴、流。根据上级有关积极推进农村集体资产股份合作制改革的指导意见。从 2014 年 9 月 30 日起决定实施股份制、保障村民长期分红收益，组建集体经济股份合作制改革，班子清理了集体资产。召开村民代表会议，制定公布《前洲街道北幢村集体经济股份合作制改革实施意见》，产生了第一届董事会。由季小军任董事长，高建新任监事会主席，聘任季小军为合作社经理，聘任薛文燕为合作社主办会计。董事会成员：季小军、高玉祥、章晓平、薛文燕、杨雪锋、冯占其、范其法、高建明、周国庆。监事会成员：高建新、王浩良、朱文亚。通过了《北幢村集体经济股份合作社章程》。

合作社成立后，每年每人股金分红 500 元，以后逐年递增（2015 年 530 元，2020 年 1000 元）。

北幢村集体经济股份合作社分红明细表

表 11-4-1　　单位：元

年份	个人金额	集体金额
2014	500	2171000
2015	500	2171000
2016	530	2300730
2017	550	2386450
2018	700	3037300
2019	900	3904200
2020	1000	4337000

附：

前洲街道北幢村集体经济股份合作社章程

第一章　总则

第一条　为了深化村集体经济体制改革，明晰村集体资产产权，充分发挥村村民对集体经济的监督作用，增强集体经济股份合作社的管理职能，提高集体经济股份合作社的市场竞争能力，确保集体资产保值增值，努力提高股民经济收益，促进经济繁荣和村建设。根据国家有关法律、法规和政策，特制订北幢村集体经济股份合作社（简称合作社）章程。

第二条　合作社是以社会主义公有制为主体的村性经济合作组织，继续依法行使村集体资产的管理权和经营权，实行独立核算、自负盈亏、民主管理、利益共享、风险共担的制度。

第三条　合作社接受北幢村党总支的领导，接受上级主管部门的指导、管理和监督，并接受全体股东的监督。

第四条　依法属于合作社所有的资源性资产、固定资产、流动资产、对外投资和其他资产，均属合作社股东所有，并受国家法律保护，任何单位和个人都不得侵占、平调和肢解。

第五条　合作社应充分发挥管理、经营、增益、理财、分配的基本职能，促进集体经济发展，不断提高股东收益，促进村公益性事业发展。

第六条　合作社所在地：无锡市惠山区前洲街道北幢村。

第二章　股份与管理

第七条　由村集体经济组织清理核实，经街道集体资产管理部门审核，村村民代表会议确认，北幢村集体经济组织的经营性净资产总额为1245万元，资产清查审计的基准日为2014年9月30日，合作社的总股本为1245万元，每股为100元，折合12.45万股。其中：集体股为498万元，折4.98万股，占总股本的40%；个人股为747万元，折合7.47万股，占总股本的60%。

第八条　按照“公正、公平、公开、合理、依法”的原则，将已经核实的村集体经营性净资产中个人股量化到人，以股权形式确定股东在合作社总股本中占有的股额。合作社按量化结果，向股东发放合作社《股权证》，股权仅作为股民获得股金红利分配的依据，不得退股和提现，可以依法转让和继承。股份一经量化和确认，实行“生不增，死不减，迁入不增，迁出不减”的办法，今后凡有家庭人口变动不作股权调整。但下列情况除外：在股份制改革之后的十年内，在未办离婚手续的情况下，招婿户中有人将户口迁回男方原籍，娶媳户中有人将户口迁回女方原籍的，经董事会决定，取消因招婿或娶媳原因获得的全部股份。办理离婚手续的，不管户籍是否迁出，取消应迁出人员的股份。对于户口举家远迁人员的股权，如本人和股权继承人一致同意，经董事会批准，可以在本社的股东内部转让。继承股权在原股权持有人逝世后方能办理，须凭生效的法律文书、经公证的协议书、遗嘱等才能办理股权过户手续。

第九条　股份中设置的集体股主要解决村委会日常的行政、社会事业性开支。集体股所有权归全体股东所有，在基层村管理模式发生变化，村委会不再需要支付日常开支时，通过股东代表大会，集体股全部转化为个人股。

第十条　村集体经济组织的资源性资产，暂不折股量化，这些资产由合作社统一管理和经营。今后征用，所得补偿费记入公积金，归合作社所有。

第三章　股东权利和义务

按照本村《集体经济股份合作制改革实施意见》的规定，有权取得股份的人员，获得合作社股权并持有股权证书，遵守合作社章程，履行股东义务和职责的，即成为本合作社股东。

第十一条　合作社股东的权利：

1. 年满16周岁的股东享有选举权和被选举权；

2. 对合作社资产管理、投资经营、收益分配的知情权；

3. 对合作社董事会及合作社经营管理活动进行监督、质询、批评、提出建议和意见的权利；

4. 按股获得红利分配的权利；

5. 享有法律法规规定的其他权利。

第十二条　股东义务：

1. 执行党和国家的法律、法令、法规和政策，遵守本章程、《市民守则》和《村自治章程》的各项规定，自觉履行公民和股东应尽的义务；

2. 关心合作社经营情况，及时提出合理化意见，自觉维护合作社利益，不做有损合作社利益的事；

3. 遵守本章程和合作社各项制度，服从并执行股东代表大会和董事会通过的各项决议。

4. 有承租项目的按规定和协议按时足额缴纳各类租金、税费等；

5. 在所持股份内承担合作社的经营风险；

6. 积极参加本村各项社会公益活动；

7. 法律法规规定的其他义务。

第四章　组织与机构

第十三条　股东代表大会

股东代表大会是合作社的最高权力机构。本届股东代表共27名，由各村民小组民主选举产生，报街道批准后予以公布。股东代表必须是年满16周岁及以上的股东，股东代表每届任期三年，可连选连任。

股东代表大会每年至少定期召开一次，遇有特殊情况，经董事会、监事会提议或半数以上股东代表提议，可以随时召开股东代表会议。

股东代表大会实行一人一票制，决议须经五分之四以上股东代表到会，并获得到会股东代表半数以上同意方可通过。

股东代表大会行使以下权利：

1. 通过和修改本章程；

2. 选举和罢免董事会、监事会成员；

3. 审议和批准合作社发展规划、年度计划、财务预决算和分配方案；

4. 听取董事会、监事会的工作报告；

5. 讨论和通过董事会提议的其他事项。

第十四条　董事会

董事会是股东代表大会选举产生的常设执行机构。董事会由 9 人组成，每届任期三年，可以连选连任。董事长由董事会选举产生，董事长为合作社的总负责人。以上候选人须报街道审核。

董事会行使下列职权：

1. 召集股东代表大会，并向股东代表大会报告工作；

2. 执行股东代表大会决议；

3. 决定合作社发展计划、经营方针和投资方案；

4. 制定合作社和合作社投资企业财务预决算及分配方案；

5. 决定合作社内部机构的设置，聘任、解聘合作社总经理、副总经理和所属部门的负责人；

6. 制定合作社的管理制度；

7. 拟订本章程修改方案和有关股权处理的事宜；

8. 股东代表大会赋予的其他职权。

第十五条　监事会

监事会由股东代表大会选举产生。监事会由 3 名成员组成，任期三年，可以连选连任。监事会主席由监事会选举产生，监事会人员不得由董事、财务人员兼任。以上候选人须报街道审核。

监事会行使下列职权：

1. 及时检查、监督合作社财务报表，并定期公布；

2. 监督、检查董事长和董事会成员执行股东代表大会决议情况，指出、纠正董事会成员的违反法律法规、董事会决议和本章程的行为；

3. 提议召开董事会、股东代表大会；

4. 监事会主席列席董事会会议。

第五章　资产经营与管理

第十六条　董事会应以发展经济为手段，以提高效益为目标，加强对合作社资产的管理，依法搞好合作社的经营，可采取独资经营、股份合作、出租、拍卖、兼并等办法，盘活合作社资产存量，确保合作社资产保值增值。

第十七条　经股东代表大会同意拍卖、 转让企业（或资产）的拍卖、转让金应一次性收回，如一次性收回确有困难,应由收买和受让方制订还款计划,限期付清。被拍卖、转让企业（或资产）的土地仍属合作社所有的，受让方必须向合作社缴纳集体土地使用费。

第十八条　任何人严禁将合作社的资产无偿出租给单位与个人,未经董事会批准，严禁以合作社名义为其他单位和个人作经济担保。

第十九条　在出租合作社资产时，应依法签订资产出租合同书，并严格按合同约定，及时向承租人收取租赁费。

第二十条　建立合作社资产登记制度，每年清查盘点一次，并做好登记造册、建立台账与归档工作；合作社资产应依法进行产权登记。

第六章　财务和管理

第二十一条　执行财政部、农业部颁发的村合作经济组织财务制度和区、街道关于合作社财务管理办法，合作社必须独立建账，切实加强财务管理、资产管理和会计核算。

第二十二条　贯彻勤俭办社、民主理财的方针，开支要有预算、决算，严格审批制度，依法纳税。严格控制经营性开支，杜绝非经营性开支，严禁铺张浪费。

第二十三条　每月做好合作社各项资产的记账、盘点、清理工作，做好账账相符，账物相符。

第二十四条　定期向股东公布财务收支和资产经营情况,充分发挥股东对合作社的民主管理，有效地对合作社经营和财务进行监督。

第二十五条　合作社的经营收入,原则上应为经营性资产出租租金及经营投资收益。对于土地的一次性转让的收入，应直接转入合作社公积金，作为扩大再生产的积累。

第二十六条　合作社的经营支出，包括合作社工作人员的工资、办公费、会议招待、固定资产的折旧维修费。对于合作社经营性的固定资产，必须按照规定提取折旧，折旧费直接转入合作社公积金。

第七章　收益与分配

第二十七条　在股份分配上要兼顾村委会、合作社和股东三者关系，合作社当年的收益在扣除村委会、合作社总支出后按先弥补上年度亏损，再按分配顺序进行个人股股权分配。

第二十八条　合作社纯收益分配顺序如下。

序号	操作顺序	提取比例	提取目的和用途
1	提取法定公积金	10%	用于合作社扩大再生产
2	提取公益金	10%	用于股民的公共设施和一般福利支出
3	提取任意公积金	酌情	用于以丰补歉
4	股东的红利分配		按集体经济股份合作社规定进行分配

村委会的日常支出，以及村民的补贴等列入股份合作社的支出，支出总额不能超过上年度村委会应分红利的总额。这是集体股份分得红利的一种形式。村委会剩余应分红利转入公积金，为“以丰补歉”积累资金。股份合作社年终财务决算和股份合作社年终收益分配方案须报街道农村工作办公室审核，并经股东代表大会审议通过后执行。

第二十九条　合作社的年终财务决算和收益分配方案，须经街道面核，并经股东代表大会讨论通过后方可进行红利分配。

第八章　解散 清算 终止

第三十条　本合作社有下列情形之一，经股东代表大会决定，报上级领导部门核准后予以解散：

1. 因不可抗力因素致使本合作社无法继续经营；

2. 本合作社宣告破产；

3. 80%以上的股东提议解散；

4. 依法被撤销。

第三十一条　本合作社决定解散时，由股东代表大会选出5人组成清算小组，清算小组应当自成立之日起三十日内通知合作社股东和债权人，并于六十日内在报纸上公告。

清算组对本合作社的资产和债务进行清理，并制定清偿方案报股东代表大会审议通过。本合作社共有资产优先支付清算费用后，按下列顺序清偿：

1. 所欠职员工资报酬及社会保险费用；

2. 所欠税款；

3. 所欠债务；

4. 归还股东投资；

5. 按股东代表大会决议分配剩余财产。

第三十二条　合作社清算完毕后，于10日内向股东公布清算情况、办理相关手续，并向上级领导部门申请注销或备案。

第九章　附则

第三十三条　本章程未尽事宜，由股东代表大会修订、补充。

第三十四条　本章程解释权归股东代表大会。

第三十五条　本章程如与国家法律、法规相抵触的，按国家法律法规执行。

第三十六条　本章程经合作社半数以上股东代表同意签字后生效。

第三十七条　本章程如要修改须由董事会、监事会提议或半数以上股东代表联名提议，经街道审核，并提请股东代表大会讨论通过。

第三十八条　本章程由合作社董事会负责解释。

前洲街道北幢村集体经济股份合作制改革筹备小组

2014年12月30日

第五节　其他收入

农民是勤劳的，不管生活在什么时代，为维持生活，总会想方设法增加收入。农忙时种田，农闲时做手工、外出务工等，即使在乡镇企业工作，也有很多村民闲不住，不会放弃其他收入，有些情况在前面的章节中有所涉及，为了能更清晰地说明问题，这里再作略述。

在种植业收益低的情况下，境内农民为谋求生存，一面积极开展纺纱、织布、种桑养蚕、肩挑贸易、手工劳动、长途贩运等多种经营；另一方面，在沪宁铁路开通以后，人口大量流向城市，投亲靠友，打工挣钱。

有的村民学手艺，掌握一门手工技术。如裁缝、泥水匠、木匠、鞋匠、箍桶匠等，有的村民捉鱼、钓黄鳝，既可改善生活也可增加收入。妇女做编织等。

乡办工业、村办工业发展后，很多纺织类工厂的产品需要手工缝制，妇女除了正常上班外，又多了一份工作。如石幢的“摇纱”、北圩的“缝针织衣”。2018年以来，村民都住进安置小区，远离农业劳动，闲暇时间更多，不少已退休村民还会再寻找一份合适的工作，有的妇女找一份手工做，贴补家用。

北圩六队朱公为摇草绳（1983年3月摄）

附：

摇纱　20世纪60年代中期开始，石幢大队的回纺厂利用国营厂的下脚料棉花经机械加工后，发放到村民家中纺纱，家家户户齐出动，附近村民也纷至沓来。摇纱是用摇车，人坐在凳子上，右手摇、左手纺。纺出来的纱经加工成捆后交到厂里。每斤回纺的纱按质论价，一级0.31元/公斤，二级0.29元/公斤、三级0.26元/公斤、四级0.24元/公斤。

第十二章　村民生活

新中国成立前，前洲地区的农民世世代代过着自给自足的小农经济生活，以种植稻麦为主要收入。因北幢村地势低洼，农业生产又分散经营，生产技术落后，生产工具简陋，自然灾害不断，稻麦常常歉收，家庭收入甚微，长时期过着“糠菜半年粮”的清苦日子。20 世纪前半叶，由于外敌入侵，内乱不断，村民过着动荡不安的生活。那时也有村民到上海、苏州等地打工，期望增加收入，改善家庭生活。

新中国成立后，经土地改革、互助合作社、高级社、人民公社，农业生产力得到发展。20 世纪 50 年代起，前洲人民政府带领社员，通过开河、挖渠、联圩，对杨家圩改造，建立一系列的电力排灌站，北幢村和前洲其他地区的农田成为旱涝保收的良田。北幢人才过上了安定的日子，但并不富裕。20 世纪 70 年代中期，社队工业兴起。1978 年后，改革开放又给社队工业和农业的发展注入了活力。农业生产稳步发展，社队工业发展迅速，社队财政收入急剧上升。社会福利（住房建设和改造、合作医疗、职工退休制等）得到全面实施。又随着工业对农业的大量投入和农村集体福利的增加，农民负担减少，农民收入提高。更主要的是 85% 以上的农民成为社、队工厂中的亦工亦农的新农民，农民做工的收入成了家庭的主要经济来源，且年年有余。20 世纪 80 年代起，农户的银行存款不断增加，高档商品源源不断地进入农民家中，生活条件和住房条件趋向城市化。

第一节 衣食住行

一、衣着

在20世纪30年代机织布上市前，人们衣着多数依靠农妇纺纱织布、养蚕缫丝、染坊染色后经主妇和裁缝手工制成。中华人民共和国成立前，村民的衣着款式基本相同，只是面料好坏不同有所区分。文场工作的人都穿长衫、衬绒袍、长棉袍，生活富裕的人再外加马褂；从事体力劳动的人都穿对襟短衫、叠腰长裤，单、夹、棉皆有，农民在冬天穿了长裤再腰束青布长束裙。妇女上身都穿斜袄、对襟单、夹、棉短衫袄，下身穿单、夹、棉长裤，有的下罩宽口长裙。姑娘多穿长旗袍，并在颜色、袖口长短、大小上换花样。贫苦农民穿的衣服十分破旧，一套棉衣裤往往要穿几十年，“正三年，反三年，缝缝补补再三年”“头穿新，二穿旧，三着补破筋”是旧社会农民穿衣的写照。20世纪40年代，青年学生开始穿学生装、中山装，女子穿黑短裙。

中华人民共和国成立初，村民衣着变化甚微。冬天，男性穿棉衣、棉裤、作裙或者抱裙。夏天最炎热时上身赤膊，下身只穿短裤。春、秋季穿对扣的衬衣、夹袄或棉背心。女性除了冬天不穿作裙而束一条围身，夏天穿无袖衬衣外，其余与男性无异。

20世纪60—70年代，国家实行棉布定量供给政策，第一年每人每年领取1尺6寸布票，第二年增加至5尺6寸，以后增加至1丈6尺布票。这样的供应量，包括被褥用布，不能保证每人每年都添置一件新衣服。布的供应品种单调，仅有卡其布、华达呢、灯芯绒、毛毕叽、漂白布等几种。多数只有几件换季的衣服，谈不上时尚，而且多数衣服上都有补丁。“文化大革命”时期年轻人时兴穿草绿“军装”。70年代，化纤布面料上市，用的确良、涤卡等制衣服，中山装开始在村里流行。

20世纪80年代，村民基本不穿补丁衣服（除了干农活），春夏秋冬四季服装俱全，男青年穿西装、夹克衫、衬衣、牛仔、休闲、T恤等。女青年讲时髦追潮流，不断改变款式，有中式、西式、古式、紧身、宽松、长袍、短裙等式样。鞋，有中跟、高跟、靴。老年人，冬天穿大衣、毛衣、休闲装、羽绒服等，春秋穿夹克、西装、中山装等。

2000年以后，衣着向着品牌化、高档化、时尚化和个性化演变。人们对衣着消费的品牌、质量意识增强，注重突出高档化、时尚化和个性化的特征。年轻人注重服装的新潮、时髦、个性，中年人注重服装的质地、款式及舒适度。老年人不追赶时尚，但不拒绝儿女、女婿送上的新式服装。进入这一阶段，服装已实现城乡一体化， 分不出城里人和乡下人，时尚的青年人还穿起了品牌服装，衣着五花八门，个性突出。

二、饮食

20世纪30年代，农民的食品主要是自给的。稻米是本地主要食品，家中饮食均由妇女操持，勤俭节约，经济实惠。一日三餐习惯两粥一饭，早晨吃粥，以腌菜、萝卜干、腐乳为主菜；中午吃饭，常以家常菜为主，如炖蛋、炒蔬菜，偶有荤腥；晚上吃粥或泡饭，粥菜常以中饭吃剩的菜，再添加一些酱菜，但也有家庭主妇在中午留些米饭，在锅上蒸了给家中主要劳动力吃。麦面用以调节口味或做点心用。农民在大忙季节和干重活时加吃点心，富裕人家在日常季节也吃点心，种类有糕团、粽子、馄饨、面条、面烂块、面衣饼等。青黄不接期间，农民以南瓜、糊粥、粗粉为主。冬季多吃菜粥。副食以蔬菜、豆制品为主。蔬菜分现食和咸菜两类，现食的有青菜、菠菜、蓬哈菜、金花菜、韭菜、大蒜、蚕豆、黄豆、茄子、长豆、丝瓜等，咸菜有芥菜、雪里蕻、红白萝卜干。农家在黄梅季节前后自制豆瓣酱、酱油，冬天自腌咸菜，以备常年食用。鱼、肉等荤菜，中华人民共和国成立前农家平时很少吃，逢年过节吃一些，要到春节才普遍食用，烹成红烧鱼、肉，便于长期食用。有些人家在春节后红烧肉里加进菜干头，准备吃上个把月。鸡蛋、鸭蛋是常吃的荤菜。中上等的婚喜寿宴有四冷盆、四炒、两汤、六大菜（其中有扣鸡鸭、扣肉两道）。农家全年喝家酿米酒和土烧酒，很少买着吃。直至20世纪40年代，村民粮食仍不宽裕。

中华人民共和国成立初期，粮食紧张的矛盾没有解决。1958 年人民公社建立后，粮食产量虽有较大据高，但国家征购任务重，人口增加，村民口粮水平不高，仍有30%的农户经常秋粮不接夏熟而有断炊危险，无奈遂有借粮或瓜菜代替之举。1978年改革开放后，特别是1982年后分田到户，村民吃粮开始宽松，一日三餐均可吃干饭，但大多数农户仍沿袭以前的老习惯，两粥一饭。北圩、石幢一带的副业生产历来搞得好，村民自留地产出的蔬菜不但可以满足自家食用，多余的还到附近集市菜场买卖以弥补家用。镇上商店和农贸市场副食品也开始增加供应，村民的主副食从单纯吃饱转为讲究营养，荤腥不断，蔬菜讲究时鲜和多品种。过年、过节、婚宴、丧宴等也开始讲究丰盛，有的会请专业提供上门服务的“茶担” 到家里，十冷盆、十炒、四汤、两点心、八大菜，风光操办一下。平时喝啤酒，宴上喝高档名酒。2000 年以后，村民请客、婚宴等陆续有人家选择到饭店举行。2011 年村民大部分拆迁以后，居住方式发生了改变，家庭宴请、红白喜事基本上都在饭店举办，条件稍好一些的家庭甚至会选择星级饭店举办。

1949 年前农家都喝大麦茶、灯笼草、竹叶茶，茶叶只用作招待客人，现今都喝绿茶，近年来又流行喝铁观音、红茶等。孩子以各种冷饮解渴。中华人民共和国成立前，苦草、枣子糯米饭是农民的滋补品，改革开放以后是中外参类和各种保健品。21 世纪，水果也已成为常规食品。

附：

酿　酒

石幢村村民有用碎米做烧酒，用糯米或粳米做酒酿和米酒的传统。

做酒酿。把糯米浸一天，吸足水分，第二天便可上蒸或寮，将米蒸熟。在出笼时利用锅里的热水反复淋透再冷却。用手试一下不烫手时，将碾碎的酒药拌匀后放入缸盆，中间留一个酒瓶大的孔，放入草窠盖好，或用旧被褥包好，保温 24 小时左右，适时打开，即可食用（不能超时，否则要变成有渣的老棉花酒酿）。

做老白酒。做老白酒一般用糯米，也可用粳米或糯粳对半。做老白酒要用粬。夏季将小麦在磨内碾碎，取麸皮弄湿后放入木制的匣内（约长 25 厘米、宽 25 厘米、厚 5 厘米）压紧成饼，吊在阴凉处发酵长出霉菌，冬季备用。后来老白酒大都用酒药替代酒曲。做老白酒与做酒酿的方法相同，只是老白酒比酒酿在数量上多得多，有的要做几百斤，酒酿只是几斤而已。做老白酒用的是酒缸，酒酿用的是缸盆。做老白酒的关键不能热过头，时间因温度而定，保温过热或时间过长酒要发酸。老白酒做好后可兑一定数量的冷开水，过滤时可放入一些红花等中草药物，以利活血和健身。滤出的酒糟还可放入豆腐干做糟豆腐。老白酒的存放时间不长，待来年春季后要发酸，得抓紧吃掉。

一斤米的出酒量一般为两斤左右，兑水可适当浮动一些。老白酒吃剩的酒糟可烧白酒。酒糟烧白酒用锡锅，蒸馏出来的酒放上冰糖。经过一定时期的储存，就是真正用粮食做的白酒。吃酒的人冬天、春天吃老白酒，秋天、夏天吃烧烧酒，吃酒人一年到头吃自制的酒了。

腌咸菜、萝卜干

腌咸菜、萝卜干是北幢村民的传统。春、秋两季家家都种上几畦雪里蕻、芥菜和青、红萝卜等，作为腌菜的主要原料。寒露、霜降时节是腌菜的最佳时间。腌菜的关键是干湿度和咸度。腌菜时将雪里蕻、芥菜洗净晾晒，切碎后再晾晒一两天，灵活掌握干湿度。晾晒后的雪菜与盐的比例根据口味而定，过淡易酸。放盐时要反复搓熟，以手握紧菜团不滴水为宜，然后装入瓮中压实压紧，草把盖口后再用黄泥封住，倒扣在潮湿的草木灰中。

腌好菜的瓮倒扣在栏盆中

有的家庭还喜欢踏水腌菜，除雪里蕻外，还有白梗菜和大白菜等。洗净晾干水分，一天后便可装入缸内，一层菜一层盐，用脚反复踩踏后压上石块，数天后即可食用。因用盐较少，水腌菜会偏酸，喜欢吃酸菜的人空口也来尝鲜。

做萝卜干的方法与做咸菜大致相同。把萝卜洗净晾干，切碎后再晒两天即可放少许盐腌制，经常翻动散热，三四天后再二次晾晒，放盐、调料搓熟装入瓮中，伏后数天便可食用。

三、住房

新中国成立前，北幢村较富有的人家住房宽大，前厅后院，一般都有砖木结构的高楼闺房。农民住房多数为平房，以乱砖为基，房屋低矮，宽不超3.5米，长不超过10米。屋内阴暗潮湿，住宿拥挤。二代或三代人同宿一屋。1975年人民生活社会调查中反映，被调查70户，人口325人，住房总面积3471平方米，人均居住面积10.6平方米。

新中国成立后，社会稳定，人民生活安居乐业。人口激增，住房矛盾日趋紧张。到20世纪70年代，拆老屋建新房已刻不容缓。1974年，前洲大队安排因开挖市镇中心河而拆迁的6户农家建造6间砖木结构的二层楼房。是年，前洲人民公社又批准因住房紧张、子女急需完婚的住房困难户建造楼房30余间。公社考虑到农村的实际情况，通过公社人民代表大会拟订并公布了农村住房和市镇建设等规划。

1975年，各大队都拟订了农村社会主义建设的蓝图，划定了建房的规划区，制定了建房中的有关规定：新建房必须上规划区；一个儿子可申请建造一间；3建房需建新拆旧；在规划区内造房，大队负担公墙一垛；住房建筑宽为3.6～3.8米，长为20～25米。以5口之家计，人均约占地15.84～19平方米，人均居住面积为25.92～27.36平方米，住房的格式由大队统一规定。式样一般分两种。一种是前后二造。有的前后都是楼房，内部结构安排为：前造底楼为生活用房，后造底楼为客厅和卫生间或猪圈，楼上为住宿房；有的前造为平屋，后造为楼房，前造为生活用房和客厅，后造底楼为住房或堆柴屋等。另一种是前后三造。有前、中造为楼房，后造为平屋的；有前后造为平屋，中间为楼房的。屋内结构都以生活用房、客厅、卫生间（浴室）或猪圈等方面组合而成。

由于经济条件的限制，农民建房时，用石灰和黄泥拌和夯实（俗称筑砂）作墙基，或买秦望山的石屑夯实而成墙基。建筑材料一般用砖、木、石灰、水泥、黄沙、石子等。经济条件较好的农民为加固房屋基础用钢筋、水泥、石子、黄沙浇制成混凝土地腰箍和楼腰箍。屋面一般由桁条木椽子、望砖和土瓦构成。亦有采用钢筋、水泥、黄沙、石子浇制成的“大型屋面”。建房要请木工、泥工等技术工种，其他辅助工都由生产队社员或亲朋好友互助。

进入20世纪90年代后，乡镇经济得到全面发展，农民收入大幅提高，建房方式和之前大不一样。一是很多村民开始建造别墅式住房，二是建房时与工程队签订合同，按图施工，包工包料。至2000年时，北幢村共建两层楼房1380间，别墅式民房145套。

（一）平房

农耕时期，村民普遍建造木结构的房屋，一般朝东南方向，大部分是砖木结构，前后两造各七到八架的平房（一架屋多以房屋的木柱和房屋的木梁为准），中间有隔水一天井，前造分大门前客厅和灶间，后造分房间和猪圈，前造与天井连接处有侧箱，房屋层高一般2.5米左右，还有一个阁楼。建造时一户一屋脊，和邻居同墙合柱，一个村巷的房屋基本上在同一线，很少凸出缩进。由于土地宅基原来的私有化，老平房有小有矮，光线不足，阴暗潮湿，子女成家后分家居住，有的只有前门，有的只有后门进出，灶间是一户一个锅台，房间是“十八个房客”各家一房，兄弟住在一间大房内，住房相当紧小。

老式平房　（2023年5月摄）

（二）兵营式楼房

20世纪70年代起，村民经济稍有好转，对住房的需求日益强烈，各生产队逐渐出现了新建楼房，1975年起，当时大队对民房进行统一规划，在离村庄不远的地方盖起以杂木、水泥、砖瓦为主要材料的挨户合壁限面积的“兵营式”楼房，形成了新的村巷。1976年起，为节约土地，不浪费土地，一户一宅，建新房必须拆老房，确保村民既能建房又不违反规划，规定新房必须二层，统一层高，统一前造、后造的长度，房长21米，宽3.6米，前场7米，后场3米，村民建起了用“八五砖”、黄沙、水泥、水泥桁条为主要材料的空斗墙二层楼

北圩社员新村（1982年3月摄）

房。有的村民因经济原因，前造或后造，一层或二层分步建造。1980年以后，建房标准逐步提高，跳出“牛大腿”“蹲子阳台”逐步使用。并在原有一户二造的基础上改为一户一造二间的楼房，村民住房的生产性功能开始淡化。为了提高住房的生活质量，村民开始对住房进行装修，农房不仅盖得好，还要装得好，农民住房的量和质发生了巨大的变化。

（三）别墅

20世纪80年后期，随着乡镇工业的发展，村民的经济收入不断增加，村民对住房有了更高的需求。后来，住房审批也较为宽松，在审批建造两间的基础上同意建造三间93.1平方米的洋房“别墅”，独门独院独墙，普遍使用琉璃瓦，水泥框架结构，铝合金门窗，一般为二层，有的后来发展为三层。因锡玉公路的拆迁，我村建造别墅的村民也比较多，到2000年拆迁时共有145套。

别墅比起楼房面积更大，住房的分布更加科学，房间、客厅、厨房、卫生间、阳台等分布更加合理，楼板整体浇筑，墙体实砌，稳定性好，抗震能力更强，有独立卫生间和抽水马桶，普遍采用三格式化粪池，改善了卫生条件。

20世纪90年代村民陆续建起别墅式住宅 （2007年摄）

（四）高层安置房、商品房

为了方便上学、上班，一些富裕的村民在镇上购买商品房居住，有些富裕的村民到无锡市及周边乡镇购买商品房居住。2007年起，随着沪宁高速铁路建设、惠澄路的开发建设以及2011年的城镇化改造，全村的民房都已拆迁（除个别几户外）安置或即将安置新洲、润洲、惠丰小区。新建的小区内各类配套设施齐全，环境整洁，从分散的村落到集中的社区，从农村“农民”变身为城市“居民”，从生活方式和思想观念都发生了变化。无论是自建房还是安置房，村民的住房越来越好，装潢也越来越考究，人民对美好生活的向往成为现实。

安置小区润洲家园　（2015 年 12 月摄）

四、交通工具

农耕时代，境内村民出行，陆路靠走，水路靠船，大宗货物都是水路运输。20 世纪 70 年代，镇内实行“前洲山河重安排”开河筑路，再加上拖拉机进入农村后，加快了农村机耕道的规划和建设。乡镇工业兴起后，汽车逐渐进入了农村市场，大宗货都由汽车和拖拉机替代了船运，自行车、摩托车进入了农村家庭，于是，乡村公路、道路的建设成为农村工作的大事。1977 年堰玉公路开通，连接北圩到石幢的村级公路。1991 年建起了石幢到北圩的北石路，并开通了村巷之间的道路，实现了境内道路黑色化和水泥化（绿化、亮化、美化）建设。境内交通纵横交叉，四通八达。1992 年沪宁高速公路建成，在境内通过。2002 年新长铁路建成，境内通过。2011 年沪宁高速铁路建成，通过境内。2009 年惠澄路建成通过境内。堰玉路经 1987 年、2007 年拓宽，成为双向六车道。无锡市公共交通 610 路、607 路的公交线路在北幢村村委处设有站点，村民的出行更加便捷。

随着时代的发展，道路建设的不断推进，自行车、摩托车、电瓶车等逐步普及，20 世纪 80 年代盛行自行车，90 年代盛行摩托车，2000 年盛行电瓶车。近十年，小轿车已是每家每户标配的交通工具，很多家庭有两至三辆。

第二节 生活物件

人们在生活中创制了很多的物件，为生活提供了很多方便，如饮食、贮存粮食、挡风遮雨……在上千年的变迁中，生活物件的材料、工艺发生了巨大的变化。在工业化、现代化的进程中，很多生活物件慢慢淡出了人们的视线，也不断涌现出新型的生活物件。生活物件的使用程度和更新更迭，反映了一个地区的经济发展水平和村民的生活水平。以下所述的物件，不是每家每户都有，因经济收入的不同，每家所置办的生活物件也不尽相同，有多有少，质地有好有差。因为时间久远及搬迁，很多生活物件现在已不多见，部分物件配以图像，观之能识。

一、农耕时代

从明清至民国，北幢村村民生活在农耕时代，过着自给自足的小农经济生活，勉强维持生存。新中国成立至20世纪70年代，在党和政府领导之下，农村经济有了长足发展，脱贫但未致富。有小部分的家用电器进入农家。

木制的生活物件

双人床、单人床。

八仙台、四仙台、圆台、长台、梳妆台、写字台。

长凳、小板凳、骨牌凳、靠背凳、春凳、秧凳、小圆凳。

小板凳

竹椅凳

大橱、五斗橱、碗橱、书橱（极少人家有）。

樟木箱、被头箱、红漆小官箱、扁箱、镜箱。皮箱和帆布箱极少人家有。

和合桶、提桶、饭桶、吊桶、茶桶、子孙桶、立桶、困桶（摇桶）、拗脚桶、把尿桶、脚桶、马桶。

果斗、托盘、木勺、锅盖。

风箱。

竹制物件

竹床、竹榻、竹橱、竹凳、竹筷。

大匾、中匾、小匾、蚕匾、牵磨匾、簸匾、斋匾。

筛子。

苗篮、大篮、中篮、小篮、篾黄篮、香篮、藤篮、棉花篮、牛头篮、筲箕（用作淘米）。

坐车、摇篮。

筲箕（用作淘米）

淘箩

中篮

陶器和瓷器

水缸、酒缸、酱缸。瓮头、拦盆、钵头。

罐：煨罐、盐罐、汤罐、油罐。

壶：水壶、酒壶、茶壶。

碗：青边碗、大碗、小碗、饭碗、滩碗、汤碗。

盆：面盆、脚盆、洗浴盆、痰盂盆、菜盆。

盅：酒盅。

酒瓮

水缸

铜面盆（洗脸用）

金属物件

铜质或锡质的水壶、酒壶、茶壶。铜质的脚炉、手炉、香炉、蜡钎，有铜锁、铜帐钩、铜面盆、铜勺、铜铲等。

脚炉

手炉

蜡钎

随着时代的变迁，很多物件现在已不常见，下面选取部分详述之。

梳妆台：过去供女子梳妆时专用，一般放在房间里床边，上面有镜子，便于女子梳妆。20 世纪六七十年代，被装有玻璃镜子的三门大衣橱所替代，现在梳妆镜子装在卫生间。

春凳：阔 3 尺、长 7 尺左右的大型板凳称春凳，可作多种用途，夏季放在自家的场上边乘凉、边吃夜饭，夜饭吃好后擦清爽，人坐上或睡上乘凉用，还可以作木板床用，现在不多见。

竹床：过去经济较紧，买张竹床，可乘凉又可作床用，后条件好了，已不再用竹床了。

竹橱：厨房间放碗盏、饭、菜，透风，不易使饭菜馊，现在被现代厨房和冰箱所替代。

壁橱：砌在墙壁里的 1 米宽、0.9 米高橱，装上宽 0.4 米的木板，放碗碟等。兵营式住房里有的农户这样设置，别墅等比较宽敞的住房不再有壁橱。

提桶：木制水桶，去河边、井边挑水。后来用铁皮桶、塑料桶。21 世纪用自来水，提桶逐渐淡出了农家的生活。

拗桶：木制矮桶，其中一块长木料上端做成手柄，主要用于洗衣、洗脚。

脚桶

拗脚桶

坳斗：木制小矮桶，其中一块长木料上端做成手柄，主要用来舀水。20 世纪 90 年代已逐渐不用，被塑料勺子或不锈钢勺子所替代。

马桶：不管城市农村家家户户都有马桶，新娘出嫁的必备品，马桶是一个家庭的大小便之用。还有闺女出嫁时有一只高马桶，叫子孙马桶，是妇女生小孩之用。农村中部分老年人还在用马桶。

升箩：木制量器，上口大，下底小，其容量为斗的十分之一，称之为升箩，1 升箩米重 1.75 斤。量米，每天吃饭有多少人，烧多少米，用升罗盛多少米，一般称谓 1 升不满一点或 1 升多一点米。现在被其他盛器替代。

锡壶：是由锡、铝合金制成的容器，用作盛放老酒，祭祀先祖或每年清明去上坟带酒扫墓时使用，现在已少见了。

夜壶：俗话说宜兴夜壶，宜兴盛产夜壶。夜壶老年人晚上小便盛器，上有拎襟，白天出门去倒夜壶，做清洁工作后，放在床底下供晚上使用。

筛子：竹制农具，圆形，有大小之分，大筛用于冬季牵砻时搭架筛糙米；小筛，又有米筛、粞筛、糠筛之分，分别用于筛米、筛粞、筛糠。

米筛：为直径约 60 厘米的竹制圆匾，匾底有眼，眼的大小正好比米粒小一点，使米漏不下去，用作筛米，把小于米的粞筛下去，可以把米和粞分开来。

筛子

粞筛：其大小直径和米筛差不多眼孔稍小一些，仅能使碎米漏下去，主要是清除米中的碎米。

糠筛：其匾的尺寸和米筛、粞筛一样，只是眼孔更小，只能让米里的糠筛下去，现在都不用了。

棚筛：也称粉筛，有几号筛，几号是指网眼大小，筛麦粉、米粉、糯米粉，最小是绢筛。

栈条：宽 80 厘米，长 4.20 米，是竹篾制品，围起来放在匾的内圆，临时存放稻谷、小麦等的小囤库。

栈条

蚕匾

簸匾：竹制品的圆匾，主要除去米中存有砻糠，用手工簸去砻糠，但也要有一点小技能，不会簸的生手把米也会簸出去。

蚕匾：竹制品大匾，直径约 1.5 米，过去养蚕和晒稻谷、麦之用，大匾平放在地上，栈条放在大匾内圆以圆形套圈，可存放谷、麦之用。

甸出：竹制品，存放谷物、粉等用，现在被白铁皮做的所替代，称“洋铜甸出”。

箩：是盛各种物品的，有各种各样的箩头，20 世纪 70 年代由塑料袋（蛇皮袋）所替代。

官箱：旧时女子出嫁时最主要的必备嫁妆之一，系木制红漆箱子，称“官箱”，另外还有一只小官箱，让新娘存放宝贵物，如首饰，金、银器，钱币等，也叫银箱。

斛子：木制量具，用于粮食计量，以 5 斗为 1 斛。

斗：木制量具，圆形，以 10 升为 1 斗。

米囤：用稻柴编成的圆形环状柴符制成，并配有铁制钻头，以绕柴符。一只1米多高，直径六七十厘米的米囤可盛放大米200公斤左右。

草帽：用麦秆制成，用于夏秋季节遮阳避热，或与蓑衣配套使用。

草帽

草鞋

蓑衣：用蓑草编织成衣，用于雨天遮雨、夏天遮阳，常与箬帽或凉帽配套使用。20世纪70年代改用塑料雨衣。

箬帽：用竹篾夹油纸制成，圆顶、宽边，雨天遮雨，常与蓑衣配套使用。

畚箕：也叫匍出，有竹制、藤制、铁制3种，用于畚粮食、杂物、垃圾等。

扫帚：竹制农具，用于清扫粮食、场地和垃圾等。

笤帚：用粟子梗梢扎制而成，用于扫集粮食、清扫室内垃圾等。

草鞋：用稻草和小绳制成，替代布鞋，挑运稻麦、肥料时穿，干湿无妨。

蒲鞋：用蒲草或夹芦秆、稻草编制而成，形如圆口布鞋，冬季当作棉鞋使用。

木臼：木制农具，用于脚踩臼打稻谷。

石臼：用于人工舂米，包括舂成米粉。

石磨：石磨由上下两块圆形石块组成，以畜力或人力操作的碾米磨粉的用具。

石磨

小石磨

竹箩：竹制农具，主要用于装运粮食或其他杂物。

笆斗：柳藤条合制品，有大中小三种，用于装盛粮食或其他杂物。

风箱：一种木制的工具，两头有孔，靠人力拉动作鼓风之用。

布袋、麻袋：有大小之分，主要用来盛装或临时保管粮食之用。

汤婆子：一种传统的家庭取暖用具，扁圆壶。有铜质、锡质、陶瓷等材质，后来也有塑料、不锈钢的，形状不拘一格。但上方均开有一个带螺帽的口子，热水就从此口灌下去。

二、小康时代

20 世纪 80 年代起，国家实施改革开放政策，经济逐步繁荣，前洲乡镇企业不断发展，北幢村民随着住房条件的改善，生活起居从原来维持基本生活，到追求舒适、有品质的状态，生活物件、家居用品发生了翻天覆地的变化，很多木质生活物件被塑料、不锈钢等材料替代，很多家居用品电气化了，家用电器智能化了。

进入村民家的用品丰富多彩，以下略作列举。

电饭锅、智能电饭锅、电炒锅、微波炉、电磁炉、电烤箱、空气炸锅、电水壶、液化气燃气灶、天然气燃气灶、脱排油烟机、电冰箱。

“席梦思”床垫、单人沙发、两人沙发、三人沙发。

台式电扇、陆地电扇、立式电扇、遥控电扇、窗式空调、分体挂壁式空调、柜式空调、吸顶式空调、中央空调。

单缸洗衣机、双缸洗衣机、脱水机、半自动洗衣机、波轮式全自动洗衣机、滚筒式全自动洗衣机。

收音机、黑白电视机、彩色电视机、放像机、录像机、组合音响、家庭影院、电脑、手机。

26 英寸自行车、28 英寸自行车、载重自行车、变速自行车、山地自行车、摩托车、电瓶车、轿车、城市越野车。

第三节　水电燃料

一、饮水

1993 年前，北幢村民一直饮用河水和井水。村民在饮用前，黄梅季节见河水较浑，人们挑水到家中，水缸里放一些生矾，第二天水就清爽可以饮用了。有些村巷在村前屋后打口大井，供各户用吊桶取水，可洗衣、洗菜、淘米或取回家饮用；也有农家在自己的院子里打口小井，随时取用。1993 年，自筹资金启动深井水源自来水安装工程，北圩有 2 口井，石幢 1991 年建成 1 口深井，建自来水塔，各自然村通上自来水。2000 年 8 月，江苏省人大常委会又颁发了《关于在苏锡常地区限期禁止开采地下水的决定》。根据无锡市政府要求，2002 年开始，建成日供水 3 万立方米的太湖水饮用水工程。2008 年改造接通长江水源自来水，同时使用太湖水。

二、照明

20 世纪 60 年代，农家夜间照明用豆油灯（小盆盛豆油，点着灯草上端，火苗很小，光亮较弱），同时也使用煤油灯、美孚灯。至 60 年代初，农家点灯的火油有了计划供应。农村偶有村巷搭台做戏或农家喜庆仪用上汽油灯（原料是火油），亮度强、照射远。1964 年通电。1966 年，农家先后接上照明用电，但一般农家为了节约用电，只点 15 瓦、25 瓦或 40 瓦电灯泡。经济条件好的，特别是新婚或寿庆人家，会在客厅或房间里用上高级豪华型吊灯，并配上壁灯。对于生产队来说，电力用于稻麦脱粒，同时大队办起电力粮食加工厂。20 世纪 80 年代开始，生活水平极大提高，用电没有后顾之忧，农家购置了电风扇、电视机、音响机、空调机等。90 年代起，前洲镇政府先后在主要道路装上路灯，方便村民夜间进出行，特别是在乡镇企业上班的。进入 2000 年后，北幢村村民家庭又购置彩色电视机、电脑、放像机、高档音响等。

三、燃料

20 世纪 50 年代前，农村普遍使用农作物秸秆以及芦柴、荒草等作为一日三餐燃料。60 年代后期，随着社队推行一年种粮三熟制，前后季稻由于稻秆较矮，投入灶膛火力小。做饭烧火的燃料紧张，农户就千方百计通过各种渠道购买煤球，以弥补燃料不足。有些社员还结伴冒着风险摇上水泥船到苏州太湖里去挖黑泥，晒干后烧火，但这种黑泥火力不大，燃烧时间短。有些社员想方设法到城市企业上煤的河边码头，捡些煤屑回来做煤球。少数农户建造沼气池取沼气当燃料。1990 年前后，一些农家开始用瓶装液化气。液化气清洁环保，称“蓝色火焰”。2000 年以来，农家相继都应用燃气灶具，取代了传统灶具的柴草灶头。同时电饭锅、微波炉、电磁炉等也广泛使用。2010 年，全村液化气入户率 95%，太阳能入户率 33%。2011 年统计，全村液化气灶入户数达到 1196 户。随着西气东输，自然村拆除后，村民住进安置房，用上了天然气。

第四节　票证年代

新中国成立之初，国民经济比较薄弱，人民政府为尽力维持百姓的日常生活，实行了计划经济，生活物品都是定量供应，居民购买物品都要以票为证。由此票证成了人民生活的一部分。

票证虽不属于货币，但与货币同等重要。生活中的票证有：粮票（有全国粮票，省、市、县等地方粮票，还有军用粮票）、油票、布票、肉票、鱼票，连豆制品、家禽类、粉丝、瓜子、花生、糕点也不例外。如剪布、买线、购毛巾、火柴、煤球、煤油、灯泡、香烟、酒类等都是凭票凭证供应。农业生产的劳动工具，如铁耙柄、粪桶、扁担、担绳、船橹、竹篙也是凭票供应。普通工业品如暖瓶、铝锅、橡胶雨鞋、球鞋等要凭票供应。当时属奢侈物品的轻工业品，如自行车、缝纫机、收音机、手表等则要用券才能买到。但这种券是有级别的，哪一级发的，哪一种人可以享受，如何配发，普通老百姓很难知道。当年人们要外出，总要用餐吃饭或吃面或吃点心，不带粮票是不行的。因为买饭、买粥或吃面、吃点心都要用粮票，不然你休想买到一碗粥或一碗面。如果你要出省则需要全国粮票，那更是一票难得，这要单位开出出差证明才能换取。以上这些票证定量发放给城镇居民户，凭票购买日用品，以维持日常生活。农民除了按人头发的布票和其他少量生活用品票证，如火油“供应卡”或票券外，其他商品几乎无缘享用。

票证是 1953 年国家在对粮食实行统购统销制度下而产生的衍生物。从 1953

年实行统购统销到1985年30多年时间，什么东西都要凭票供应。在计划经济的年代，农民的生活是十分清苦的。20世纪80年代的改革开放政策结出了丰硕成果，给中国经济带来前所未有的发展，如今是市场繁荣，物产丰富，百姓安康，国家强盛，当年的票证已成了历史的印记。

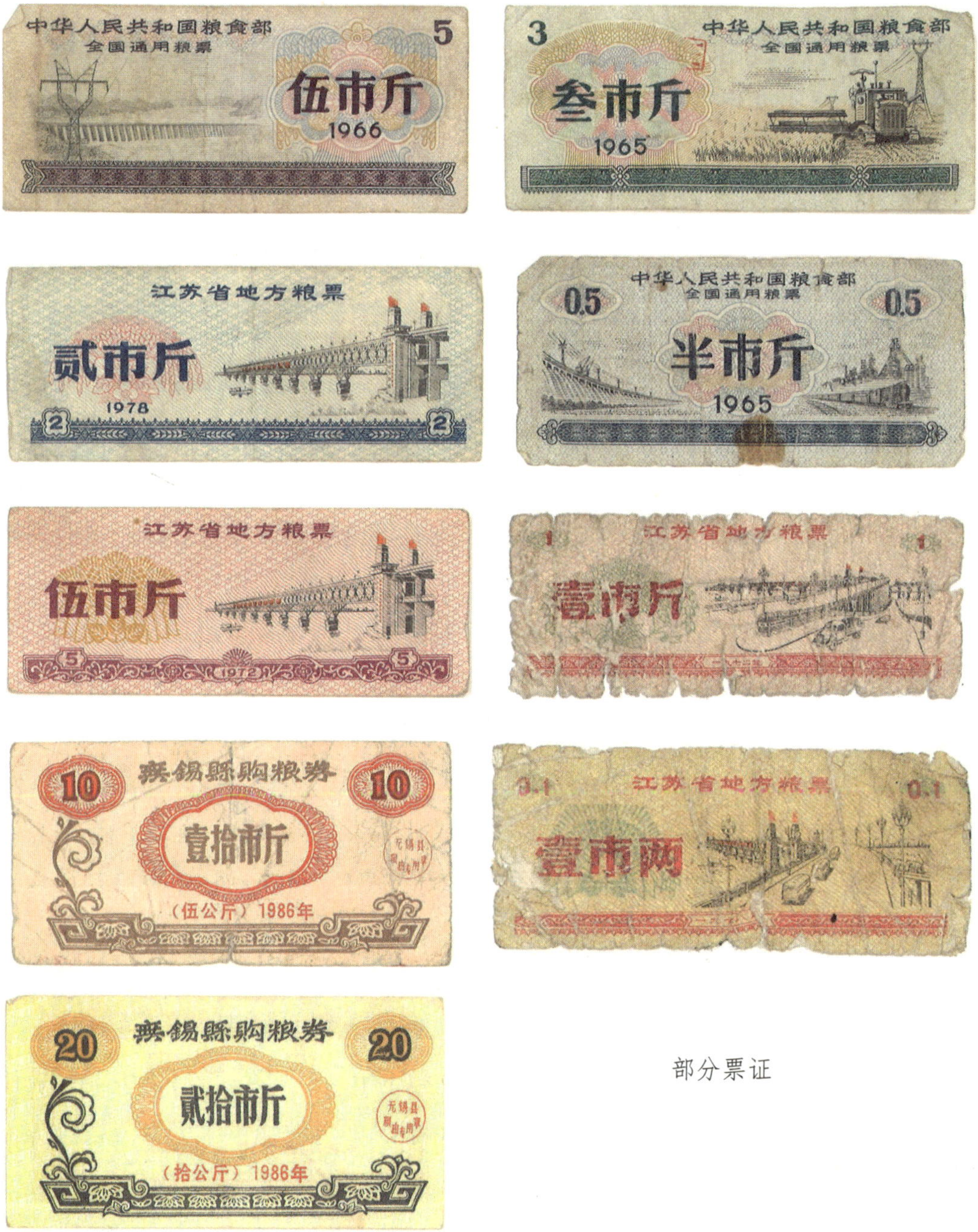

部分票证

第五节　拆迁安置

一、民房拆迁与置换

2000年前，境内的拆迁工作是围绕国家工程、地方工程进行的，老房拆除后易地重建新房。2008年开始，老房拆除后安排安置房。2008年建设京沪高铁、惠澄路，部分民房拆迁。村委发放拆迁告知书，告知拆迁评估房屋及对评估报告核对时间，签约时间、地点，带好签约材料，拆迁安置工作采用“两作价”的方式，老房估值后与新房价值进行对抵，多退少补。拆迁工作开始时，村民都想不通，有很强的失落感，认为故土难离，还有抵触情绪，大家都采取回避观望的态度，不愿接待村委拆迁工作人员及评估公司工作人员的评估。村“两委”及时应对村民的要求，公告了评估公司的资质，采取宣传动员相结合的办法，配合国家工程以及拆迁老房换新房，对子女成家立业有好处。部分拆迁村民有了一些思想转变，拆迁评估开始进行。村委会意识到拆迁工作不能急于求成，要选准突破口，先易后难，用了一个多月的时间，完成了拆迁任务。

拆迁分房是先签约再选房，房型确定后再抽签，抽签分两次进行。第一次是按序排列，按顺序号抽选房次序号；第二次抽签是按选房次序号抽签选门号、楼层、房号，拆迁安置全部在新洲家园。

2009年，因惠澄路建设需要，拆迁马路上部分民房。

2010年3月，对马路上剩余的民房进行拆迁，拆迁工作进展比较顺利。

2011年1月，前洲街道在春节前对全村大部分村庄进行拆迁，经村全员发动，村民自愿签约进行拆迁，共计160多户。春节过后，对全村除新建吴巷、章巷部分洋房、别墅房外，兵营式房屋全在拆迁之内。村委根据拆迁工作任务重、时间短的要求，分成南北两个拆迁小组。原北圩村由书记吴浩星、副主任章晓平负责，北片由原石幢村书记高建新、村主任高玉祥负责。村“两委”把全部精力都投入拆迁工作中，逐步化解矛盾。拆迁工作热火朝天，部分村民在前洲娱乐城整夜排队签约，签约后房型公布上墙，签约率快速提升。街道拆迁办深入基层，签约工作前移，签约时采用“5+2”“白加黑”进行。由于全街道大面积拆迁，拆迁户租房过渡成了难题。村委向街道反映情况，征得同意，在原石幢村老年活动室解决了部分老年村民的租房过渡问题，待安置房交付后直接搬入。由于准备充分，早做打算，工作细致，措施扎实，拆迁工作进展顺利。此阶段，共拆迁民房 850 户，面积近 18 万平方米。

此次拆迁是在签约选定房型的基础上，再按签约的顺序号选定门号、楼层号，拆迁村民入住润州家园、惠丰小区。

2019 年 1 月，为了整治环境，对境内剩余的新建房屋进行拆除。此次拆迁在原来拆迁的基础上进一步加强宣传发动，并公布了签约选房、分房一气呵成的方法进行，大部分村民为了签到一个中意的房子，当公布签约时间后，拆迁村民提前三天时间到村委会会议室等候签约。村委会及时对拆迁村民按次序进行编号，使拆迁工作按部就班、紧张有序地进行。2020 年，拆迁工作主要是以清零为主。

此次拆迁有现房和期房，村民根据自己过渡的需要进行安排。村民拆迁后住在了新洲、润州、惠丰社区，生活更加便利。有了 610 路公交车、607 路公交车、639 路公交车，小孩去城里上学更加方便，拆迁村民办理了失地农民，享受着城市化带来的美好生活。

北幢村历年民房拆迁统计表

表 12-5-1

序号	日期	住宅户（户）	人口（人）	面积（平方米）	拆迁村庄及项目
1	2008 年	68	238	14204	河南村、后场上、京沪高速铁路建设
2	2009 年	50	149	11145	马路上惠澄路工程
3	2010 年 3 月	132	412	22199	马路上万顷良田拆迁
4	2011 年 1 月	162	450	29499	北幢村农业重点项目拆迁
5	2011 年 3 月	850	2729	174670	北幢村农业重点项目拆迁
6	2019 年 1 月	218	661	75820	北幢村环境提升
合计		1480	4639	327537	

二、办理失地农民补偿

2008年起，京沪高铁、惠澄路工程建设启动后，村民房屋被拆迁，土地被征用。前洲街道按照《惠山区农村土地承包经营权置换基本生活保障实施方法》，由村委具体提出办理名单，街道农办审核，一次性对全村征地农民4352人办理基本生活保障，确定被征地人员的基准时间为2013年7月1日。

第一年龄段为16周岁以下村民、16周岁以上的在校学生，给予每人6000元的一次性生活补助费。

第二年龄段为男16周岁以上至50周岁，女16周岁以上至40周岁，征地前已经参保的可以选择保障安置，纳入城镇职工社保范围，并对应折算养老保险年限，建立个人账户或一次性20000元安置补助费。2002年1月前的养老保险折算成缴费年限，并视同缴费年限。征地前未参保的，本人可以选择就业安置。征地前未参保的农龄折算两年抵一年工龄，最多十年为限。参军人员的军龄可以抵作工龄。保障安置和就业安置不能重复享受。

第三年龄段为男50周岁以上、女40周岁以上的农民。征地前未参保的，本人可以选择政府给予的安置保障、政府保养或就业安置。在征地前已经参加养老保险的，本人可以选择政府的保障安置、政府保养或就业安置或一次性安置费20000元。征地前已经纳入社保的，按退休待遇不变，政府另外给予一次性6000元补偿费。

第四年龄段人员，对办理失地确定的基准日后死亡的人员，给予一次性20000元的补助（分三次发放）。对办理失地农民的老人死亡后享受一次性6个月的补偿款。

其他高龄老人按失地农民每月领取610元的土地补偿费，政府补发8100元。养老金保养的男50周岁以上、女40周岁以上未达退休年龄的村民每人每月享受720元。现在年老村民的失地农民费逐年增加，2019年还给予适度提高，75周岁、80周岁以上老人的失地补助费，由社保部门直接发放到个人。2020年，每年每人领1040元。

2013年7月北幢村农村土地承包经营权置换保障安置人口统计表

表 12-5-2

年龄段	安置类型	安置人口（人）
第一年龄段	一次性补助	652
第二年龄段	就业安置	5
	一次性安置补助	433
	保障安置	1339
第三年龄段	一次性安置补助	6
	政府保养	1215
	保障安置	583
	一次性退休补助	119
合计		4352

第十三章　文教体育

第一节　教　育

北幢村历史久远，早年就有工商人士出资建校办学，并有众多有志之士参与兴教工作，提议利用宗祠改办学校。由此，在新中国成立前先后办有5所小学。新中国成立后，党和政府对教育事业更为重视，原有私办学堂先后并入公办小学，教育事业蓬勃发展，幼儿、小学、初中教育基本普及。

一、私塾

1949年前，北幢地区有少数宗族在祠堂办起私塾。

二、幼儿教育

（一）石幢村幼儿园

1976年，石幢村建办幼儿园，设两个班，石幢小学、高家尖小学内各设一个幼儿班，学生有48人。陆祥娟任园长，幼师先后有倪杏秀、高敏芳、孙丽萍、高寒芬、叶庆华。高家尖幼儿园于1998年2月并入石幢幼儿园。石幢幼儿园于2001年并入北七房幼儿园。

（二）北圩幼儿园

北圩幼儿园于1977年开办在北圩小学内，共设三个班级，有幼儿106人，园长为吴丽君，幼师先后有章怡珠、张华秀、邵盘英、季群艳。随着北圩小学多次搬迁，幼儿园也跟着迁移。对幼儿教育也越来越重视，环境也越来越好。2001年9月，随着北圩小学并入杨家圩小学，幼儿园也并至杨家圩幼儿园。

三、小学教育

（一）石幢小学

石幢小学创建于民国9年(1920年)，名为青城市第八国民学校。校址设于石幢村东部的“宝藏庵”，旁倚锡澄运河，坐北朝南。校门前是一片600平方米的操场。宝藏庵有二厅一井一房一廊，改造为两个教室（复式教学）。初办时只有3个班级。因石幢地处二市（无锡、江阴）、三镇（前洲、青阳、堰桥）交界处，青阳镇的停塘村和堰桥镇的界泾村、陈家村的少年儿童上学也到石幢小学。后来增加到6个班级，课程有语文、乡土、算术、珠算等。抗战胜利后，学校更名为无锡县前洲镇石幢国民学校。新中国成立后，更名为无锡县前洲石幢小学。

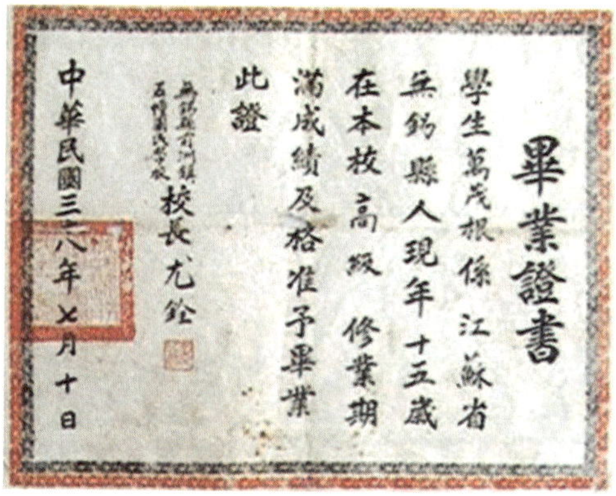
畢業證書
學生萬茂根係江蘇省
無錫縣人現年十五歲
在本校高級 修業期
滿成績及格准予畢業
此證
校長尤鈴
中華民國三十八年七月十日

民国38年（1949年）7月10日石幢国民学校万茂根的毕业证书

1954年9月，校舍因年久失修，成了危险房屋，石幢村决定将学校搬至西侧的叶氏宗祠。叶祠堂内有三个大厅。首先将牌位厅、大仙厅改造为三间教室和一间办公室。校舍东原是一片废墟，被改造为一片大操场，后又竖起了篮球架子成了篮球场。

1957年，扩至4间教室。1960年，扩为6间教室，4个公办班，2个民办班。

1976年，学生增多，教室不能满足教学要求。拆除八间老校舍，改建为8间二层楼房，上下层都变为教室。1983年，又将叶祠堂的南大厅拆除，新建4间二层楼房。2001年，石幢小学撤并至北七房小学。

20世纪80年代的石幢小学

石幢小学在前洲辅导区内第一个开展以制作航模、船模为主体的科技活动。在无锡县首次航模竞赛中，取得了小学组前三名的好成绩。体育达标活动开展得生龙活虎，在前洲辅导区举办的田径运动会上，成绩名列前茅。

1974年起，石幢小学创办了校办厂，添置了仪表车床4台，专门加工螺丝、螺母。他们利用校办厂的利润，解决了学校的办公经费，从1979年至1989年十年间，免了学生的学费，开创了义务教育的先河。适龄儿童入学率达到100%。

先后担任石幢小学校长的有：顾凤鸣、袁宝卿、顾如模、王明葵、丁尚君、薛炳章、奚干生、尤铨、邓若烨、崔旭忠、华林根、曾兴发、支兴。

先后在石幢小学任教的教师有：朱冠芳、张洁心、陈志毅、张永年、戴明德、蔡德甫、钱素华、郁秋凤、邓琴珍、唐焕娥、吴月琴、张明海、唐仲英、薛玉英、沙曾然、高季芳、高孟贤、陈荷娣、孙丽萍、邓耀珍、周小平、朱瑞英、高寒芬、曹华明、高敏明、王建新、杨浩康、沈荷珍、叶兴元、陈林兴、陈廷娟、陈福灏、陆祥娟、高敏芳、石伟彪、叶荣康、钮静英、吴凤珠、华彩萍、郑月芬、余美丽、严宝洪等。

教育部提出“把学校办到家门口去”的指导意见，1966—1967年，石幢办起了农业中学，招收学生20余名，教师是袁林章、唐菊初、高祖德。

1969年，石幢小学办起初中部，收了一个班的学生。1970年并入北七房小学初中班。

1976年，石幢小学又办了两年制初中班，教师有高建新、叶中明、万国裕。1979年并入北七房初中。

1985年石幢小学老师合影

（二）高家尖小学

20 世纪 80 年代的高家尖小学

高家尖小学位于村东端（原高氏宗祠）创建于 1913 年，由本村人士高俊林、高文明、高国安等人组成学校董事会，在原村私塾教育的基础上改办为国民小学。因无资金建造校舍，经董事会协商，将高氏祠堂改造为小学。初办时，师资缺乏，本村高维清先生自荐担任教师，陈同生为校长。时过境迁，学校校长和教师多有变动。1949 年时，全校有两间教室，六个年级，以复式班进行教学，共 80 余名学生。

1954 年，学校的高级部转入石幢小学。学校变为一室多级复式班，更名为高家尖初级小学。1962 年由教学事业机构调整，改为民办小学。1964 年起成为石幢小学分部，归属石幢小学领导管辖。1984 年，村道复扩、学校拆除，所有学生并入石幢小学。

历任小学校长：陈同生、高维清、袁宝卿、高祖羔、薛云志、许文惠、梁守一、邓若烨。

高家尖小学的历任教师：朱宝生、唐宪忠、张其廉、高云西、朱欣初、杨德兴、陈荪娣、高惠芬、钱其江、顾云珍、沈宛英、何云庚、洪序恭、唐杰澄、高署光。

（三）杨撑渡小学

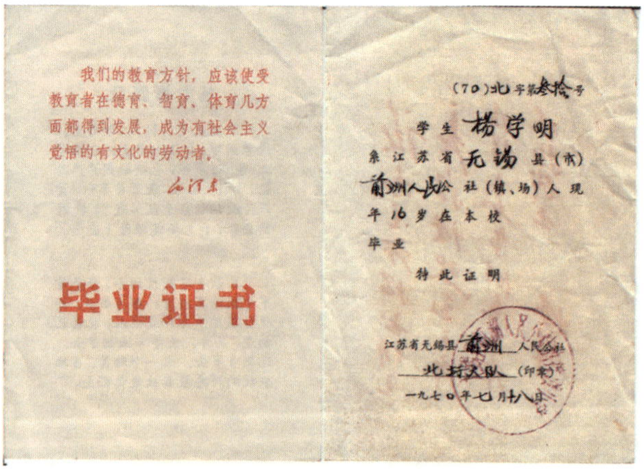

我们的教育方针，应该使受教育者在德育、智育、体育几方面都得到发展，成为有社会主义觉悟的有文化的劳动者。

毛泽东

毕业证书

（70）北字第叁拾号

学生 杨学明

系江苏省 无锡 县（市）

前洲人民公社（镇、场）人 现年 16 岁在本校

毕业

特此证明

江苏省无锡县前洲人民公社

（印章）

一九七〇年七月十八日

杨撑渡小学 1970 年的毕业证书

杨撑渡小学创办于民国 19 年（1930 年），早年没有办学资金，利用杨家祠堂办起了小学，祠堂大厅就是教室。学生都是本村少年儿童，自带桌凳。1956 年，幼吾小学、马路上小学四、五、六年级学生均并入杨撑渡小

学，分为六个班级。

（四）北圩小学

1958 年，杨撑渡小学更名为北圩小学，搬迁至田祠堂和章祠堂内。1977 年，因为水利建设开新河，田祠堂和章祠堂被拆，小学临时搬至庄巷上十间头（拖拉机站）。1979 年搬进卫巷上的校舍。1990 年村委再次投资 150 多万元在堰玉公路杨家圩大桥桥墩北侧易地新建校舍，占地 1 万平方米，建筑面积 2000 多平方米，建有 11 间连体宾馆式二层教育楼一幢，及 250 米环形跑道、封闭式灯光篮球场等设施。1991 年竣工启用。国家教委何东昌副主任为北圩小学题写了校牌，国家教委司长李仲汉两次到校考察并题词“教书育人，无上光荣”。1993 年印度国家教育代表团到北圩小学考察。2001 年 8 月并入杨家圩小学。

担任过北圩小学校长：邱华秋、唐松鹤。

在北圩小学任教的有：王震亚、林竹清、曹省三、顾仁凤、吴月琴、钱培根、边锡良、华林根、华志芬、吴凤珠、朱中元、杨锡根、朱兴初、曹永范、蒋元法、杨浩康、唐焕娥、高敏明、高科、吴云霞、王玉英、钱均豪、陈美华、祝静亚、陈亚平、汤伯生、华整、顾碧、过爱英、崔旭英、吴丽君、卫正明、季亚英、张杏英、范秀凤。

在北圩小学担任校工的有：余建康、余海清、朱献庭。

1977 年至 1981 年，北圩小学根据“把学校办到家门口去”的指示意见，办起了戴帽初中。教师有：卫正明、范秀凤、张杏英、季亚英、唐松鹤。

1990 年 8 月落成的北圩小学

（五）马路上小学

民国21年（1932年）由朱子匮在1929年开办私塾的基础上，会同村内的有识之士，借用村民季培林的两间平屋开办了小学（私立小学），使用国民课本，设有语文、算术、珠算、写字等课程，一室六个年级。抗战胜利后，学校更名为“优奋小学”，备案为蓋三乡全日制学校，保持六个班级。1954年更名为无锡县马路上初级小学。1956年根据乡教育办布局调整，四至六年级的学生转入杨撑渡小学就读，一至三年级学生留在本校。直至1973年并入北圩小学。

（六）幼吾小学

幼吾小学创办于民国25年（1936年），工商人士田夏林（北圩田巷上人）是个公益达人，发现村上办学不平衡，以吴巷为主的南片自然村没有小学，很多少年儿童入学无门，于是他慷慨解囊，与吴福林等人成立校董会，在吴巷尚书庙的庭院建造了三间二层楼房，兴教办学，取名为“幼吾小学”。1956年并入了杨撑渡小学。

第二节　群众文体

群众文化是社会发展生活中不可或缺的重要部分，文化随着社会进步不断发展，在一定程度上推动了社会的进步，北幢村历史上有丰富的民间文化活动，随着时代的发展，村委组织村民开展各类文体活动。

一、文艺活动

（一）群众剧团演出

锡剧（俗称滩簧）在群众文化活动中，是该地的地方戏种，大家耳熟能详，在劳动之余大家凑在一起，唱唱滩簧。北圩村自发成立了锡剧队，专请王坤荣老师辅导，自费买了剧本，演出的剧有《珍珠塔》《双推磨》等。有时是搭台请人唱戏，戏台是用木桩和木板搭建而成，戏台搭得好坏决定唱戏的成败，当时一些青年看戏时起哄轧撑头，以推倒戏台为荣，一些不坚固的戏台就轧倒了，戏就中断了。

当时，高家尖、万家村的宣传队比较活跃，在重大庆典活动时，尤其突出。1969年4月庆中共九大时，穿着自己纺纱的粗纱布草绿色衣服，到无锡市游行。

在宣传队活跃期间，还有好几对青年男女自由恋爱结婚。

（二）露天电影

电影是比较直接的宣传教育民众的有效办法，那时是黑白电影。不定期、不定点隔一段时间放映电影。遇到放电影，大家心里都很高兴，又有电影看了。只要周边有电影看，白天的劳累都丢掉，赶东赶西去看电影，前洲中学操场、其他村里都去看。为了看朝鲜片《卖花姑娘》，特地走到无锡市区。战争题材的电影百看不厌，爱国主义、英雄主义教育潜移默化地教育青少年。放电影前一般要放幻灯片、纪录片，一般是时事教育的内容，有时也放农技农活的宣传片。只要晚上看电影，人们不顾路远、人挤、买票，都争先恐后地观看，充实当时的业余生活。20 世纪 80 年代起，电视机逐渐普及，看露天电影的人就很少了，现在要看电影都上影剧院观看了。

二、体育活动

（一）篮球

20 世纪 60 年代开始，篮球运动在农村蓬勃兴起，各自然村因陋就简，利用生产队的晒场，竖起了篮球架。当时的篮球架都用整田平地的棺材木头做成，后来的篮板、架子有的换成水泥板。生产队里的男青年从十五六岁到二十多岁，都积极参与。

石幢大队有高家尖篮球队、河亭上篮球队、河南村篮球队、万家村篮球队、石东村篮球队、石中村（后场上）篮球队、严巷上篮球队、姚家浜篮球队、张村浜篮球队、梅家浜篮球队。

稍有名气的高家尖篮球队、杨撑渡建新篮球队、马路上燕飞篮球队，汗衫背心上印有队名，成为球队一员无上光荣。高家尖与玉祁民主结为兄弟队，聘请玉祁礼舍原在国家队的队员为教练，篮球技艺水平提高较快，遇到节假日，参加近地举办的篮球锦标赛，队员们都能积极准时参加。不是球队球员，只要是热爱篮球运动的人也到处跟随观看，伙食全部自理，交通都是步行，无报酬和待遇，全凭喜爱篮球运动。后来杨家圩篮球队发展也较快，两个队经常得到奖杯。篮球运动锻炼身体，不论时间，不追求效果，是村民喜闻乐见的运动项目。

20 世纪 90 年代初，北圩村小学建了专业篮球场，聘请国家队男队、女队进行比赛，规模空前，史无前例。所需资金均由村办厂支出。

改革开放后，为了鼓励全民健身活动，各级政府大力支持，玻璃钢、铁架子的篮球架发放到村，石幢也建了新型篮球场。化工厂的篮球场也比较正规，后因村办厂发展需要于2003年拆除，而后在河亭上建立了一个新篮球场。篮球架子发放逐年增多，青少年随时可以进行篮球运动，有的打半场，有的打全场，群众踊跃参加，篮球运动成为村村巷巷、各自然村的体育运动。

（二）乒乓球

20世纪五六十年代，乒乓球运动逐渐兴起，当时的小学就比较盛行。小学生们只要一下课，几张课桌拼成乒乓台，两只文具盒或者一根竹头用两块砖头垫高当球网，乒乓板有的是用木板自锯而成，还有的是买硬木板的乒乓板，好一点是一面是硬的，一面是海绵的乒乓板。不管是乒乓板的好坏，学生一有空就练习，回家后有的就拿自己家里的门板用长凳搁高一点儿就当乒乓台练习。当时是以小学生练习为主，成人参与较少。技艺较好的成人经常参加公社组织的乒乓球比赛。

（三）游泳

游泳是江南水乡每个人必须学会的技能，生产生活都离不开水上的船。至今的小孩要在大人的带领下去学游泳。有这样一个故事，一个小孩一直学不会游泳（俗称游水，溷冷浴），他的爷爷在该小孩子身上绑了一条绳子，牵着小孩的绳子去学游水，看到沉下去就拎出来，就是用尽办法强制学游泳。不会游泳的称为旱鸭子，要被人瞧不起的。农谚曰“六月六，猫狗溷冷浴”，意为到了农历六月，就可以下河游泳了，实际上那时已进入一年中最热的三伏天了，气温高，河水也不凉了。当时的小孩为避暑，午后，男孩成了河滩上的常客，不会游泳的都趴在河滩的阶石下扑腾着，人们称这些人是“沿缸土婆”。有的大人托着孩子的下巴教孩子游泳。而一般情况下，都是把家中的木门板横放在双腋下，利用其浮力，起到救生圈的作用。头抬起向前看，双手在门板旁用力划，双脚不断扑打水面，也可以把身下压着的门向前推开一段距离，尝试自个双手划，双脚扑打。身子往下沉，赶紧把手伸向前方浮在水面上的门板，只要一手抓住了门板，即所谓“抓住了救命稻草”。有些胆子大的，嫌拿木门板麻烦，就开始学所谓的“闷头游水”。一旦学会了游泳，小孩吃过午饭，几个小时泡在河里，捕鱼摸蚌，“贼没头工”（潜水），吞水（鲸水）都自然会了。

有的胆大的小孩在石幢大桥跳下去游泳（好像现在的跳水比赛），有的拖住轮船在锡澄运河玩耍。至于大人学会游泳是生存的技能，那时的运输离不开农船，要在船上干活，首先要学会游泳，好像是“如鱼得水”。当时公社还在锡澄运河北圩村磷肥厂处组织全体青年民兵进行游泳比赛。通过比赛，锻炼了身体，强健了体魄，也可以消暑度夏，预防中暑。当时，很多男人（不管大人、小孩）到了晚上要到河里潨冷浴，也起到洗澡的作用。过去，为学习游泳及私自到河边玩耍，经常有小孩溺亡事件发生。

20 世纪 80 年起，随着乡镇工业的迅速发展，农业生产严重依赖化肥农药和联产承包责任制的推广，一般农户不再使用河泥做有机肥料，河底淤泥沉积，抬高了河床，河水污染变色，人们到河里“潨冷浴”的兴趣没有了，现在想要游泳都到游泳馆去了。

（四）棋类运动

象棋在北幢村比较盛行，它不受条件的限制，只要喜欢这一运动，两个人摆上棋子，楚河、汉界就开始博弈，无论是树荫下还是在八仙方桌上，只要看到有人下棋，观棋的人就逐渐多起来。有些旁观者看到对弈人在全神贯注、反复斟酌的情况下，有的急着动手走棋，有的是“看下棋，烂落扁担头”，影响了农活。“观棋不语真君子，落手无悔大丈夫”是社会上下棋对弈的俗成规矩，若有哪位不识相的观众将当局者未察觉的“杀招”指出，或自认为“妙招”，定会招致大家的指责。棋艺好一点的也会报名参加象棋比赛。现在随着时代的发展，参加棋类活动的小孩逐年增多，有的学国际象棋，有的专注学围棋。

三、其他体育活动（游戏）

除了上面提到的一些体育活动外，北幢人农闲、业余时还开展其他体育活动，有些运动适合成人，更多的活动适合青少年。

如举杠铃、挺石担、耍石锁、抓柱石、练武术、掰手腕、拔河、跳绳、放风筝、抛铁箍、老鹰抓小鸡、踢毽子、翻骨牌、跳橡皮筋等。下面对一些活动或游戏稍作解释。

掰手腕　有两种方式：一种是手掌相握，另一种是手腕接触。掰手腕算不上游戏，但是流行程度很高，也是不错的锻炼力量的方法。

老鹰抓小鸡　一种多人游戏，在户外或有一定空间的室内进行。由一人扮演老鹰，一人扮演母鸡，其余扮演小鸡。小鸡们一个接一个地一字连接在母鸡后面，母鸡需要挡住老鹰，不让其抓到身后的小鸡，而老鹰就要通过跑动等办法抓住母鸡身后的小鸡，或是让小鸡链断开。直到一定数量的小鸡被抓到。

翻骨牌 把沙包高高抛起，趁此时机把4个骨牌依规定次序翻过面去，规定抛包次数，在规定次数内把骨牌翻过四面又一把抓起来为胜。或者把沙包抛起，抓取相对最多的骨牌，最后接到骨牌的时候沙包和骨牌都不掉落，即为成功，然后算分。横放的骨牌5分，竖放的骨牌10分，坚持到最后的人算分，谁的分数多谁获胜。

斗草 两个人把叶茎交叉在一起，然后反方向拉扯，看谁能把谁的拉断。

绳索平衡 两个人面对面站立，那一根足够长的绳子呈S形绕在两个人腰上。通过双手控制绳子的“收”与“放”，尽可能使对方失去平衡而获胜。

丢沙包 打仗扔石头的变种。要三个人玩，非常训练敏捷性。中间的人若被沙包打着算白打，直到能用手抓住“打手”扔过来的沙包，才能“刑满释放”。

抓沙包 把一个沙包高高抛起，在沙包落下之前把桌上的若干个沙包抓到手里，然后用同一只手接住落下来的沙包。

打“宝” 用纸叠的“宝”。一人把“宝”放在地上，另一人用自己的“宝”往对方“宝”旁边用力砸，靠气流把它冲翻，也有直接往“宝”上砸的。

打弹珠 刚开始要把各自的弹珠从斜坡上滑下来，滑得最远而且不出界的获得优先权。场地中有5个洞，进完所有的洞之后就成为“老虎”，然后打谁灭谁。

翻绳 拿一根毛线，两边接起来，在手中经过一定的变换形成各种各样的图案。

纸风车 做好纸风车之后，拿着跑就行。

打弹弓 弹弓有两种：一种是直接把制作的子弹卡在橡皮筋上弹出去。另一种是一个“丫”字形树枝，两边都绑着橡皮筋，而且橡皮筋上有皮片，把石头包在里面弹出去。后者射程比较远，比较危险。

扔砖头 一个人把砖头竖立起来，另一个人向那块砖头扔过去，把它击倒。具体规则是：第一步，站在画好的一条线后背对着对方的砖头，然后从胯下把自己的砖头扔出将远处对方的砖头打倒。第二步，单腿起跳出一步，脚不落地的情况下击倒砖头。第三步，单腿起跳两步，把砖头从抬起的那条腿的大腿下方扔出，击倒砖头。第四步，用脚背和脚腕把砖头夹住，单腿向前两步，顺势用脚将砖头甩出击倒对方的砖头。第五步，用腿弯子也就是膝盖后面的地方将砖头夹住，向前单腿跳五步到对方砖头侧面或者前方，松开腿砖头落下击倒对方的砖。（这个很考验体力和实力的，有些人五步是跳不到地方的）

抽陀螺（地活生） 抽陀螺的方法有两种：第一种是水平抽法，第二种是垂直抽法。玩陀螺有两种比赛方式：第一是分边法，是将参加的人分成两组，然后大家一起抽陀螺，看看哪一组的陀螺先倒在地上。倒在地上的陀螺，就称为“死陀螺”，只有任由对方劈击宰割了。赢的这一方，用自己的陀螺，高举过头，对准目标，向下猛击。第二是画圈法，在地上画一个圆圈，圆圈的中央再画一个小圆圈，各人轮流将自己的陀螺往圈子里打，使陀螺能旋转出来。如陀螺已固定在一点上旋转，这时可用绳子将它圈出来，只要到达圈外还在旋转，都不算它“死”。如果陀螺停止在圈内，或一抽下去就不动了，都算死了，要放在当中小圆圈内，任别人处罚。若处罚别人的陀螺也停在圈内，照样要放在小圆圈内，任人处罚。如果没有被击到，或是被击到而没有被分解，可以拿出一个陀螺，用水平抽法，将自己那个小圆圈内“死”掉的陀螺击出圈外。

轧撑头（挤油渣） 在过去衣服单薄、取暖基本靠抖的年代，冬天里一堂课下来，基本都会冻得发抖。聪明的孩子们想到了一个办法——挤油渣。挤油渣是这么一个游戏，孩子们分成两队，选择一块向阳的墙，两队的人靠着墙：排成一条线，从两边往中间挤。被挤出来的人，跑到队尾，继续挤。挤的时候，还要齐声高喊“冰冻冰冻你上墙，我吃冰冻你来抢，挤油挤油渣渣，挤出油来烫巴巴”。在相互挤的过程中，由于运动身体发热也就不冷了。挤油渣时站在最中间的两人是最暖和的，当然受到的压力也就最大，一般都是最大个子的在中间。倘若站中间的人使坏，突然跑开，那么由于失力，后边的一群人都要摔倒。十几分钟挤下来，全身发热，上课便不觉得冷了。

抛铁箍（滚铁环）滚铁环是好几代人童年时的游戏。孩子们手捏顶头是V字形的铁把或铁丝，推着黑铁环向前跑。最好的铁环就是浇铸或焊接的钢圈，在铁环上基本找不着缝，这样铁环有滚好长一段路而不倒下的优势，凸凹的路面和水坑也不在话下。一般的铁环，由箍木桶用的铁圈制成，这样的铁环，滚动前还得认边，否则会被卡住。铁环玩得多了，自然就推出了许多花样。技术好的人，单手拿铁钩将铁环往前一送，铁环就乖乖转动起来。滚在路上也能“停车”，即铁环斜靠在“车把”上，要滚时弯钩轻轻起动就行。除了直走，还能带着铁环拐弯，穿越障碍。

第三节 村民广场

2004年，北圩村在杨撑渡里杨南边浇筑了120平方米的广场，该地原来乱搭乱建严重，鸡棚、鸭棚到处都是，杂乱无序，村委请有关单位进行设计，种植花草，建有一座6角凉亭和健身的鹅卵石步道，成为村民休息、娱乐、健身的活动场所。

2005年，石幢村在高家尖利用废弃的河塘，填筑后，浇筑了800多平方米的水泥场地，增置了一套健身活动器具，增添了一个篮球场及跳迪斯科老年舞的广场，东边建设了一个小公园，曲径鹅卵石步道，成为村民晚上健身、休闲、娱乐的场所。

高家尖2005年建造的健身广场

2007年，在河亭上村庄北低洼地段，利用引长江水为自来水工程的泥土填筑该处，建了一个标准篮球场和健身场，旁边种植了花卉苗木，建有公共厕所，整个广场整洁漂亮。不论春夏秋冬，村民广场总是人气兴旺，热火朝天，活动内容丰富多彩，健身、娱乐效果十分突出。

第四节　通信传媒

民国初年，北七房、石幢设立了邮政代办所，邮包由锡澄轮船公司于石幢蔡公桥码头接送。1954 年，前洲邮政代办所改称前洲邮政所。1858 年，改名为前洲人民邮电局，下设石幢、北七房、浮舟、黄石街、三大王五处邮政代办所。石幢地区的信件、包裹可以通过北七房、石幢的邮政代办所办理，信封上的地址写“无锡北外北七房××巷”。北圩地区的信件和邮件则通过石塘湾秦巷的邮政代办所办理，20 世纪 80 年代后期改由前洲邮政所办理，信封上地址写“无锡北外杨家圩××巷；无锡县前洲北圩村××巷”。在很长一段时间内，邮政代办所没有投递员，外埠寄来的函件，代办所托熟人或口信告知收信人，由收件人上代办所领取。1958 年，各个生产大队都安排了投递员。如果遇上紧急情况，北幢人要白发电报，只能到 5 公里外的前洲邮政所办理。

1959 年，前洲邮电局安装了磁石式手摇电话机，北圩大队、石幢大队办公室安装了电话机。20 世纪 80 年代中期，村委和企业都安装了直拨电话。20 世纪 90 年代，全村大多数村民都自费安装程控电话。随着信息化的进一步发展，移动通信进入人们的生活，“寻呼机”“大哥大”“小灵通”等开始使用。而后，各种手机成为平常百姓互通信息的生活必需品。普通信件和电报逐渐退出邮电通信。

1949 年前，《新锡报》《申报》等只有从外埠寄回，或进城后带回，北幢地区平时很难得外界的信息。在以后的半个多世纪里，随着乡镇企业的不断壮大、农村经济的日益富裕，北幢人通过订阅报刊、有线广播、电视、互联网获得各种信息。

1958 年，各生产队通了有线广播。1965 年，前洲公社成立广播站，利用电话线杆架设广播线路，各大队也用毛竹竿自架支线连到各自然村，在场头、田头安装上高音喇叭，社员群众在劳动时能听到广播，了解国家大事、天气预报、本地新闻。1970 年后，“村村通广播，户户有喇叭”。舌簧喇叭是用木匣方形样式，家家挂在大门前。有线广播一般早、中、晚播放县里的节目，公社也有自备节目，主要内容包括新闻、生产动态、农事农活、好人好事等，也播送本大队的报道、通知等。

1976 年起，12 英寸电视机开始进入农村，大多数是生产队集体购置。吃过晚饭，经过一天辛勤劳动的村民来到放映室收看电视新闻、天气预报、文艺节目。20 世纪 80 年代，农户开始购置电视机，彩色电视机开始成为青年结婚的必备物品，电视机普遍成为家用电器。

20 世纪 90 年代，彩色电视机在农村中普及。1993 年，前洲镇筹建有线电视台，开通了 13 个电视频道，有线电视网络全面覆盖到农户。2001 年，无锡 IP 城域骨干网正式投运，前洲镇开始进入宽带时代。北幢地区部分企业和农户使用互联网。2006 年起，有线电线台模拟信号转换成数字信号，高清液晶电视机普遍应用，老式黑白电视机基本淘汰。许多家庭有几台电视机，老少分开各看所需节目。有线数字电视的普及，有线广播完成了历史使命，退出了历史舞台。

2010 年以来，北幢村的通信由有线通信发展到以数字网络技术为依托的诸多形式。以智能手机为终端的通信设备普及后，手机的各项功能为村民的生活带来极大的便利。通信、新闻、电视、电影、购物、餐饮、旅游、理财等，可谓“一部手机走天下”。一些年轻人开始利用互联网创业，有的做了电商、有的加入快递行业、有的做起了自媒体等。北幢人跟着时代的步伐跨入了数字化的生活时代。

第十四章　医疗卫生

第一节　明清、民国时期的医疗状况

北幢村地处杨家圩圩田地区，过去可谓是穷乡僻壤、交通闭塞，三年没两头，农民不但缺少吃穿，医疗卫生状况非常落后，百姓患病后扛几天求得自愈，或用不花钱的土法草药侥幸医治，少数人甚至采用驱鬼辟邪等迷信手段，结果使得本来可以治好的小病拖成了大病，或成残疾。而一般百姓在逢年过节时，总是祈求列祖列宗保佑身体健康、无病无灾。在这种缺医少药的境况下，村里有识之士伸出了救民之手，无偿为民施药和免费治病，值得追忆。

北圩村田夏林，1895年出生，田巷上人，是个工商人士，看到村上百姓缺医少药，慷慨出资，于1946年起在卫巷观音堂内建办了“施药局”，筹购中草药、西药，还专门聘请医生坐镇为贫困患病人治病施药，分文不收，受到了村民的赞扬。

石幢村杜少芸（1891年出生）、杜少谷（1893年出生），兄弟俩传承祖传外科医术。在石中村开设了外科门诊，主治骨痨、痈疽、瘤痴等外症，技术高超，医德高尚，远近闻名，江阴一带患病者都划船而来。对贫困患者施行减免治疗。1944年秋，兄弟俩分别先后去无锡、上海开办中医外科诊所，杜少芸长子杜宗文继承了父业。次子杜宗武也在村里开办了外科门诊所，至石幢解放后歇业。

石东村的叶国良利用家屋也开办了一间内科门诊所，专治常见病，如伤风、咳嗽、腹泻等疾病。后来把医业传给了儿子叶少国，他不但在门诊看病，还不分昼夜出诊、上门为民治病。石幢解放后，叶少国先后调至北七房诊所、前洲卫生所工作，医业又传给了儿子叶浩元。

在石东村商业街上曾开办过一家中药铺，铺主杜德明。店铺两间门面，坐北朝南，东面一间放置了一排中药柜，柜上安置了五十多只中药抽屉。杜德明不但会按药方配制中药，还对来店贫困患者免费诊脉、配药。村民都称他为大好人。

第二节 医疗状况的改善

新中国成立后，党和政府对医疗卫生事业十分重视。1966 年，毛泽东发表了“把医疗卫生事业放到农村去”的重要指示，有力地推动了农村医疗卫生事业的蓬勃发展。“赤脚医生”这一新生事物迅速在农村发展壮大，各村纷纷办起了合作医疗卫生室。

一、北圩卫生室

1968 年 9 月，委派吴浩荣、杨惠琴到前洲医院学习。1969 年 6 月，村里办起了卫生室，医生有吴浩荣、杨惠琴。9 月，又增加了沈其昌、季金林，并至前洲医院学习。只要交五分钱的挂号费，就能在卫生室诊病治疗，打针配药。一般的常见病多发病只要诊治一次，最多两三次就药到病除，如遇疑难杂症、重病，即转公社卫生院或无锡去医疗，治疗费用凭发票按规定进行报销。

大队卫生室的成立，合作医疗章程的制定，“赤脚医生”随喊随到的服务，使农村缺医少药的状况得到根本改变。卫生室除进行日常的医疗治病外，还根据上级卫生部门的要求，发动社员群众，广泛发展以除害灭病为中心的爱国卫生运动。20 世纪 70 年代主要是查螺灭螺为中心的血防工作，以粪坑集中加盖，管好“两便”。生产队打大水井，社员家庭打小水井，管好水源，改变群众饮用河水的习惯，减少了传染性疾病和寄生虫的发生。1977 年 9—10 月，北圩小学暴发甲型肝炎，涉及部分村民。大队卫生室人员在公社卫生院派出的医生指导下，临时利用校舍作医院，开展治疗肝炎工作。全体师生休学一年，公社“革委会”、前洲医院及村三方商定，前洲医院派出谢君安、吴加文负责北圩肝炎的防治和治疗，全村肝炎的发病率得到了控制和有效的治疗。

为了贯彻预防为主的方针，赤脚医生根据季节及上级要求，为婴幼儿注射防疫针。他们深入小学、幼儿园、农户，带着疫苗上门，为他们消毒打针，服用糖丸，做到一个不漏。由于他们的多年努力，原来对人类威胁较大的霍乱、伤寒、百（日咳）、破（伤风）、小儿麻痹症、流脑等疾病极少发生，为儿童的健康成长做出了具有历史意义的贡献。进入20世纪80年代，计划生育作为一项基本国策，国家明确规定一对夫妻只能生育一个孩子。这个政策在当时农村遇到了很大阻力，特别是第一胎生育女孩的人家。在那时，繁重的农业劳动主要依靠体力来完成，男女还不能实现完全意义上的同工同酬，加上“传宗接代”的观念，一般第一胎为女孩的人家大多数想生育二胎，直至生到男孩为止，人称“天下第一难”。赤脚医生（特别是女赤脚医生）配合大队做好计划生育宣传工作，协助大队做好细致的思想工作。

赤脚医生的工作是辛苦繁重的，工作条件十分艰苦，卫生室建立的前20年，几乎都租用民房，设施简陋，针筒和针头用煤球炉灶烧开水消毒。1983年，建造村卫生服务站，有了稳定的场所。

北圩村卫生室的医生变动比较频繁，成立时的医生是吴浩荣和杨惠琴。1969年，吴浩荣调到公社卫生院，后考至医学院进修，读了研究生，成为苏州市第二人民医院的专家，获国务院政府特殊津贴。后来的蒋坤英、沈其昌也调至前洲卫生院，杨惠琴离职。1984年，季金林调任村会计。吴培庆、周燕芬、潘云妹进入村卫生室工作。1983年起，赵欣菊（公社卫生院医生）在村卫生室开设医疗站，会同赤脚医生做好全村的医疗卫生工作。

从2009年起，北圩与石幢合并为北幢村后，同时成立了北幢村卫生服务站，吴培庆任站长。这时卫生服务站的主要项目是建立居民健康档案，“预防接种、传染病防治、儿童孕产妇保健、老年人保健”。卫生服务站与村民签约了家庭医生，实行一对一的服务，打电话询问健康状况。每年负责65周岁以下慢性病（高血压、糖尿病）的体检工作，做好65周岁以上老人的体检工作，做好退休职工的体检工作，把基本公共卫生服务做到全方位，不留死角。

2000年起，北幢村免费为60岁以上老人办理了医疗保险。2019年起，为全村村民办理“福村宝”医疗保险。老年患病者看病不但可以在门诊、住院时报销药费，住院的大额医药费还可以在村内“福村宝”再次报销，极大地减轻了患病者的经济负担。

二、石幢卫生室

20世纪60年代，毛泽东“把医疗卫生工作的重点放到农村去”的重要指示发表，曾促进了农村医疗卫生事业的蓬勃发展。徐涌欣作为工农兵学员到南京医科大学学习，毕业后在村卫生室当全科赤脚医生。1968年9月，前洲公社卫生院举办第一期“赤脚医生”培训班，石幢村选派了吴惠琴、谢彩琴两人参加学习，学习了生理、病理、药理等医药理论和内、外、妇科知识。培训三个月后，分派到各保健站实习，跟随保健站医生巡回出诊。

1969年6月，石幢卫生室正式成立，卫生室租用了石东村叶岳球的空房，与当时村的代销店隔街相对，诊疗台、药橱极其简陋。卫生室成立后，大队就制定并公布了合作医疗的章程，规定每次就诊应交挂号费0.05元，夜出诊费0.1元，接产费0.3元。卫生室由徐涌欣负责，收取的诊疗费、药费按月交大队现金保管员，药品等每月到公社卫生院领取。

卫生室医生的报酬最初规定和其所在生产队社员同等劳动力实行靠工，且每人全年1/3的时间参加生产队劳动，其余2/3的时间报酬由大队给予补助。由于男女同工同酬，劳动和看病的轻重关系，生产队分配水平悬殊的矛盾较多，后来规定享受大队副职干部的待遇。

卫生室的医务人员不断充实，祖医世家的叶浩元于1969年经卫校培训后充实卫生室力量。卫生室的就诊范围是农村的一般常见病/多发病，如伤风感冒、胃病、肠炎、腹泻、痢疾、发热、咳嗽、呼吸道感染、慢性支气管炎及一般的小创伤等。特别是石幢离公社卫生院路途遥远，孕妇接生也是赤脚医生的工作，不管是白天黑夜，随叫随到，有时要等很长时间，孩子顺利出生，赤脚医生及孕妇家属皆大欢喜。

卫生室成立后，除日常的治病疗疾外，还要根据公社卫生院的要求做好经常性的爱国卫生防疫工作，对辖区出生的幼婴儿要打防疫针、服用糖丸等接种保健工作，谢彩琴在1976年并入北七房，知青余何勇做了两年就歇业了。

1983 年，由于村卫生室转制，赤脚医生转为私人医生，药品、药具均在自家室内，村民对赤脚医生的服务态度、服务质量、收费标准有了更多的选择。

2000 年，村卫生室又集中在村老年活动室旁诊疗治病，并添置了空调及三张病床，门诊室、药房、注射室和病房分离。进药和药品仍是各自管理，徐涌欣到 2004 年因病去世，叶浩元到 2009 年退休。

三、北幢村卫生室

2009 年，石幢村与北圩村合并，石幢卫生服务站与北圩卫生服务站合并。

北幢村的卫生室位于堰玉公路与石洲路交叉口的东南角，医生有吴培庆等，继续为北幢村村民做好保健医疗工作。2018 年，因道路建设和万顷良田建设拆除。村民的保健医疗工作由居住地所在社区的卫生室负责。

北圩卫生服务站，2009 年北圩与石幢合并后，成为北幢村卫生服务站
（2011 年 9 月摄）

第十五章　村风民俗

第一节　方　言

方言是一个区域的地方语言，也称“土话”。无锡就有不少地方语言，已经流传数百年。方言情趣浓重，含义深刻，给人们的生活增添了很多趣味和快乐。不但如此，还在文章言辞中充分应用，丰富了语言和文字的内容和含义。北幢村属无锡地区，对无锡方言流传应用甚广，村民的生产、生活绝大多数都用方言，而且还形成了自己的口音和日常语言。

在编写村志的过程中，经过走访、采集，收集到了不少地方语言，并进行了整理、归纳、选释，现选取部分方言入编在村志中，以飨乡民。

一、“头”的意趣

在长期的生活、生产劳动中，人与人之间的交流中，用活了一个“头”字，并把它演绎得神乎其神、妙不可言。

“头”字表示第一的意思，譬如头一名、头一回、头一次、头一趟、头一个、头茅峰……但有时“头”字与第一并不能通用，如无锡的惠山头茅峰就不能讲惠山第一茅峰，头名状元不能讲第一名状元，等等。

“头”字表示领头或首领的意思，如单位的领导人常被称为“头头”，但现在被“老板”这一时代称呼取代了。

无锡人喜欢在数量词前面加一个“头”字，表示次序或时间在前，譬如头几天、头几回、头几次、头几个、头两年。头年等于开始的第一年，头两年等于开始的第一二年。

无锡人对喜欢的人有独特的爱称，譬如称小姑娘为毛丫头，称老年人为老老头，对小孩子称为心肝头、宝贝头等。

在方言中有些词加个“头”后变作了贬义词，表示对人蔑视或讥讽、调侃甚至责骂，如猪头（或猪头三），或缩头乌龟、轧姘头、倒头光、贼骨头。

方言中特别喜欢用“头”字来强调某一特定时间段，非常有意思。譬如早晨讲空早头，白天讲日里头，下午讲午昼头，傍晚讲黄昏头，天黑了讲夜里头。

在方言中为了表示某件事程度的严重，往往喜欢在特定动字或形容词后面再加上一个“头势”，读后感到特别有趣，如冷头势（表示冷得勿得了）、热头势、穷头势、辣头势、困头势、忙头势、吓头势、笨头势。

“头”的词组：

额骨头——碰到好事、运气好、额骨头高

噱头——花言巧语，让人上当

话答头——口头禅

有讲头——闲话讲不完

回头——拒绝的意思

推头——借口

吞头——模样（贬义）

块头——人体的胖瘦形状

赚头——做生意除去本钱而多的钱

调头——说话语气或音乐旋律

楦头——制作鞋子用的模型

浇头——浇在面上的菜肴

出花头——想出来的新花招

甩牌头——倚着靠山

三吓头——虚张声势

出风头——人面前炫耀自己

别苗头——试比高低

轧扁头——左右为难、两头受压

吃排头——受到指责、批评

一哄头——蜂拥而起

翻行头——常换新的服装

跑码头——埠际流动做生意

触霉头——碰到吃亏、倒霉的事

装榫头——巧设借口，硬加罪名

弄笔头——写文章或写状纸

收骨头——严加管束

板叉头——找茬子整人

蒸笼头——脑瓜容易出汗

请路头——正月十五要请路头（请财神）

吭清头——小人吭大吭小不懂事

二、方言中的各种人

老户头——常客

投煞忙人——奔波劳动的人

空心大老倌——装富实穷的人

大好佬——大人物

草包——无用者、“饭桶”

老角色——有经验的人

阿猫阿狗——随便叫那个人（张三李四）

倒头光——吃光用光不留钱的人

道伴——同伴、朋友

书蠹头——死读书的人

半吊子——办事半二勿来三者

赤脚大仙——戏称赤脚走路的人

寿头——傻瓜一类的人

开盖货——办不成好事的人

白脚花狸猫——脚头活坐不住的人

老识宝——看上去懂行实质外行的人

脱底棺材——有钱就用光的人

三角黄石——死勿买账、难缠的人

三脚猫——懂得一点本事的人

大块头——满身是肉的胖子

扦干萝卜皮——能言善辩的人

老油条——吊儿郎当不干事的人

定头货——势均力敌的对手

勿二勿三——不正经的人

七搭八搭——不太正派的人

舌咯舌咯——说话啰唆不肯停歇的人

三、“老”字组词趣意

老茄子——资格老但不会干事的人

老三老四——说话过头，自己却不会

老油条——指不肯干活的人

老关系——特别相好的意思

老搭档——长期协作的人

老面孔——互相熟悉或常相见的意思

老勿实调——年纪大了还犯不该犯的错误

老屎眼——不肯改正错误的人

老吃老做——形容做事有经验的人

老扮老腔——形容穿着朴素不会花哨的人

第二节　谚　语

谚语俗称老话，是民间简练、通俗、富有意义的语句，是境内人民生活和生产的经验总结。它有浓郁的生活气息，幽默风趣，耐人寻味，所以历来为劳动人民所珍视而流传。现将流传境内的部分谚语收录于下。

一、气象谚语

太阳出得早，天气必难好。

日出红色，勿刮风就下雨；日落红色，天气晴。

上看初二三，下看十五六。

两春隔一冬，无被暖烘烘。

雨前蒙蒙难得落，雨后蒙蒙难得晴。

立春天气晴，百物好收成。

三月里清明偏不青，二月清明偏要青。

未蛰先蛰（雷声）一百廿日阴湿。

清明断雪，谷雨断霜。

燕雀低飞迎风来，蚂蚁搬家有雨来。

春雾日头，夏雾雨，秋雾凉风，冬雾雪。三朝迷露起西风。

黄梅迷露，雨在半路。黄梅天，一日十八变。

梅里西风莳里雨，莳里西风当作雨。

夏雨隔条线，一边旱一边涝。

一年三季东风雨，独有夏季东风晴。

小暑头上一个雷，半个月黄梅倒过来。

处暑难逢浇苗雨。处暑不落浇苗雨，虽然结谷也无收。

处暑难得十日阴，白露难逢十日晴。

早看东南，夜看西北。

白露里的雨，到一处坏一处。

东南角上一个阵，石头笃出粉。

六月初三一个阵，上昼耘稻下昼困。

东豁豁西豁豁，明朝背皮晒到辣豁豁。

东吼（虹）日头西吼雨。吼高日头低，连夜落不及。

显昼日头连夜雨。

重阳无雨看十三，十三无雨一冬晴。重阳拗不过十三。

晴到冬至落到年，落到冬至晴到年。

霜下东南一日晴，雾下东南雨淋淋。

西风腰里硬，东风两头大。

西风若夜绝，明天连一日。

雪落就晴天，落雪暖和烊雪冷。

夜晴不是好晴，后娘呒不好心。

东北风，雨祖宗。

久晴西风雨，久雨西风晴。

四月初八晴堂堂，娘鱼蟠灶膛；四月初八雨蒙松，河底好栽葱。

天上鲤鱼斑，明朝晒谷不用翻。

二、生产谚语

人误地一时，地误人一年。

人勤地出宝，人懒地出草。

好男好女勤田头，贪吃懒做勤灶头。

勿靠菩萨勿靠神，一靠灵巧二靠勤。

植树造林，莫过清明。

人缺食，面饥黄；地缺肥，不长粮。

梅里芝麻莳里豆，过莳只能种赤豆。

高田只怕迎梅雨，低田只怕送三莳。

三莳三送，低田白种。

娘好女好，秧好稻好。

若要秧苗长得好，秧田要在冬里锄。

干耕晒白，赛过上次粪。

秧长三寸，浇担水粪。

秧田拔除三遍草，谷粒粒粒饱。

芒种芒种，样样要种，误过芒种，冬里要囤空。

莳秧莳大棵，糯稻笑呵呵，轧稻气鼓鼓。

莳秧要莳浑水秧，莳秧要莳夜朝秧。黄秧隔夜，十日追不上。

六月不热，五谷不结。人在场上热得跳，稻在田里笑。

六月里拔棵草，冬天可吃个饱。

除草要除小，治虫要治早。

千浇万浇，不如处暑头上一浇。

留下一棵草，挤掉十根稻。

稻苗孕穗肥要足，施担人粪换担谷。

人怕老年穷，稻怕秋里干。

秋前不搁稻，秋后喊懊恼。

傍晚张稻买个猪头烧烧，早上张稻脸上带笑，中午张稻打大骂小。

稻老养，麦老抢。稻上场，麦上瓮。

蚕老麦黄，一歇辰光。

寒露无青稻，霜降一齐倒。

麦见生泥哈哈笑，稻见生泥急得跳。

立冬种麦麦三莳。

种麦种得细，省种苗又齐。

寸麦不怕尺水，尺麦只怕寸水。

九九不通沟，麦要箩筐装。

蚕豆小麦是个鬼，就怕四月初八连夜雨。

稻麦绿肥轮流种，土壤改善多收粮。

冬菜种心，夏菜压根。

稻要河泥麦要粪，黄豆须用灰壅根。

人补桂圆蜜枣，稻补河泥水草。

一船河泥一船稻，多罱河泥多结稻。

养猪不赚钱，回头看田里。

小暑里种赤豆，大暑里抛绿豆。

施肥不浇水，庄稼噘着嘴。

三、生活谚语

一年之计在于春，一生之计在于勤。 一年之计在于春，一日之计在于晨。

出门常带三九衣。

焐春三，冻八九。

春冷冻死老牛精。

白露身不露，寒露脚不露。

立夏见三鲜（地面三鲜：苋菜、蚕豆、蒜苗）。

冬菜如夏肉，小暑里黄鳝赛人参。

冬吃萝卜夏吃姜，勿用医生开药方。

病从口入，祸从口出。

冷在风里，穷在债里；一年亏空十年穷。

篱笆扎得紧，野狗钻不进。

有理无理，出在众人嘴里。

日间不干亏心事，半夜不怕鬼敲门。

人争一口气，佛装一支香。

好话三遍厌死臭。

做贼起自偷葱拔菜，赌钱起自叮字叮板。

少吃多滋味，多吃坏肚皮。

贪嘴不留穷性命。

有理走遍天下，无理寸步难行。

人不可貌相，海水不可斗量。

瓜无滚圆，人无全人。

画龙画虎难画骨，知人知面不知心。

害人之心不可有，防人之心不可无。

赌钱赌得精，裤子剩条筋。

嘴里念弥陀，心里毒蛇窝，人心难测。

狗眼乌珠看人轻，只重衣衫不重人。

狗咬吕洞宾，不识好人心。

若要功夫深，铁棒磨成针。

世上无难事，只怕有心人。

路遥知马力，日久见人心。

一个和尚挑水吃，两个和尚扛水吃，三个和尚呒水吃。

坐得正，立得正，不怕和尚尼姑合板凳。

牡丹虽好全靠绿叶扶助。

三个臭皮匠，合成一个诸葛亮。

三百六十行，行行出状元。

好记性不及烂笔头。

饭后百步走，活到九十九。

夫妻争吵，船头上相骂船艄上答话。

宁跟讨饭的娘，不跟做官的爷。

门前大树好遮阳，大树底下好乘凉。

船到桥前自然直；船到桥，直瞄瞄。

踏破铁鞋无觅处，得来全不费功夫。

清官难断家务事。

兔子不吃窝边草。

与人方便，与己方便。

行则春风有夏雨。

能忍自安，吃亏就是便宜。

贪小利，蚀大本。

你走你的阳关道，我走我的独木桥。

天上老鹰大，地上娘舅大。

蜻蜓吃尾巴，自吃自。

囤口省米省得出，囤底省米来不及。

吃食看来方，着衣看家当。

患难朋友有真情，酒肉朋友不久长。

好时割头换颈，不好时剥皮抽筋。

满碗饭好吃，满口话难说。

走路总有弯，说话总有错。

叫人不蚀本，舌头上打个滚。

耳听为虚，眼见为实。

不上高山，不知平地好走；不吃苦不上步。

天有不测风云，人有旦夕祸福。

金（敬）乡邻，银（迎）亲眷。

精神治病占七成，药物治病只有三成。

鸡，搜搜吃吃；人，做做吃吃。

四、歇后语

大象屁股——推不动。

狗捉老鼠——多管闲事。

脚踏楼梯——步步高。

兔子尾巴——长不了。

蛇吃黄鳝——干屏。

泥菩萨过江——自身难保。

黄鼠狼躲在鸡棚上——不安好心。

嘴上涂石灰——白说白话。

老虎屁股——摸不得。

猫哭老鼠——假慈悲。

竹篮打水——一场空。

算盘珠子——拨一拨动一动。

肉馒头打狗——有去无回。

老母鸡生疮——毛里有病。

秀才遇着兵——有理说不清。

苍蝇少了头——团团转。

砻糠搓绳——起头难。

老鼠关在风箱里——两头受气。

三个手指捏田螺——十拿九稳。

牛吃稻柴鸭吃谷——各人各福。

第三节　歌　谣

这里收录的歌谣，是中华人民共和国成立前后，流行于北幢地区的山歌。

三月三

三月三，大蒜炒马兰，吃好饭，一道去游东高山。

又：三月三，大蒜炒马兰，吃则去游惠山。

十二个月半

正月半，龙灯看；二月半，锄头铁耙固田岸；三月半，铜锣旗伞会来看；四月半，大麦糊粥臭大蒜；五月半，开灰莳秧忙得团团转；六月半，耥稻摸草掳来一把汗；七月半，田中早稻秀一半；八月半，糖馅麦饼锅里熯；九月半，新米团子尝尝看；十月半，排家老小吃得像木罗汉；十一月半，前门讨债后门蟠（躲）；十二月半，拔掉锅子剩个烟囱管。

鸦片吃上瘾

鸦片吃上瘾，头发结成饼，鞋皮拖脚跟，田地房产卖干净，吃了早顿呒夜顿，老婆转嫁跟别人。

养着这种子女真是空

十月怀胎娘辛苦，孩子落地爹娘欢。一岁二岁吃睡怀里抱，三岁四岁抱在手里暖烘烘。官官养到七八岁，省吃俭用送入学堂中。官官养到十五六，东托西托离家去学工。官官养到廿出头，央媒说亲讨个标致女娇容。儿子新讨家小在家中，赚了铜钿自己用。媳妇不孝婆和公，爹娘年老要服侍。儿子媳妇都无空，养着这种儿子真是空。

十月怀胎娘辛苦，孩子落地爹娘欢。一岁二岁吃睡怀里抱，三岁四岁抱在手里暖烘烘。奴妮养到七八岁，请了绣娘教女工。奴妮养到十七八，爹娘费心代找家主公。未曾嫁到夫家中，这样那样藏箱笼。存心带到夫家中，不顾娘家穷不穷。临上花轿哭嗡嗡，还要一件红斗篷。奴妮不孝公和婆，娘家人大坍冲。

外加还要回家讨家用，养着这种奴妮真是空。

捉萤火虫歌

萤火虫，夜夜红，阿公挑水卖胡葱，伲子背包做郎中。媳妇背包捉牙虫，剩个老太婆蹲勒门角落里糊灯笼。糊则三日三夜，糊着一只破灯笼。一吹吹到河当中，急急忙忙去撩（捞）灯笼。

圩里穷

生子奴妮，情愿丢在河里，不愿嫁到杨家圩里。七闸八洞九坝十三滩，要吃水稻难上难。十年盼三熟，还像风中点蜡烛。

望天哭

杨家圩里，大雨不落，还可吃粥，大雨一落，田里白茫茫，全家望天号啕痛哭。

叹收成

麦籽一捧，收收一盅，谢谢老天爷勿应绝种！难逢熟一熟，柴堆大如屋，地主加租米，农民只有糠虾泥头搭搭粥。

长工苦

旧社会当长工最苦，长工还比黄连苦，夜里瞎摸摸，困个无脚床，一年做到头，忙到跑断肠，吃尽青菜汤，受煞地主气。

无翻身

租种清明岸，人家就败落，一等硬头汉，只种两年半，若如不相信，再种一年连带铜勺铲刀全贴空。

头歌

杨家圩里真苦头，车水车蚀膝满头。锄田插根小竹头，莳秧水到屁股头。
秧棵只见梢梢头，耥稻压块大砖头。摸草摸个草头头，割稻割个稻穗头。
晒稻晾了桥杆头，碰上大风一倒头。上风头吹到下风头，你抢我夺吃拳头。
年年盼着好收头，偏偏三年没两头。年年冻坏脚指头，收成只有几斗头。
生活一年苦到头，穷人一世无出头。

杨家圩歌谣三首

宣统三年雨水稠，洪水汤汤没青稞，田稻半熟遭汩没，饥民万户泪如梭。
又无米粒又无薪，朝朝度日吞浮萍，妻儿啼饥竟无奈，到处借贷告无门。

民国辛酉雨水长，淫雨连绵没黄秧，竭力戽水再遭没，秋后洪水更惨伤。
三尺黄稻风压水，籽粒无收民断肠，破衣典尽身无遮，只可糟糠略充肠。

去年灾降水乡民，漂尽低田没尽坟，更把家室都荡净，作歌留与后人闻。
河道全迷认树林，汪洋一望达江阴，棺浮水面无骸骨，村绝炊烟灶尽沉。
洪流稍退众皆欢，重买青稞当卖完，水去孰知来更甚，青稞又没最心酸。
中夜安眠梦陡惊，呼号风雨杂锣声，人人逃命皆升屋，水势高将与屋平。
圩岸争静守御功，小圩那比大圩雄，谁知大小同归破，一日东西南北风。
没膝齐腰摸水行，寒从足受实伤心，受寒受湿兼饥饿，内外交攻病已深。
墙经浪打地成洼，数十家通如一家，寸草全无风四人，身无所蔽外无遮。
家破难居腹又饥，一家骨肉尽流离，堪怜乞食真无路，惘惘不知何所之。
夫妇相离子弃翁，手提竹棒各西东，一时落难真无奈，只得低声叫相公。
接踵街坊如蚁延，千声乞得一砂钱，砂钱乞得仍无用，辗转街头泪若泉。
口内羊皮死尚衔，仁人传说共哀怜，灾乡此类知何限，救济如何是万全。

圩田今昔

受苦受难千百年，杨家圩民世代像石沉海底不见天。自从来了共产党，杨家圩格穷人拨开乌云见青天。从前是，十年三熟无把握。如今是，一年两熟亩产一千稳笃笃。过去是，车水车得背贴肚搭两脚酸，好容易盼到稻子熟，过年只有糠菜少有粥。现在是，电话丁零零，拧开龙头水就来，年年好收成，晒干扬净大家分。

唱支山歌送北京

毛主席大救星，杨家圩翻了身。
夜里电灯锃锃亮，脱粒机呼呼转不停，
金黄稻谷场上堆，雪白白米上了囤，
饭香想起共产党，唱支山歌送北京。

第四节　生产习俗

接路头　旧时年初五是“路头”（财神）生日，境内多数农户会搞“接路头”的仪式。接完路头，去田里坌下土，意为财神破土，人畜全年太平。商家尤为隆重，用元宝头（猪头）、全鸡鸭斋财神，店员虔诚跪拜。

丢田财　境内农历十二月廿四日临夜，各户在秧田里燃起火堆，用点着火的柴把抛向空中，越高越吉利，预祝来年丰收。

下田佛、汰脚佛　夏忙前，境内多数村巷择日念佛，中午男女聚餐，青壮年比赛吃肉和饭，称为“下田佛”，祈求农忙里劳作平安；稻田耘搁后再念佛聚餐，称为“汰脚佛”，谢神保佑平安顺利。

斋蚕神　旧时，养蚕是农民衣着和一年支出的重要来源，农家对“蚕神”特别虔诚。在蚕儿大眠时，各家在蚕台上贴蚕神像，忌食辛酸食物，点香烛斋祭，还要去庵庙泥蚕神像前焚香点烛磕头，以求保佑蚕茧丰收。

斋圈　每年除夕，农家要斋猪、牛圈，在圈内点香烛祀“圈神”。砌新猪圈完工时，主家备酒饭，请泥工在圈里坐在柴上吃，吃后在柴上睡会，图个猪吃饱就睡长肉的吉利。

浇粪　旧时，农历初一 、月半及年初六前不浇粪，意为敬天地。

结网　渔民、农民结网的第一针选在“受死日”，结的网就会多捉鱼。

搓拖田绳　旧时拖田绳是种田户的必备工具，搓拖田绳一定要在年初一起头，拖田绳才会氽浮水面而不沉。

旧时人们喜讨吉利，各行各业都有忌讳的规定：农民干任何活，开始都要喊“释累”。据说释累是老财神的名字，喊了他的名字，他会保你一切顺当，无意外事发生。请木工装新床，主家要烧 5 个水煮鸡蛋给木工当点心，木工吃时定要坐在新床上，取意婚后五子登科。船工吃东西不能把筷搁在匙上和放在碗上，这样船行进中不会遇到搁浅事；吃鱼不能把鱼翻身，否则要翻船；“绳”与“沉”本地发音相同，船工称绳为“万里长”。木工截木头，“绝”与“截”谐音就改说“额一刀”或“锯”，掉了钉不能拾，谐音“绝丁”。农历七月廿一不做工，以纪念祖师鲁班的生日。徒弟满师，师父要送一套工具。泥工干活中途不洗手，洗了表示不干了。铁匠业除夕到年初五，炉中天天要烧香。

第五节　生活习俗

村内民俗与邻近村庄基本相同。中华人民共和国建立前，民俗带有迷信的色彩，并甚繁缛。中华人民共和国成立后，随着社会的进步、人们思想的转变，自觉移风易俗，陈规陋习基本革除，保留了有益的传统习俗。

一、岁时习俗

（一）春节

春节俗称“新年”里，1949 年前，从年初一开始至正月十五为止。

年初一各人长一岁，天明多数人家放开门爆竹（称高升）3 个，有的还放鞭炮三五百响，意示新的一年大吉、高升。提倡节能保护环境后，爆竹、烟火等逐渐减少。晨起较早，人人穿新衣新鞋、戴新帽。全家先向祖先遗像拜年，再向长辈拜年，从前要双膝着地跪拜，后来以拱手行礼，或恭恭敬敬叫一声长辈。长辈要给未成年的小辈发“压岁钱”。早饭全家吃团圆或糕团，意为团团圆圆，步步高。吃罢出门，邻里见面互祝“恭喜”。氏族男性由家长带领挨家拜年，主家以南瓜子、葵花子和糖果、花生、茶、烟招待。拜年毕，各人就近玩耍，大人闲谈赌钱串门，小孩敲锣鼓（俗称闹铜锣）、放纸鹞。外地人来贴财神、调狮子唱春、讨糕团的络绎不绝。这天都不干任何活。中饭多数吃面条糕团，有的因吃了零食不吃中饭。晚饭限一家人，吃得很早，所吃饭菜全是大年夜烹烧好的，仅加温而已。因大年夜守岁过迟故早睡，孩子不肯睡，大人骗孩子，早睡能听到“老鼠做亲”。

初二起走亲戚，从岳父家开始，习惯带一篓烧卖作为礼品。主家先请吃线粉、鸡蛋点心，有的还加红烧肉块和鸡块。初三起相互请吃“年昼饭”，初五家家“接路头”，盼求发财。除饮食店娱乐场所外的商贾接过“路头”才开始营业。初六起开始调龙灯，一直到正月半结束。

中华人民共和国成立后，春节为法定节日，休假 5 天。随着生活水平的日益提高，走亲访友的风气更盛，几乎每家都请吃“年昼饭”，主人都以丰盛的酒肴殷勤待客。20 世纪八九十年代，举办喜事集中在春节期间，成了新兴的习俗。近年来，因为喜事都去酒店举办，酒店应接不暇，所以大部分人家就选在平时节假日举办了。

（二）元宵

农历正月半是元宵节，是春节的最后一天。是日，境内早晨习惯吃荠菜煎年糕，下午吃荠菜馅团子。这天又是各家接灶神清理春节期间积聚在门角里垃圾的日子。旧时认为，春节里的垃圾是财气，定要在正月半才能搬至田头或空地烧化掉。十六日是锣鼓收藏的日期，是日孩子们要敲个够。晚上都上前洲街看舞夜龙。中华人民共和国成立前，前洲灯节十分热闹，各家邀请亲友吃年昼饭，下午来自各村的龙灯10多条，挨次集体舞于各村巷，有时还有外乡来的马灯和调小鬼班参加。舞龙人各显技能，观者人山人海，至晚上9时左右结束。前洲历来民风淳朴，参加调龙灯的人分文不取，所得赏金用于修桥补路、救济鳏寡孤独等公益事业。

（三）清明

境内清明的主要活动是扫墓，是日（有的在前三日或后三日）各家各户早晨备好肉鱼、豆腐、百叶等菜肴和黄酒，后挑着菜肴、台子，全家到祖先坟上去祭扫，名为清明祭坟。祭坟仪式一般是把菜肴、黄酒陈列在台上，点上香、蜡烛，在坟墩上加些土，插上杨柳枝条，枝条上系一串三色纸，名为“飘白纸”，烧化锡箔、磕头。公坟由同堂里组织各房族的长者集体祭。一到清明，天气转暖，农作物旺长。为保护麦苗，有禁放鸥子的常规，故有“清明断鸥”之说。有的人还结伴去田野散步，称为“清明踏青”。中华人民共和国成立后，学校在清明前加强对学生的革命传统教育，组织学生外出祭扫革命烈士墓。

“清明”已列为国家法定假日，放假一天。

（四）立夏

立夏表示春天过去，夏天开始。因气温上升，农民能见到自种的苋菜、蚕豆、蒜苗和将成熟的大元麦麦穗，所以在境内有吃“麦仁粥”和尝地上三鲜的习俗，有些人还有尝树上三鲜、河里三鲜的习俗。立夏人们已身穿单衣，境内有称体重的传统习俗。中饭后，村上的热心人在树杈上挂杆大秤，等待全村的小人、大人去称自己的体重，了解自己在一年中体重多少。

（五）端午

农历五月初五是端午节，亦称端阳、端五。古时称五月为恶月、毒月，故端午节的习俗全围绕着祛瘟除毒。隔夜家家户户包裹粽子，烧粽子时同煮咸鸭蛋。是日早饭吃粽子，上午各家门悬菖蒲剑和艾蓬，有的在房门上、床架上也悬菖蒲剑或桃木剑，以示驱妖辟邪。中饭每人都吃咸鸭蛋和雄黄酒、大蒜头，在小孩的手上、脚上、额上用雄黄酒写上“王”字。是日，婴幼儿穿上印有蛇、蜈蚣、壁虎、蜘蛛、蝎子五毒的连衣裤。下午在阴暗壁角处洒雄黄酒，在房中用蓬头除虫菊烟熏，意为驱瘟除蛇虫百脚。中华人民共和国成立后，吃粽子咸鸭蛋延续至今。

“端午”已列为国家法定假日，放假一天。

（六）夏 至

夏至，在公历6月22日前后。中午吃馄饨。

（七）七月半

七月半是鬼节，人们为求太平不让幼儿出门。傍晚各家都将家里的破蓑笠、竹篮、扇子加纸钱、纸锭等物在河滩旁三岔路口焚化。有些人请和尚或道士做七月半斋事，尤其是不满一年的新亡人家，必做新七月半斋事，办酒祭奠亡灵；有的则参加寺庙里办的盂兰盆会。

（八）七月三十日

传说农历七月三十日是地藏王的生日。是日，境内各家事先买好棒香，入夜在各自门口地上或丝瓜上插焚，点上小烛，叫点“地藏香”或叫“九四香”“狗屎香”。香旁放一碗清水， 传说用此水擦眼睛，眼睛特别明亮。爱好念佛的人还要去地藏王菩萨处坐夜念佛。

（九）中秋

农历八月十五称中秋节。旧时节前各家赶办以月饼为主的节礼，一般为8个馈送亲友。当天早晨，户户吃糖芋头，中饭吃面或剩饭，下午各家主妇赶制麦饼，麦饼有油酥咸馅的、有糖馅的、有芝麻馅的，煎熟后邻舍相互赠尝。晚上吃团圆夜饭，菜肴比平时丰盛得多。商家是日宴请店员、职工，发赏金和年中工钱，决定去留。入夜合家边吃月饼边赏月。信佛的人家设香案，烧斗香。有的观音堂事先准备大斗香，邀请数十人来观坐夜和欣赏烧斗香。

“中秋”已列为国家法定假日，放假一天。

（十）重阳

农历九月初九称重阳节。旧时有重阳登高的习俗，是日文人和部分老年人相约登高观赏秋色，多数农家这天有吃重阳糕的习惯。“糕”与“高”谐音，吃糕有登高之意。1989年，国家把重阳定为“老人节”，从此重阳节成为全境内的“敬老日”，慰问高龄老人、为老年人办实事已成新风尚。

（十一）冬至

冬至，在公历12月22日前后。前洲人过冬至节主要是在它的前一天，叫作冬至夜。是日，白天做团子和祭祀祖先，晚上全家吃冬至夜饭。中华人民共和国成立前，有“有钱冬至夜，无钱冻一夜”之说。一般人家的冬至夜饭仅增加些萝卜、豆腐、百叶类菜肴。冬至还有祠堂祭祖聚餐的习俗，称为“吃祠堂”“吃公堂”。

现在冬至大如年，菜肴丰盛，宴请亲友，备礼互送。

（十二）腊八

农历十二月初八，俗称腊八节，相传是释迦牟尼成佛之日。是日庵观寺庙煮香谷果粥供奉，还送给大施主品尝，借以收取缘钱。后传至农家形成腊八日中午吃咸粥的习俗。腊八粥用料讲究，咸粥里有糯米、山芋、芋头、蚕豆、黄豆、赤豆、萝卜、油豆腐、百叶、瘪子团等，有的还加进百果、栗、肉丝等物。

（十三）除夕（包括除夕前）

除夕为农历一岁之最后一天（大月为十二月三十，小月为十二月廿九），俗称大年夜。其前一日称小除夕（相对而言，除夕亦称大除夕），俗称小年夜。从农历十二月中旬起到除夕，人们忙于送旧岁、迎新春的过年活动，分述如下。

1. 掸檐尘

俗说“若要发，掸十八”，“十七、十八，越掸越发”。家家户户都要在农历十二月十七、十八这两天内，束扎稻草帚系在长竹竿上，掸除四壁、屋角的灰尘，并用秆稞或竹筏通灶间烟囱，谓之“掸檐尘”。实际上这是进行一次大扫除，准备干干净净迎新年。

2. 送灶

农历十二月廿四，据说是灶神（俗称灶家菩萨）上天的日期，傍晚，各家做脚跟团子（团子半个白，半个黄，呈椭圆形），送灶神上天，并在神龛上贴“上天言好事，下界保平安”的对联，祈求灶神上天向玉皇大帝禀报时多说好话，少说坏话，以保合家平安。到了正月半再接灶，迎接灶神下界。此风俗现已绝迹。

3. 蒸糕做团子

十二月廿四送灶后，蒸糕做团子。事先“牵淘磨”（淘米后用人力牵石磨磨粉），邻居互助协作。现在牵淘磨已发展为用钢磨机械轧粉（各村都有粮饲加工厂），节省了不少人力。条件好的人家杀猪宰禽，有的还在十二月初就酿了年酒，有的村上车水干河，捉鱼、分鱼。家家采办年货，市场繁荣、热闹，一派过年景象。

4. 祭祀

敬神祭祖，俗称过年，早者在十二月廿六、廿七举行，晚者在大小年夜举行。中华人民共和国成立前，过年比较隆重，先祭天地，后祭祖先，祭祀过程俗称祝饷。祭祀时，燃香点烛，敬酒接羹饭，供鱼肉荤素（有荤汤萝卜）和年糕、年团子等，全家行跪拜礼。中华人民共和国成立后，祭祀活动逐渐减少，近年来又逐步恢复，但形式已简化，许多人家仅祭祖先。

5. 画弓箭、贴春联

到了除夕傍晚，家家要画弓箭、贴春联。画弓箭，是用草帚蘸石灰水在门前场上画张弓射箭的图形（有的把箭头画成戟头），以示镇邪。有些人家画在大门、后门内外场地，并在场上书写“天下太平”“风调雨顺”“国泰民安”等吉利话。抗战前，曾有人家画飞机、大炮的。春联，也称门对（包括大门对、二重门对、房门对等，一般指大门对）。贴春联是喜迎新春。传统联语有“运转三阳泰，时来万事通”（通用）；“种田千倍利，养蚕十分财”（用于农家）；“生意兴隆通四海，财源茂盛达三江”（用于经商）；“忠厚传家久，诗书继世长”（用于读书人家）之类。中华人民共和国成立后，春联的内容大为革新，并随着形势的发展而有变化，有时并不拘泥于平仄。例如，“翻身不忘共产党，幸福全靠毛主席”；“听毛主席话，跟共产党走”（20 世纪六七十年代较为普遍）；“九州生气逢春旺，四化新潮逐日高”（1978 年以后，下同）；“万众一心创大业，五讲四美立新风”；“春回大地喜盈门，国展宏图民致富”。

6. 吃年夜饭

除夕晚上，合家团聚吃年夜饭（有些人家趁这天祭祖之后吃年夜饭），酒肴丰盛，在外地工作的也都赶回家，探亲团聚，共享天伦之乐。寄母家还要请寄子（在开始三年内）吃年夜饭。中华人民共和国成立前，一到农历十二月下旬，便有人到附近村庄喊火烛：“寒冬腊月，火烛小心，水缸挑挑满，柴仓掳掳清。”同时提防盗贼，兼喊：“前门撑撑，后门闩闩。”到了除夕，就挨户索取年夜饭米或年糕年团子。现在有的村在除夕前还有人喊火烛，由村委会给予报酬。

7. 守岁

吃过年夜饭，家庭主妇炒长生果（花生）、南瓜子，准备年初一的食物和穿的新衣。一切事毕，全家围坐，吃茶和瓜子、长生果等，谈天说地，直到深夜，叫“守岁”。睡觉前，放关门炮仗 2 响或 3 响。1980 年以后，有电视机的人家逐渐增多，除夕全家在荧屏前欣赏春节文艺联欢节目。

1949 年前，穷人欠租、负债，过年如过关，故称年底为年关。有句歌谣：“十二月半，拔掉锅子剩个烟囱管。”这就是形容诸债毕集的穷人一贫如洗。他们还不起债，往往在除夕这一天外出躲避，到年初一才敢回家（按规矩，债主不得在年初一索债）。这种现象现已不见。

二、婚姻习俗

（一）传统婚俗

中华人民共和国成立前，男女婚嫁讲求“门当户对”，须凭父母之命、媒妁之言。民国后提倡男女平等，社交公开，婚姻虽趋自由恋爱，但基本上仍由父母做主。男女双方家长相中，便央媒说亲，一般由男方到女方家提亲。然后，由媒人穿针引线，约期陪同女方家长到男方家相亲，并将姑娘的年庚八字（出生的年、月、日、时，书于红纸）交于男方，请算命先生推算男女双方的年庚八字是否冲克，若无冲克方才定亲。20 世纪 50 年代起，男女双方亦有通信或互赠照片，以求相互了解。还有人家子女幼小时父母就为其订婚，甚至尚在娘胎就订婚，名谓“指腹婚”。

1. 定亲

又称订婚，男方请媒人行聘礼至女方家（有钱人家赠以戒指，称订婚戒指）。男方办酒宴请女方家长和舅父、姑父、姨父等长辈，称订婚酒。定亲后，逢端阳或中秋，准女婿要向岳家送年礼或节礼，俗称“毛脚女婿张丈母”。

2. 娶亲

男女择定完婚吉期，婚期大多定在秋冬季节。中等以上人家娶亲时，用花轿两顶。新郎坐花轿迎娶，向女方付完“开门抱舅钱”“汰尿布钱”，女家发嫁妆后，新娘由喜娘（又称伴娘）扶上轿，或由娘舅（舅父）或由父亲抱上轿。新郎坐轿在前，新娘坐轿在后。娶亲队伍返回时，一路吹吹打打，异常热闹。

中下等人家娶亲只用一顶抬新娘的花轿或青布轿，排场较小。

花轿进门后，红兜笼首的新娘由喜公喜娘扶至堂前行拜堂礼，一拜天地，二拜祖先，三拜父母；然后与男方的父母叔伯及亲戚长辈等一一见礼，教给新娘称呼（出于男尊女卑，新娘要降低一辈，如称丈夫的兄为伯、丈夫的弟为叔、丈夫的姐妹为姑）。长辈要给新娘见面钱。最后，新郎新娘互拜，行双鞠躬礼。礼毕，新郎新娘脚踏传递着的麻袋进入洞房，称为“传代”。 也有一拜天地，二拜高堂，夫妻对拜，送入洞房的仪式。在洞房中，新郎新娘合卺（jin）女。

近十几年，前洲街道工会、妇联等组织和民间举办相亲会，为年轻人牵线搭桥。各地婚介所应运而生，职业红娘活跃民间，电视速配、报刊征婚随之时兴，省级电视台大型生活类服务节目收视红火，世纪佳缘、百合网、珍爱网等征婚交友网站，号称拥有数千万注册会员，选择异地恋、忘年恋、跨国婚恋者也不乏其人。

（二）出生

1. 婴儿出生

妻子生孩子，丈夫要备益母草、枣子等礼品亲往岳家“报生”。婴儿出生第三天为“三朝”，是日，外婆家要送外孙衣、裤、鞋、帽、尿布等，还送去糖果、糕团、米粽等，并分赠亲友，亲友也赠送小孩压岁钱或其他礼物祝贺，并吃“三朝酒”。

2. 头生男孩满月

中上人家要办满月酒，亲友送礼祝贺，称为“弄璋之喜”（生女儿办满月酒称“弄瓦之喜”）。外婆家要“办头生”，送 3 个灰袋、尿布、抱裙、毛衫、棉袄、背心、兜肚和蹄膀、鲤鱼、鸡蛋、团圆糕粽等物，有的还送坐车、摇篮，有的外婆家还置办了新式的小自行车和坐、睡手推四轮车等物。20 世纪 70 年代后期，由于严格实行计划生育，不论生男生女都办满月酒。婴儿满月之日，要请理发师傅到家给婴儿剃头。剃头时，有的用戒指或其他金银饰物放入面盆水里，以示压邪。

3. 婴儿周岁

婴儿满周岁时，一般邀请亲友吃面，并向邻居端面，称“季世面”。有些人家为了养育孩子容易，还给孩子（多数是男孩）寻找寄亲，认生肖适合的人为寄父、寄母（以前往往择多子的人），互送礼物。春节期间，寄儿、寄女要到寄父母家去吃年昼饭。

4. 孩子上学

外婆家要为外孙买书包，书包内放状元糕或雪片糕（表示高中状元）、葱藕菱梨（表示聪明伶俐）、长生果等食品，有的还赠送新衣裳。

5. 孩子取名

孩子出生后取名，通常是过“三朝”或满月时，由家长取名。有的请外祖父、舅父或文人取名，有的请算命先生排八字后再取名，或先由父母呼唤乳名（奶名、小名），孩子入学时再请老师取正式名字（学名）。民国初期，入私塾的学童多请塾师取学名。1949 年前取名，一般根据孩子时辰八字中的五行（金、木、水、火、土）情况决定，若有缺少，就以取名补救（如缺“木”，取名“根生”；缺“火”，取名“焕生”）。中华人民共和国成立后，不少家长喜欢给孩子取单字名，且渐成风气，如“东”“华”“军”“伟”“卫”“红”等，因而重名概率很高。

（三）分家

原来生活在一起的兄弟，将各自成家生活时，要进行分家时，一般要请族长，特别是舅父到场，就共有家产如何分配进行公议，并将公议结果写成文书，作为契约（俗称“分关”）。在共有家产分配上，一般是分子不分女，也有根据父母意愿，送一部分给女儿，称“赠嫁”。在兄弟中，长子享有优先权和优惠权，如分房产，先把朝向好的分给长子，故俗语有“哥东弟西、哥南弟北”之说。此外，长孙也专门分有一份财产。有的如到老无子，常择同辈兄弟中长房的侄儿继承，称应嗣。如子侄的品德不好，便择同族中贤良者继承，称爱嗣。

（四）庆寿

老年人逢整十岁（虚岁） 生日（寿辰）， 择吉日置办酒做寿，谓之庆寿。一般是庆六十（花甲）、 七十（古稀）， 庆八十的不多，阔气人家也有庆五十（半百），甚至有庆四十的。夫妻双方年纪相仿的则举行双庆。旧时庆寿之日，家中设寿堂，挂灯结彩，悬老寿星轴和亲友送的寿幛、寿联，点寿烛、寿香，摆寿团、寿糕、寿桃和馈送的礼品等。宴请祝寿亲友，名为吃寿酒。祝寿时，子女向寿翁、寿母行跪拜礼（20 世纪 30 年代起改鞠躬礼），亲友行鞠躬礼。普通人家不办酒席，只是为长辈添置些新衣，点寿烛，吃寿面。文人庆寿，常常赋诗志喜。旧时富裕人家做寿时，还请六苏班吹吹打打，演唱戏文。

中华人民共和国成立后，尤其是 1978 年以来，庆六十、七十寿诞，一般要向近邻或满村满巷端寿面（按规矩由寿诞老人的女儿办），再办寿酒（按规矩由寿诞老人的儿子筹办）。

八十寿辰，一般只举办家宴（俗称“合家罗门庆八十”），九十寿辰、百岁寿辰，必须大庆。儿孙为百岁老人办寿庆，往往定制标有姓名和出生年月的寿星瓷碗，分送亲朋好友。

三、造房习俗

旧时造房，乡民都要请“风水先生”看风水。房向一般坐北朝南，即所谓“负阴抱阳”。同时，“风水先生”又比较重视与相邻房屋在位置及高低上的关系，以求相互协调，和睦相处。

破土动工之日亦由“风水先生”按全家人的生日时辰择定。农村多选在春秋农闲时的黄道吉日。有的地方还要敬太岁，祭毕，屋主人在地基四角挖一两锹土，即为“破土”。然后开始挖地龙，瓦匠称之“开龙沟”。开工砌墙首先要在“龙沟”里置放一些财物以图吉利，一般是在四个角上各放一枚铜钱，是为“太平钱”。待墙体砌至山头时叫“封山墙”。

上梁是建房中最关键的工序。首先上梁木料有讲究，旧时民间有严格的规定，如“头不顶桑，脚不踏槐”，因“桑”与“丧”、“槐”与“坏”谐音。讲究“头不顶杂，身不坐楝”，房梁只能用杉、松、杨等树材，其他树材皆为“杂木”。上梁这一天娘家人要送糕团、粽子、糖果等去“抛梁”。大梁正中挂“发禄袋”，内有万年青、铜钿、沉香和陈米、陈麦等，分别意为“万年常青”“金钱满堂”“香气四溢”和“代代五谷丰登”。袋中如放状元糕，旁边再挂两只“高升”，则意为“高中状元”。然后将主人备好的糕饼、硬币和众亲友送来的糕馒、糖果，由匠人从屋梁上抛撒下来，此时鞭炮声声，喜庆气氛达到高潮。许多人在下面“抢抛梁”，俗传抢到者会交好运。

盖屋顶。包括钉椽子、盖顶、做脊等几道工序。每个房间的椽子数只能逢单，以避鲁班乳名“双子”之讳。盖屋顶中最重要的是做屋脊。屋脊做得好坏，不仅关系中梁的保护屋面的牢固，而且事关房子的美观与吉祥。

砌新灶。砌灶时娘家人要备好糕馒、糖果、米箩等物件去“暖灶”。新灶砌好，趁纸筋湿润时，匠人以墨汁在灶上画花，像水墨画一样以线条勾勒灶体周边，重点画灶君殿、烟囱灶壁及灶肚，图案以万年青、凤牡丹、鹊登梅、莲花鱼为常见，以增添喜气和瑞气。

乔迁语出《诗经》："出自幽谷，迁于乔木。"意即从深谷中迁到高树上。后以"乔迁"用于贺人搬往新居。本地俗称搬家、搬场。乔迁时一般选下毛毛雨或间断雨的日子，称之"有余"。搬家物品到达新居门口时，燃放鞭炮。最先搬入新居的物件为竹竿、甘蔗和烧旺的炉子，寓节节高、节节甜和兴旺之意。乔迁后，向邻居和亲戚赠送糕点。女主或儿媳妇的娘家，还要备置在新屋生活的一应物品，送到女儿家里"暖灶"。人们搬往新居往往要置办酒席，招待宾客，亲朋好友送礼庆贺，称为"乔迁之喜"。

四、丧葬习俗

老人临终，亲属须守候在旁；子女在外者，须赶回家会最后一面，名为"送终"。人死后，要为死者沐浴（洗脸揩身）、梳头、更衣（俗称"穿老衣"），件数取单；并将死者床帐卸下卷起，丢在门前屋檐头上。女儿、媳妇在床边号哭哀丧。

尔后备棺入殓，死者遗体先从床上移到棺材盖上，在脸上盖上纸钱。同时将其床柴、席子卷到三岔口焚烧，称为"化床荐"。向亲友报丧，俗称"发孝"（"孝"音"耗"）。有身份、有地位的人家则印发"讣闻"报丧，或登报发"讣告"。

入殓时，家人皆穿白衣、号哭。盖棺前，孝子和亲友等围棺与遗体告别。如在外亲属未及赶到，则在出殡前暂不盖棺材，以等待家属面尸、别尸。

入殓后棺材前挂白幛布，设灵堂（俗称孝堂），灵柩旁用稻柴铺地，亲人日夜坐卧举哀，名为"守灵"。有钱人家还请道士、和尚念经做斋事。诸亲好友闻悉噩耗后，于入殓或殡葬前，往丧家吊唁，又称"吊孝"，并送挽幛、护联、纸箔、钱物等丧礼，称为送"白份"。

丧事尚白色，家属亲戚"戴孝"（白衣、白帽、白鞋、白束腰）哀悼，根据亲疏远近关系而有"五服"的差别。死者子媳女儿称为"孝子""孝媳""孝女"，要披麻重孝（白衣、白帽、白鞋加披麻葛），长孙也服重孝。女婿称"半子"，全身穿白。子媳女儿是平头白束腰，其余亲属都是尖头加红点白束腰。

通常在三朝出殡（年岁大的为五朝）。出殡时，鸣炮开丧，家属亲友依次在灵前跪拜行礼与死者告别。礼毕出殡，前有黄幡引路，由长子捧牌位，孝子、孝媳、孝女手执哭丧棒（又称哭竹棒），低头躬腰，由旁人搀扶，哭泣而送行。中途经亲友家附近，停柩，由亲友设祭行礼，名"路祭"。出殡时排场也不尽相同。

灵柩用材罩，民国时期男柩一般饰有龙头龙尾，女柩一般饰有凤头凤尾。灵柩至墓地，入穴覆土，墓穴称“金井”。有钱人家砖砌墓穴，植松柏，竖牌楼，立碑石。

出殡返回时绕道至村东回家，称“回丧”。在近家门处或三岔路口架个火堆，凡送葬者都要用脚豁过火堆，意为“避邪”；抵家时，丧家小辈踏梯而入，曰“步步高”，凡送丧者都要吃糖茶、糖糕（雪片糕），以示甜润（顺）高兴。殡葬当天，须上坟祭奠，俗称“种火”（烧柴火暖坟）。丧家于出殡前后设席招待亲友、帮忙人和村庄（或街巷）上人，称“上山饭”和“下山饭”，俗称“吃硬饭”。出丧前吃“上山饭”，当天晚上“回丧”后吃“下山饭”（回丧饭）。丧礼毕亲友回去时，孝媳孝女也要啼哭，表示送别。出嫁孝女，当天不住娘家，回去时要哭一段路，俗称“孝顺女儿哀行路”。如因路远而不能回去，亦须象征性地哭着走一段路，仍返回娘家。

殡葬后，家中设“灵台”，供奉死者“牌位”和照片，小辈要守孝，按死者去世之日算起，每七天为“七”，逢七必祭奠，“五七”为最隆重，由死者女儿请僧道“拜忏诵经”，称“超度”，到断七（第七个“七”）撤去灵台，小辈换去孝鞋素服，称“脱孝”。有的要一至三年后，小辈“除灵”“脱孝”（“孝”读如“耗”）。“脱孝”前，家中一般不办喜事，不参加文娱活动。

中华人民共和国成立后，殡葬改革，丧事从简。有些封建迷信的习俗已破除，如烧回头香、孝子披麻重孝、出殡仪仗等，大多以臂缠黑袖套代替穿白戴孝（有的臂缠黑袖套后，仍白帽白束腰），以花圈代替纸箔钱物，以鞠躬代替跪拜。建国初期，人民政府提倡火葬，改革千年土葬旧俗，但十分艰难。党员干部家属带头，响应国家政策，最初是通过挂机船将遗体运往钱桥进行火化。改制后，北幢社区就殡葬运费给予现金补贴。

第六节 行 会

行会已有数百年的历史，它是盛大庙会中的一支重要队伍。凡是庙会活动，四乡八村都会组织参会，大的队伍有百余人，他们敲锣打鼓，掮旗打伞，有的队伍还抬着老爷，浩浩荡荡向庙宇进发，情景非常壮观。凡是经过的地方，队伍两旁都簇拥着男男女女、老老少少人群，挤着看闹猛。

石幢村的行会队伍是前洲地区唯一的队伍。他们早在20世纪40年代初期，由叶才兴、叶进裕、叶仁泉等人组建。从挑选人员、组建队伍、筹集资金、购置道具、组织训练等，确实花费了一番功夫。直到队伍合成，前后共用了两年多时间。其中，主要有8支队伍。

第一支队伍是旗队，由26人组成，共购置3种旗帜。第一种旗是三角大旗，共两面，全用绸缎布制成（称为帅独旗），长8米，呈三角形状，旗上有两条青龙刺绣图案，中间是一个盆大“帅”字，旗边都是用丝绸缝的花边。旗头上挂出两条长长的绸带，带头上是一把黄色绸团长线，旗帜树起后两条绸带随风飘动。旗杆是用一根长五六米、5寸直径粗的毛竹，三角旗就扎绑在杆子上。在竹竿顶上扎有3根绳头，放下3根长绳，每条绳有一人拉住，以免旗杆竖起后摇晃和倒下。握旗杆者有二人，边握边行，十分吃力。第二种旗称为圆伞旗，共设置6面，都是用绸缎花布制作而成，顶是圆形，四面用彩色绸布围着，像一把伞，都用3米长的竹竿撑起。第三种旗是长方形旗，用红、黄、蓝、绿、紫5种单色绸布制成，长约1米，宽约50厘米，共设置10面旗，旗杆也是用3米长竹竿制成。

第二支队伍是拜香队，由20人组成，全是少女，长相标致，身高相仿。每人身着花布衣服，二人并列，手持灶香，边走边拜，引人注目。

第三支队伍是摇荡湖船、蚌壳精队。摇荡湖船共4只，蚌壳精2只，共6人，全由女青年组成。摇荡湖船、蚌壳都是用竹头、竹密、铁丝扎成，特别是摇荡湖船还要扎一个椭圆形船篷，然后把彩色纸用糨糊粘上。行动时摇荡湖船必须边走边摇，边摇边舞，蚌壳精则边走边将蚌壳一张一合，十分有趣。

第四支队伍是莲花乐队。由男女青年组成，各为6人。莲花乐是用圆竹竿制成，约长1.2米，上下8节，除中间两节外，其余6节都在节中劈出长条空隙上下交叉制作，每节中间穿上两根粗铁丝，每根铁丝上穿上3个铜钱，竹竿摇动时，会发出“呛呛呛”的声响。6人随着口唱莲花乐曲，跳起舞步，右手拿着莲花乐，跟着曲调在脚上拍打，边走边敲，随着曲子节拍，舞步整齐，响声一致，十分动听。

第五支队伍是刀夹枪队。刀夹枪队由20名男青年组成，分为两组，一组10人持大刀，另一组10人手举红缨枪，二人一对相互对打。在行会时，按照武打的要求程序边打边走，舞枪弄刀，噼噼啪啪，十分惊险。

第六支队伍是三节棍队。这是高家尖村的一支特别武打队，共有30多人组成。其中20人，分成10对，手持三节棍相互对打。三节棍由专业技术人员制作，材料是3节圆木棍，十分坚硬。再用钢制链条相连。行会时，二人一对举棍断打，你攻我防，乒乒乓乓，十分激烈。

第七支队伍是高脚队。高脚队由10人组成，这10人是精挑出来的壮年人能手，他们人高马大，体力充沛，沉着稳健。每人配置高脚左右两只，高3米左右，都用方木制成。在木头一段上方钉有方板一块，走高脚的人脚踏在木板上，用布条绑住小腿，这样就可以行走自如。走高脚不光是在平地上行走，还要在上桥下桥行走，难度非常之大。走高脚不但是双脚行走，还要单脚跳走（称为提脚麻麻）。到行会时，每人都要穿上戏服，戴上官帽，脸上按官衔化装。行会时，按要求必须手舞足蹈。每一名走高脚人都配有一名“安全员”，他们每人扛一根长竹竿，在高脚队员需休息或者结束时帮他们安全“着陆”，卸下高脚。走高脚，十分惊险。

第八支队伍是维护队，由8人组成。每人手里拿一杆长条彩旗，在行会时，4人一边，在两边举旗维护秩序。防止杂人穿来穿去，影响队伍正常行进。

这8支队伍都分别选有一名队长，负责平时训练和集中时通知召集等事务。他们各司其职，兢兢业业，肯于吃苦，严格要求，扎扎实实带好一支队伍。

石幢村行会在本地区享有盛誉。每逢有庙会活动都会积极组织参加，特别是每年农历三月初三的堰桥西高山庙会，更会齐心协力积极参会。玉祁大墩的庙会，行会队伍也会全程参与。

这一天，东方刚起鱼肚白，所有参会人员都准时在叶养元、华应宝门口砖地场上集中。总指挥叶才兴、叶仁泉二人立马布置各队领取道具、服装和化装用品，特别是“扎香锣”的二人，要在左手手臂上扎挂大铜锣而做特别的“手术”。铜锣是用纯铜浇铸而成，圆形，直径约有60厘米，重量30多斤。在动“手术”前需点香祈祷，挂锣者先喝三口烧酒，以此壮胆。然后有专人对他手臂上喷酒消毒，然后用大针和腊线在手臂上穿刺皮层，不出血。线穿刺好后，随即把铜锣吊在线上。行会时，左手举锣，右手用大布槌敲锣，声音沉猛响亮，十分好听。

一切准备工作完成以后，开始按程序排队，排在第一的是旗队，意在旗开得胜。旗队后是老爷“黄陵官”（据传说，黄老爷1尺2寸高，镀金制成）坐在老爷轿内，4 人抬着。老爷后面是两面大型铜锣，边走边敲。接着是“神童仙女”、蚌壳精、摇荡湖船、莲花乐队、高脚队、刀夹枪，三节棍队是压阵队，放在最后。整个队伍 500 余米长。一声令下，队伍浩浩荡荡向堰桥进发。凡走过乡村时，队伍两边挤满人群，男女老少，拥来拥去，争相观看。为了行会队伍在行进中不受干扰，维护队员手举红绿旗，阻止人员窜来窜去，十分忙碌，确保队伍顺利行进至目的地。

行会队伍到堰桥西高山下，高脚队立即卸下高脚，和队伍一起快步向山上前进，由于人心齐、干劲足、速度快，第一个冲进庙里，获得了庙会第一名。

中华人民共和国成立后，行会逐渐取消。

第十六章　文化遗存

第一节　诗文碑刻

却望无锡芙蓉湖（五首）

〔唐〕李绅

丹桔村边烟火微，碧波深处雁初飞。
萧条落叶垂杨岸，隔水寥寥闻捣衣。

水宽山远烟岚回，柳岸萦回在碧流。
清昼不风凫雁少，却疑初梦镜湖秋。

逐波云影参差远，背日岚光隐见深。
犹似望中连海树，月生湖上是山阴。

旧山认得烟岚近，湖水平铺碧岫闲。
喜见云泉还怅望，自惭山叟不归山。

翠崖幽谷分明处，倦鸟归云在眼前。
惆怅白头为四老，远随尘土去伊川。

芙蓉湖泛舟

〔宋〕　胡宿

小湖香艳战芙蓉，碧叶田田拥钓篷。
岚气与飞山岸隔，秋波不动水摇空。
翩翻雪乌争投浦，拔刺霜鳞对掷风。
正是沧浪濯缨日，一竿多谢紫溪翁。

叶茂才和钱启新丽泽堂即事十首

〔明〕　叶茂才

谈经不觉晓霜严，济济朋来乐事添。
教阐先天蒙自解，功开来学履弥谦。
乾坤开卷深深玩，既未从头细细占。
况遇闭关元始复，愿随阳长及时拈。

学易须知独体严，性中无减亦无添。
一私未净还宜损，万有兼收又贵谦。
屋漏有亏非实际，影衾无愧是心占。
从今悟得闲邪法，静闭玄关自在拈。

阴老祁寒不久严，微阳脉脉渐加添。
天行既满难更益，神理阴培定属谦。
泰华不辞拳石小，蘼荛亦备圣人占。
量如沧海常虚纳，万壑争归任汝拈。

密密重阴令正严，一阳生意暗中添。
人心消长须休复，造化推移亦用谦。
庭草未春还敛翠，野梅逢腊已堪占。
床头一卷先天易，闲与涪翁对雪拈。

酒力驱寒渐解严，一般春意满怀添。
折梅见兔堪观象，野老村童尚识谦。

河上有图勤把玩，画前无事杳难占。
相期说到忘言处，目击昙花带笑拈。

独座虚斋内省严，本来无物强加添。
常愁涉世多遭蹇，不道持盈贵守谦。
逐逐徒劳休咎想，憧憧枉问吉凶占。
不如抛却还无极，严子滩头把钓拈。

寒宵默坐漏声严，活泼真机静里添。
四圣并参方备易，六爻全吉独归谦。
道窥元始天心见，管测飞灰地脉占。
俯仰两间求不愧，须将爻象反身拈。

舜跖初分一发严，利根芟去善苗添。
学颜苦卓尤方解，似旦多才礼更谦。
莫放紧关开别宝，只从丹府觅灵占。
乾坤鼎立非容易，百尺竿头努力拈。

讲席初开令乍严，笑将春服傍冬添。
图书其阐人文贲，童冠相随礼数谦。
竞日欣沾时雨花，一时遥应德星占。
清朝林下真堪赏，漫把金垆宝象拈。

动物惟诚最紧严，如消冰雪水平添。
常怀挂剑交徐信，莫假温恭下士谦。
鹤在阴鸣声自和，豚从孚格理宜占。
心真感应如影响，好把中爻仔细拈。

（钱启新 明万历年间进士 东林八君子之一 ）

摘自《东林书院志・卷十八》

恭贺探湖诗原韵二首

〔清〕 冯应同

汤汤巨浸酿斯饥，相对呼天天未知。
百里町畦看鹭浴，千滩庐舍骇鲸吹。
晨烟偶起村中爨，午膳常餐谷裹皮。
何事文襄筹不到，边湖民泪至今垂。

一样耕耘独苦饥，蓉湖民隐有谁知。
鸿飞大泽风涛倦，蜗寄荒庐霜雪吹。
并日有餐难果腹，御寒无褐幸生皮。
郑图借绘艰辛苦，只原当途青眼垂。

洞仙歌·忆蓉湖

〔清〕杨芳灿

故乡云水，忆蓉湖佳绝。
滑笏波光漾春色。
何时归、计准小坐苔矶，
衣尘浣，俯照明漪千尺。

昨宵清梦好，柔橹咿哑，
惊起轻鸥度环碧。
略彴夕阳斜，穿过前湾，
林影外、烟岚层叠。
有三两、渔舟傍桃花，
看网出银鳞，一罾红雪。

小金山

〔清〕倪　城

十里蓉湖一镜开，波光山色拥楼台。
窗前鸟唤游人至，水底天浮画舫来。
岂有南徐高并峙，恨无北固远相陪。
寺僧似厌登临久，几许钟声劝客回。

题芙蓉湖图

〔清〕　秦 仪

风帆叶叶过沙洲，
杨柳拖烟古渡头。
最是蓉湖好时候，
落后飞絮一登楼。

蓉湖即事

〔清〕　顾 汉

蓉湖美景今何在，积潦连天一色齐。
惨淡梦中愁夜雨，怆惶水里护长堤。
孤村漠漠迷前路，小艇悠悠失旧溪。
不是文襄筹画好，恰将儿女作鲲鲵。
长堤筑成显文襄，孰料为民万古殃。
淫雨倾时波浩浩，微风吹处浪沧沧。
田畴汩没迷行径，庐舍倾崩失卧场。
更有一般堪痛处，草芽挑尽树皮光。

蓉湖即事

〔清〕 顾 贤

扁舟短棹到鱼乡，四顾萧条欲断肠。
万顷田园波浩渺，千村庐舍浸汪洋。
人民吞怨因无禄，草木含愁为被创。
日暮不闻鸡犬吠，数声归鸟带斜阳。

望江南（小令二阕）

〔清〕 诸 珍

其一

蓉湖境，话及也情伤，
寒迫饥肤无布缕，
饥催口腹餍糟糠，
只见水汤汤。

其二

洪水降，搔首望蓉湖，
一派绿波迷去路，
数行白鹭疑归途，
人物尽遭磨。

湖民颂（吴公治湖政德）

〔清〕 王之瑞

蓉湖柳色参差绿，犹念吴公抚字长。
千古事传碑下泪，一时人挹袖中香。
可知经国心如水，共识忧民鬓欲霜。
尺木堂前沛膏泽，于今何止颂甘棠。

前洲治水歌

叶圣陶

前洲公社伟绩多，焉能钜细尽网罗？
举其要者略其次，请听前洲治水歌。
江南水乡地卑下，分别围圩事耕稼。
此圩彼圩高或低，外洪内涝并深怕。
颗粒无收时一遇，即庆有秋获亦寡。
亩产不逾四百斤，糠菜半年语非假。
解放以后变革始，合作化复公社化。
七零年冬迄于今，前洲奋迅若飙轮。
大寨治山我治水，前洲山河重安排。
方向端正措施定，改土治水为中心。
自力更生脚踏实，干群协同贡辛勤。
曩所未办今皆办，尺土寸水全更新。
小圩合为大联圩，堤坚闸固洪莫侵。
联圩尚复有层次，因层设闸高下分。
测定尺度控水位，毋使土地受浸淫。
超则开动排涝泵，逐层抽水令外喷。
整治土地平如砥，无复坑洼与丘坟。
零畦碎亩改大田，于是机械可耕耘。
电灌之站多新建，灌区缩小灌溉匀。
部分渠道隐地下，扭动开关吐或吞。
填塞旧河开新河，新胜于旧直且深。
河道交互织如网，用与岸道相等伦；
运粮送肥载机具，船来车往同纷纷。
开河之益又有说，乃为作物除病因。

往者地潴黄锈水，此水酸性伤禾根。
今以河深悉荡涤，稻麦生长举欣欣。
河密桥梁自必多，前洲之桥别有吟，
因地制宜出新创，为免重复不具陈。
新建套闸多于曩，过渡之便胜以往。
套闸者何两重门，船到其间候升降。
一重门闭一重开，水位随之下或上。
与内齐或与外均，船进船出迭相望。
唯于外河水落时，两门常开无阻障。
来船去船任自由，不须闸上候片晌。
往时套闸设无多，过渡辄叹水程枉。
欲求迅捷不惜劳，拔船越岸复下放。
小圩无闸自亦然，拔船之劳怕回想。
此况一去不复返，今昔相形如开壤。
善学大寨得其本，全变地貌利农田。
麦过纲要稻超千，林牧副渔并发展。
社队合力办工业，以工促农农更前。
昌盛繁荣何待说，今貌更当变新颜。
前洲前前无止境，满怀欣喜望南天。
长歌颂美寄微意，选题治水作斯篇。

1977年2月23日作毕

前洲之桥

叶圣陶

偃月长弧美线条，承重节料设想高。
古为今用取其善，前洲处处赵州桥。
改造自然势澎湃，前洲造桥多且快。
六年开河二百二十里，新桥落成乃超双百外。
河道交织桥自多，桥多非徒行人过，
亦便卡车拖拉机，此来彼往如穿梭。
前洲之桥有因复有创，见者无不盛叹赏：
一桥三塊一四塊，斜桥斜交跨河上；
因地制宜破陈规，于此可见思想之解放。
晋祠鱼沼架飞梁，五曲九曲之桥夸苏杭；
何若前洲新形式，都为发展农业而考量？
摩托之舟水泥制，载客游观值新霁。
河水清涟入眼明，和风习习拂衣袂。
数年岸树绿荫成，亢亢麦田与天际。
一桥才过又一桥，映水倒拱迭浑翳。
舍舟登岸兴方遒，十字桥上望环周：
厂房饲舍居民屋，科研学政四层楼，
大会堂座千数百，套闸吐纳往来舟。
指点不尽认难遍，郁郁葱葱兮，
我爱前洲革新无穷极，日新月异争上游。
定欲再来开老眼，迟或明春是今秋。

1977 年 8 月 3 日作毕

《芙蓉湖》序

清·吴兴祚编《治湖录》

庚子（1720年）四月，余绾章来锡，劝农北乡，抵芙蓉湖大圩，见湖水盈溢，田禾半沉。就堤隙壤，集父老烝髦士，谒慕公祠。毕，乃命小舟棹芦苇、渡阡陌，一望中湖雾苍茫，村虚水匝，因知此系昔日芙蓉湖之底，形如坦釜，水进无由外泄。通圩六十里之内，东南一隅属于锡邑者，尤为洿下，岁产一熟，名为不麦低田。父老谓余言曰："去年被淹，今复继之。高乡获四五稔，而此处一熟未收，未知将作何状。向来居此地者，不时乏食。最苦里中并无升斗之家，可与告急，以谋朝夕。故视藜藿糟糠犹为嘉味，尝以树皮捣粉为馅，野菜和根作齑，聊以果腹。小民身尝其况，不知凡几。今不料墓木已拱，而犹遭此苦也。"言讫泪下，余亦凄然。呜呼！饥岁多，丰岁少。暂得一熟，何以应官逋、给衣食，所谓乐岁终身苦之地也。考其往事，抚圩民者，咸知堤防艰苦。凡邑中徭役，概令圩图豁免。其芦荡庄田，五年一丈之例，亦悉除之。一逢岁歉，各饷停征，俟有秋并赋。此差扰不及之恩，久已如是。余谓此犹属补苴之术，而未为斯民计长久也。地瘠赋羸，所产不给，非仅民多桎梏之累，而官府亦关考成，不知申请上宪题达减赋，圩民始苏。今方幸圣天子爱养元元，何靳沧海一粟，适秋闱事竣，力欲绘图陈请，俾田粮稍减，以播朝廷万世之恩。亡何丁艰谢事，有虚民望，士庶倦倦，诣馆泣谢。余不忍割舍，含泪抚慰，将来事会有期，必以安奠湖民，仰报圣恩之意，与诸父老券爰。于吴公《治湖录》前，弁数言而为之序。

康熙庚子岁冬杪，文林郎知无锡事湘潭张璨岂石氏撰。公，名璨，字岂石，号湘门，康熙戊子（1708年）科经元，湖广长沙府湘潭县人。

——摘自清·吴兴祚编《治湖录》

（吴兴祚详见本章第三节宗祠庙宇——吴公祠）

修筑堤岸碑记

岁在庚戌（1670 年）仲夏之杪，二麦初登，稻苗将植，天降淫雨，百川皆溢，坏民田庐无算。而锡邑，若天授，若青城，若万安等区，滨于湖滥者为田一十七万亩，□恃堤岸以为固。自明周文襄公大兴筑以来，迄今百有余年矣。凡民狃于因循，畚锸罕及，水潦乍至，旧堤以隳，风涛渺然，鸥鹭出没，黎民阻饥，哀泣□道。大中丞巡抚□公悯焉，命有司发仓廪，劝赈贷，弛讼狱，缓征输，集饥者而哺者，旦旦勿失。锡民之得以不委于沟壑、不散于四方者，皆中丞赐也。而又惩前毖后，以为赈施者一时之仕，堤岸者百年之利。适里民王秀以修筑上请，公立勒查报。□□周览其间，见所在溃堤旧基沦没，尚仅仅以补罅□漏，苟且旦夕之间，而后患不塞，岂中丞意哉！顾驱饥氓以从事，则不暇为坚完。欲如文襄时，丈予六钱，取给正赋，则又时绌而弗克举也。用议令有田业者每亩出米三升，各佣其佃，使尽力焉。庶几为佃民者，得米以济其枵腹，而又望将来之有获也。宜无不胼胝，以求固者。议上，公报可。于是文告谕其前，赏罚劝其后。弥月，而三区之筑成，较之旧堤增高培薄各五六尺。自是水潦虽至，民不害耕。里民复请曰：是役也，粒米皆归农人之腹，众力毕登板筑之场。上不费饷，以损有限之国储；下不派银，以滋无益之耗蠹。而长堤周亘坚若堵墙，百余年以来未之睹也。大中丞恤灾救患之仁与文襄并，吾侪小人其敢忘永赖之伾乎？愿以修筑诸法勒石纪绩，俾后之用事者得以考焉。兴祚承乏兹上，□敢拂与人之请，以挨中丞之德，□爰以田亩、里数、工役、月日，并业主佣米，加以本县赈米之数，详勒于石，以备观览。是为记。

——修筑天授区上扇，共五图，计大小九圩，计共圩岸二十一万八千六百七十五丈五尺。青城区上扇，共六图，计大小四十圩，计共圩岸三十三万九千四百六十二丈三尺。万安区上扇，一图，计大小九圩，计共圩岸四千五百七十一丈五尺。

——三区自龙塘圩起至杨家圩止，周围计共一百二十里。

——三区佃户每日合力修筑，计三千五百六十三名。

——本年自二月廿六日起工，至四月十五日完工。

——各业主刘宦、□果远，并王□□、华本生、华廷瓒、周祥等，每亩出佣米三升给佃修筑。

——本县捐俸赈荒米三千三百六十石零。

康熙十年（1671年）岁次辛亥秋七月　谷旦。

文林郎知无锡县事升行人司行人加五级三韩吴兴祚谨撰。

主簿：缪祖祛。督工吏：范圣修、邵允宁。

赈济吏：秦一鸿。

里民：王秀、芮一甫、吴甫云、吴溪、张暹。

圩长：顾西卜、陆蒋、吕泉、吴良甫、杨沈、殷华山、徐敬竹、谈华耀、范南、冯华、崔吾金甫、杨相御林、唐凤仪、吴初、蔡靖辅、高□□、陈□□、李□等共二十三人。

岸甲：顾云英、费辅、杜萱、高仰园林、胡马高、谈卿、卢芳、朱田奎、范王芮、钱济之、李周云、周克绍等九十二名同立。

修筑堤岸碑　（现藏前洲锦绣园）

调停唐、吴两姓争端碑记

调停唐吴两姓争端碑
（现藏前洲锦绣园）

署无锡县正堂加五级纪录八次卓候□□为□□□验事，奉特授江苏常州府正堂加十级纪录十次成，行奉钦命江南江苏等处提刑按察使司按察使、总理通省驿务军功加一级随带又加一级纪录五次塔。宪行，开：奉兵部侍郎兼都察院右副都御史、总理粮储提督军务巡抚江宁等处地方闵宪行，乾隆四十六年（1781年）五月二十四日，准刑部咨议覆。唐襄臣戳伤吴云茂身死一案，缘由内斗。前经查勘，因杨家圩内尽系吴姓田亩，地处低洼，易于淹。设详明：横排河、白水沟二坝俱听吴姓经管，至横排河与白水沟本属官荡，应再严禁。唐、吴两姓俱毋许设车捕鱼，以杜日后争端。并再勒碑，以垂永久。等因具奏。奉旨：依议。钦遵行文知照到县。合函遵照勒碑，为此碑仰阖地居民人等知悉。嗣后，横排河、白水沟二坝，悉听内由低洼之吴巷各业户经管，唐巷之人不得再行干预滋事。但横排河、白水沟俱系官荡，嗣后只许内户车涝灌田蓄泄，毋许尽行争执，致启衅端。此系奉旨钦定之案，备宜懔遵，稍有违抗，□□重咎，须至碑者。

乾隆肆拾陆年（1781年）七月　谷旦

无锡县知县　俞　镐

经承：钦武臣

原差：过　华、秦　祥

吴祥生、吴云祥、吴云章、吴洪如

吴瑞芳、吴瑞中、吴金升

第二节　文　物

青铜剑

1997 年 4 月，北圩重建灌溉站时挖出。剑长 58 厘米，剑口锋利，剑柄 8 厘米，剑柄底的花纹细密清晰。经专家鉴定，确认为战国时期所铸。

（现藏前洲文史馆）

1997 年 4 月北圩出土的战国时青铜剑

第三节　宗祠庙宇

北幢村共有祠堂6所，分别是石幢的叶氏祠堂（永思堂）、高家尖的高氏祠堂（裕远堂）、田巷的田氏祠堂、吴巷的至德堂、杨撑渡的杨氏祠堂、章氏祠堂。每逢清明和冬至，宗族人都会前来举行隆重的祭祖活动，点烛焚香，供奉供品，跪地思祖等。随着时代的变迁，有的祠堂改建为学校，有的变为集体活动场所，有的成了生产队的仓库。2010年全村拆迁时，这些宗祠都已不存在了。为了留住乡情，根据村里的老年村民的回忆，记述了宗祠的样貌、布局和变化。

叶氏祠堂

叶氏祠堂坐落在石幢村东部，傍依锡澄运河、石幢大桥下，南临河南圩一片广阔原野，西和北都毗邻河南村村落。

叶氏祠堂约建于明朝时期。据明史上有一段文字记载：叶司空祠在绣璋街祀，明工部侍郎茂才旧有祠在青城乡石幢，与顾端文宪成高忠宪攀龙并祀，为东林三先生祠，乾隆二十年（1755年），叶氏十三世孙叶潢请建专祠。乾隆五十八年（1793年）移建今地，有司春秋致祭。可见，距今有400多年历史。全祠有“两厅一堂七房区”，占地面积有936平方米，建筑面积712.8平方米。雄伟的建筑曾蜚声前洲、青阳地区。

叶氏宗祠坐北朝南，两只庞大的青石石鼓坐落在大门两旁。二扇朱漆大门上镶装着两只铜钵，铜钵上挂着指粗的铜环，下是膝高的踏门。走过二门是方形天井，长形青砖铺地，井东西两侧各有厢房，东厢房为祠堂的库房，西厢房为宗祠厨房。过天井就是大厅，井厅相隔处是一排落地长窗，窗上半段是上方格窗口，窗口上都镶嵌着白色的鱼鳞片，窗下半段都是雕有花纹图案的木板，十分精致好看。大厅内抱粗的四柱，托起了根根圆木大梁。磨光方砖铺地。在厅正侧高悬着金色大匾，“永思堂”三字十分显眼，而最醒目的是西侧高悬着偌大匾额，上书“天下第一清官”6个金光闪闪的大字，据传这块匾是明朝年间由南京府赏赐给清官吏叶茂才的。

走出大厅向北是偌大的天井，中间有青砖铺设的宽阔走道，走道两旁种植着两棵高大的古柏。树冠和柏枝覆盖着整个天井，古柏的树龄已经在百年之上。走过天井是一条东西向宽阔的长廊，长廊旁是一排落地十拼长门，这里面就是宗祠的长生牌位厅，厅内暗淡清凉。在北侧靠墙是一排半人高的长生牌位柜台，里面有200余个牌位，错落有致地排放着。在牌位柜前摆放着一排祭祖长台，台上放着香炉、烛扦、香灰，满台皆是。

走出牌位厅向东一门之隔是“大仙堂”，在堂中央有一座古人雕塑像半坐着，此人何许人都不得而知。大仙堂西墙处放着一张八仙桌，桌上摆放着蜡烛和点香的香炉、蜡扦和搪瓷碗盆，这些都是香客为祭大仙时所用。大仙堂南侧没有门窗直通天井。在天井东侧种植着一棵盆粗的桂花树，树冠已超越天井围墙，树龄有200多年的历史。

叶宗祠堂有公田60多亩，全部租赁给佃户，每年交租米或租金。而祠前房舍曾租给商人杜德治开办茧行，每年收茧两次。堰桥、青阳、玉祁等地的蚕民也都挑着蚕茧前来出售。蚕茧上市时，这里热闹非凡。蚕茧收购后进行烘干，再销往石塘湾丝厂。

民国时，看守管理祠堂的是胡世成夫妻，江阴山观乡人。他们勤劳俭朴，常年守护着，每天一早就去开启大门，但平时很少有人前来观祠。据说，祠内的大仙经常出现，夜间鬼神作祟，响声很重，祭祀的糕点不几日就不见了，传说是被大仙和鬼神囫囵吞掉了。加上自然村人员稀少，迷信观念也很重，进祠生畏，所以祠内冷冷清清，阴森清冷。每年清明和冬至是叶氏家族祭祖的日子，除本村的叶氏族人外，散居在青阳、坊前、堰桥等地的叶氏人一早就到祠堂会集，隆重举行祭祖仪式，在先祖牌位前点燃香烛，敬上供品，再跪地思祖。祭祖结束后，祠堂专门设宴招待，摆上20多桌酒席。叶氏族人们欢聚一堂，举杯敬酒，非常欢乐。

中华人民共和国成立后，叶氏宗祠变成了集体活动的场所，首先办起了夜校扫盲班，扫盲者共有24人，每天晚上点着汽油灯学习识字。在大厅内东侧搭起了土舞台，村里成立了滩簧班，戏师黄坤荣专门来教唱滩簧，后来再教唱锡剧、排练戏剧。将祠堂大厅作为戏坊，曾演出过《珍珠塔》《樊梨花》《双推磨》等锡剧。周围村民不请自来，大厅挤得水泄不通。至1954年，因石幢原小学校舍破旧，将大仙堂、牌位厅改造为校舍教室，1976年随着教育事业的发展，原校舍已经不适应教育用房，改建为8间二层校舍。1983年又拆除了祠堂大厅，就地又建造了 4 间二层校舍。至此，叶氏宗祠消失在历史的长河中。

高氏宗祠

高氏祠堂位于高家尖村东北。朝南门面，东依锡澄运河，北背靠下底河，南面、西面是鳞次栉比的村落。

高家尖村原由高氏四房族人迁移而来，尔后再无别姓。约于 1668 年由四房族人出资兴建了高氏宗祠。全祠占地面积 594 平方米，建筑面积 430 平方米。宗祠坐北朝南，在大墙门两旁矗立着两只大青石马，翘首仰头，双目圆睁，炯炯发光，它们常年守护着高氏祠堂。

高氏宗祠是族人的祭祀圣地，进大门半屋是两扇活动平门，门西是住房，门东则是厨房。过二重门北走是偌大的天井，天井东西两侧建有防雨走廊。出天井就是宗祠大厅，4 柱 8 梁，十分雄伟。在厅梁北侧悬挂着醒目的三块匾额：中间一块匾额上书写着 “裕远堂”三个金色大字，在堂匾右一块匾额上书写着“作求世德”四个草书大字，而堂匾左一块匾额上书写着“敦伦敦睦”四个大字。出厅向北是一排落地长窗。窗外中间则是宽阔的走道。走道两旁是花园，在东花园内种植着一棵盆粗大的桂花树，而西花园种植玫瑰花，芬芳四溢。出花园右侧是大仙堂，堂内只摆放着八仙桌一张，桌上摆放着香炉、蜡扦。过走道又是方形天井，过天井是一排落地高格长门，门内即是偌大的长生牌位厅。厅北侧中间墙上悬挂着一块匾额，上书“奉先思孝”四个大字。牌位前有序地排放着先祖牌位。牌位前有祭祖长方台桌，桌上放着蜡烛扦、香炉。据传说，每年清明时节，凡高氏族人都会前来举行隆重的祭祖活动，焚香点烛，跪地叩拜，十分热闹。1913 年，高氏宗祠被改造为国民小学，定名为“尖溪小学”。1984 年，因建村级公路被拆除。

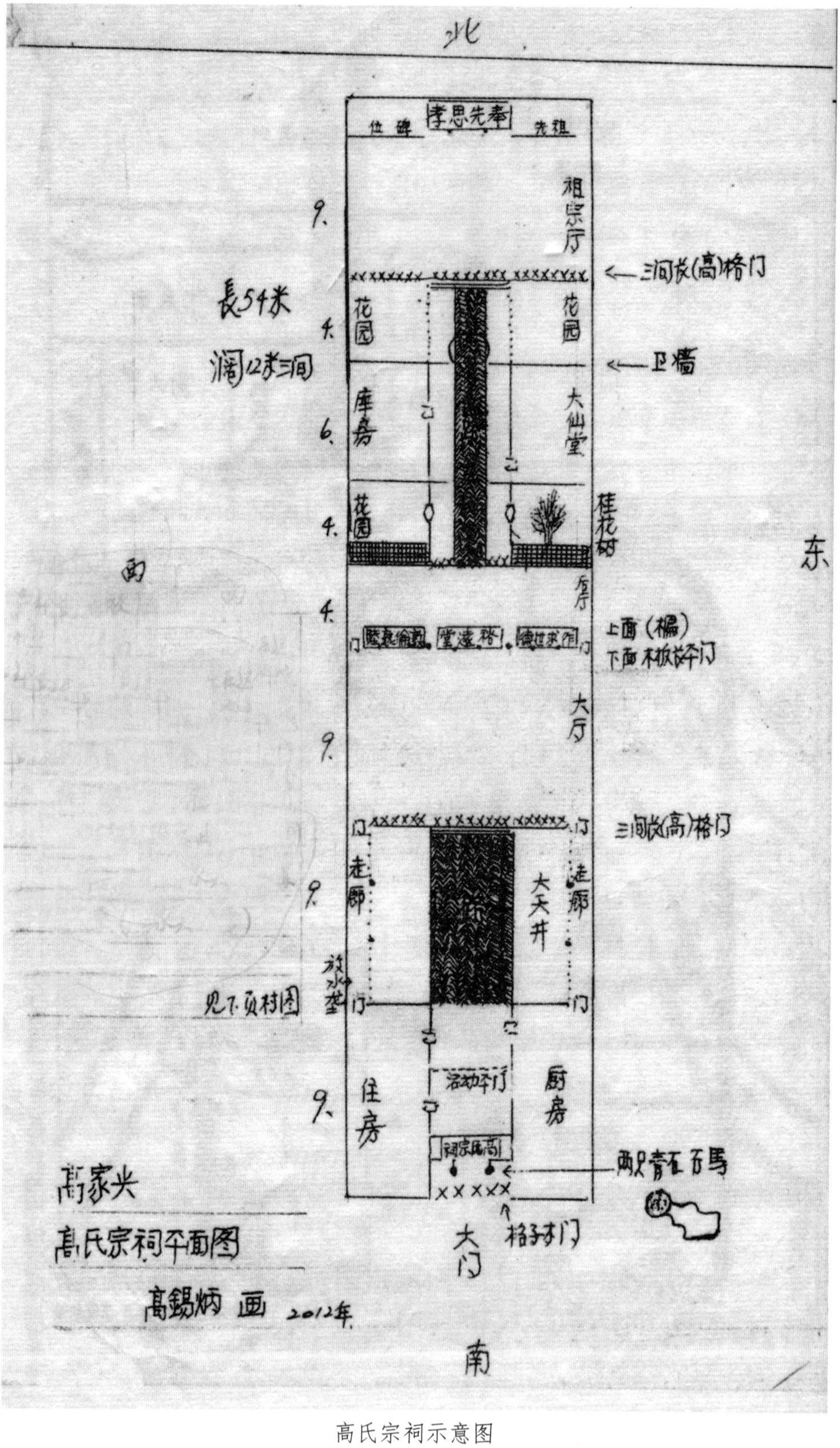
北
孝思先奉
位碑
先祖
祖宗厅
三间长(高)格门
長54米
濶12米三间
花园
花园
卫墙
库房
大仙堂
花园
桂花树
西
东
厅
上面(匾)
下面木板拼门
大厅
三间长(高)格门
走廊
大天井
走廊
放水塹
见下页村图
住房
活动拼门
厨房
两只青石石马
高家头
高氏宗祠平面图
高錫炳 画 2012年
格子拼门
大门
南

高氏宗祠示意图

田氏家祠

田氏家祠是一座私祠，坐落在北圩村田巷上，东依湾河，南右侧临近章祠，西为圩区耕田，北背靠章渎河。

田氏家祠始建于1947年春夏。由祠主田夏林出资建造。占地面积约287.2平方米，建筑面积212.4平方米，全祠有两厅一井一辅建筑。跨过大门是偌大宽敞的门厅，过门厅是一个长形天井，天井的东西两侧各有一棵玉兰树。天井北傍是一排落地长门，跨过长门就是祠的大厅，只见四根一抱粗的大柱挺立在四面圆柱基石上。地上铺着方形青砖，厅上方全是用木板按50厘米一格吊顶，十分气派。厅北侧靠墙是一排长生牌位。牌位放置十分规矩，即按祖宗的辈分大小、右大左小有序地竖立在柜上。在牌位柜台前，有序地摆放着祭祖方台，香炉蜡扦、贡品搪瓷碗盆等都摆放齐全。

田夏林不但是个公益达人，也是个孝子。虽然常年在外经商，但每年清明时节都会回来祭祖，亲手焚香点烛、摆放供品，跪地思祖。

1958年，北圩大队将杨撑渡小学搬至田氏家祠。1977年，因开挖内河和建设村道，拆除了祠堂的部分建筑。1991年，因建造石洲公路，祠堂被全部拆除。

吴氏宗祠

吴氏宗祠位于北圩村吴巷西端，坐北朝南，与吴巷后巷为邻，南面朝吴渎河，西依桑田，北面是一片水田。

吴氏宗祠，堂号“至德堂”，始建于明朝时期，距今已有300多年的历史。吴氏族人共同出资建造。全祠三间二宅，长40多米，占地面积442.8平方米，建筑面积280.8平方米。正间大门内左右摆放着两只石狮。东西两间则是住房和厨房。过两道门是天井，青砖铺地，天井两端建有避雨走廊。过天井是雕花大厅，在东西两侧壁上都装饰着雕花面板，花纹清晰，十分漂亮。过花厅是一座偌大的花园，园内种植着各种花卉，颜色鲜艳，十分喜人。花园东西两侧也建有避雨走廊。过花园就是宗祠大厅，粗大的圆柱托起了大梁，在大厅北侧靠墙安放着一排长生牌位柜台，台上由东向西有序地排列着吴氏祖宗的牌位。牌位柜台前摆放着一排祭祖桌台，台上整齐地摆放着香炉、蜡扦等祭具。每年清明节是吴氏族人的祭祖日。到时，吴氏族人都会成群结队前来，齐聚大厅，焚香、点烛、摆放贡品，有序地跪地念祖，既肃穆又热闹。

1956 年，宗祠曾摆放过“尚书老爷”，后来因公社、大队动用“尚书庙”，将关公大帝等祀像都搬至祠内石狮子旁。直至“文化大革命”时期，“尚书老爷”、关公大帝等祀像被全部清除。1982 年，农村大规模翻建房屋，规划“兵营式”村巷，将吴氏宗祠拆除。但村民们存有迷信思想，都不敢在祠基上建房。所以，祠堂宅基地变为废墟空地。

杨氏祠堂

在北圩村北端有一座宗祠，它就是杨氏宗祠。

宗祠三间两造，坐北朝南，东靠近锡澄运河，南依马塘江，祠西是一片水田，北与石幢高家尖村相眺望。杨氏宗祠历史悠久，建筑风格与明清时期相差无异。中间两扇大墙门下是齐膝高的踏门，大门上屋檐下悬挂着偌大的牌匾，上书“杨祠堂”三个大字。过二重门是长方形天井，底部全用长形青砖铺地。走过天井就是宗祠大厅，厅屋高大宽深，四柱八梁，十分雄伟。

杨氏宗祠是杨撑渡的祖祠，祠内虽无长生牌位，但每年清明节前后都会有杨氏族人前来祭祖。他们在厅中央放置了两张八仙台，拼在一起，台上摆放着蜡扦、香炉、陶瓷碗盆，来祭祖者排起小长队，都抢着亲手点烛、焚香，放上糕点、水果，以表纪念。

民国 19 年（1930 年）在杨氏宗祠办了杨撑渡小学。1958 年“大跃进”时期，杨撑渡人就在宗祠内办起了大食堂，全村村民都在祠堂内吃饭。

杨撑渡由外杨、里杨多个小村巷组成，设有 5 个生产小队，500 多亩耕地，每年稻麦两熟，在收获时，谷场上堆了粮食，每天要派人看守，既不安全又不方便，建造仓库成了干部、群众的多年梦想。直至 1964 年冬天，外杨 3 个队的干部开会磋商，并征求前辈意见，一致同意将宗祠拆除，用宗祠的砖木来建仓库。1965 年春，干部群众一齐动手，花了一个多月时间的将祠堂拆除。将拆下的木头、砖块、瓦片按三份分配，各队分得砖木以后，很快建造了仓库。

章氏祠堂

章氏祠堂位于北圩村的西端，始建于清初年间，距今有200多年的历史。章氏祠堂是章巷族人的祖祠。四周都为农田，只有东侧有一条跑道，可通达章巷村落和田氏宗祠，交通比较闭塞。

章氏祠堂坐北朝南，三间门面两进，占地面积226平方米，建筑面积151.2平方米。前屋中间是进祠大门，走进大门是一条走道，走道两旁是两间厢房，东厢房为住房，有看祠人王炳生兄弟俩居住，西厢房为他们的厨房。过二重门是6米宽的天井，青砖铺地。在天井与大厅相交处是一排落地长门，过长门就是三间通间大厅。脚底下是磨光方砖铺地，厅内四根大柱抱住两根粗圆的横梁，雕花板点缀着梁柱连接处。靠北墙放置着列祖列宗的神位神坛，长生牌位有序地排放着。神坛上摆放着蜡扦、香炉，这里是章氏族人顶礼膜拜的圣地。每逢清明节、冬至，章氏后代族人都会集聚堂内，进行隆重的祭祖仪式，每人手里拿着香烛，有序地在先祖灵位前点燃，敬上供品，排着队先后跪拜思祖。祭祖后，也会举行盛大宴会，名为“吃公堂”，大家相互交流、沟通，问长问短，互相祝福，充分体现了族人们的和谐团结。

1958年，北圩大队在章氏祠堂办起村里的小学，大厅变成了教室。1976年，因开新河、筑村道，祠堂被拆除。

尚书庙

尚书庙（原称周文襄公祠）坐落于北幢村吴巷，东临锡澄运河，北靠堰玉公路，距无锡市区15公里，距前洲中心街市3公里。占地面积约1250平方米，建筑面积约650平方米。明朝宣德年间（1426—1435年），杨家圩圩民为纪念周忱治水建圩的功德而建。现今尚书庙是2015年在原址上重建的。

《太平寰宇记》记载：“上湖，一名射贵湖，一名芙蓉湖，一谓之无锡湖，在晋陵（今常州）、江阴、无锡三县界。东去（常）州五十九里。东南流为五泻水。”自春申君治陂开稼穑之利，晋张闿泄湖水令入五泻（锡澄运河）、注于具区（太湖），欲以为田，其功不成。宋元祐中稍稍修之。明周文襄公（周忱）巡抚江南，筑溧阳东坝以捍上水，开江阴黄田诸港以泄下流（湖水泄至长江），就湖筑围（圩），耕种成田，亩入三钟。围大小以百数，东西两圩尤著。东即芙蓉东圩，俗称杨家大圩者也，圩内为田四万七千余亩。佃农错处榆柳掩映，村落相望，夕阳欲下，菱歌渔唱，远近互答，水乡生计颇亦饶足。周忱功在百世，武进、江阴、无锡的百姓感念周公功德，纷纷在当地为周忱修建生祠。杨家圩圩民也在靠近万寿河处寻一高地修建了周忱祠庙。后毁于战事。

清咸丰九年（1859年）祠毁。光绪十四年（1888年），圩人吴乐山等募捐在吴巷杨家圩吴渎霜字一号承粮九分，紧靠关帝庙南墙东修建门屋，东向三楹。邑人孙勋烈也于十四年集资修建了后正殿三楹，并捐资于殿，为享堂。圩民在正殿塑文襄公像，以伸春秋祈报。

清光绪三十一年（1905年），王伯厚等21位圩民联名向无锡县府禀文呈请在周文襄公祠复祀海瑞、吴兴祚等17位治理芙蓉湖的无锡名宦。禀文写道：康熙九年大水坏堤，两广总督吴公方知无锡县事，捐俸筑圩，人立吴公生祠，即卫泾祠也。十九年堤复溃，中丞慕公、邑侯曾公及邑诸生孙公散给口粮，能力合作，明定章程。至今遵守勿替。道光间三次溃决，一荒三不熟，民不聊生。二十九年，全圩沉没。邑教谕孙公条上前太守严公达之、前中丞傅公，以工代赈俸檄，兴筑高厚坚实数倍。从圩心望之，若城垣之屹立。故五十年来未尝浸溢溃坏。圩中父老当日奉孙公禄位于文襄祠以报。兹者，圩者重新祠像，工竣就左堂奠文襄神位。循旧奉前明南京右都御史巡抚应天等府忠介海公瑞，无锡县知县项公伾、王公其勤、邓公继曾、李公复阳、刘公五纬，无锡县县丞杨公春光，国朝两广总督前无锡县知县吴公兴祚，江苏巡抚慕公天颜，无锡县知县曾公子驹，邑绅赠江西靖安县知县孙公洊佳，江苏溧水县教谕升任浙江知县赠荣禄大夫孙公元楷，一并从祀。复增祀江苏巡抚傅公绳勋，常州府知府严公正基，邑绅旌表孝子候选训道余公治，候选训道赠浙江黄岩场大使华公廷巘，皆道光庚戌之役有造于圩民者也。夫负薪塞决其泽宏，培土补漏其惠小。故非溃围筑堤，凡仅任岁修、小修之劳者不能遍及。职等世居圩乡，呼吁迫切，传闻较真，饮水思源，不敢忘报。

1905年后，杨家圩尚书庙祀像纪念周忱等17位无锡治理芙蓉湖的名宦，香火更旺。从此尚书庙的声名越来越大，人们只知尚书庙，不晓关帝庙。

1946－1947年，邑绅田夏林在尚书庙内院建造了三间两层砖木结构楼房（约9.5米×11米），创办幼吾小学，学制1～3年级，主要招收吴巷、朱巷、章巷、卫巷、田巷的学童。1958年，幼吾小学并入北圩小学。同年在小学校舍办了农业中学，后并入前洲农业中学（校址邓巷）。无锡县在此开办无锡县电工学校。关帝庙和尚书庙其他房屋被用作吴巷 8 个生产队的仓库。庙内祀像全部移到吴氏祠堂。

1966 年 3 月，无锡县人民委员会批复：同意无价拨用尚书庙全部房屋（平房十三间、楼房三间），拆迁至前洲公社中圩大队建造新村。后因故平房未拆。

1972 年，北圩大队在尚书庙办起了磷肥厂，房屋用途发生改变。多年后，尚书庙原貌不存。

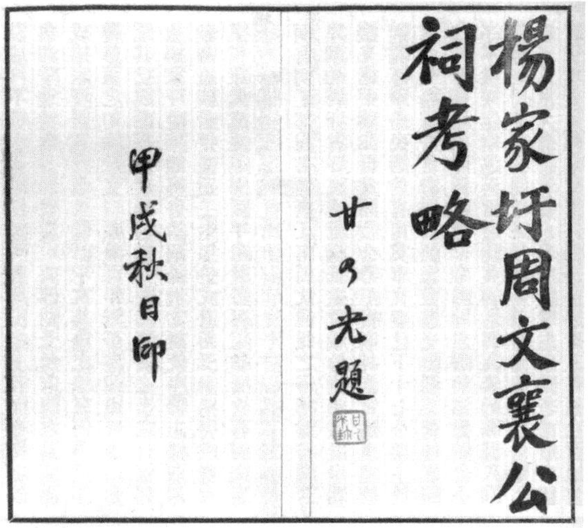

清孙藩圻辑、民国 23 年（1934 年）刊印之《杨家圩周文襄公祠考略》

2015 年 8 月，复建尚书庙，在两棵百年银杏树西边新建大殿一座和南边斋堂四间。2017 年 1 月，本地居士邀请无锡市荡口古镇植福禅寺僧人释悟到尚书庙主持法务活动。2019 年初又发动居士、信众，筹集善款，在原配电房的基础上扩建了客堂、尚书殿、库房、寮房等。庙院绿树葱茏，成为当地佛事活动及诸佛菩萨圣诞等法务活动的重要场所。

2015 年重建的尚书庙（2015 年 10 月摄）

吴公祠

吴公祠旧址　（2015年2月摄）

吴公祠位于北幢卫泾卫巷，紧靠锡澄运河堤岸。清康熙十四年（1675年），杨家圩圩民为纪念无锡知县吴兴祚治理芙蓉东湖（杨家圩）功绩而建。

北幢地处杨家圩圩田区域，古称芙蓉东湖。另有芙蓉西湖（今称芙蓉圩，为武进芙蓉、横桥、崔桥及无锡惠山区玉祁一带），都是芙蓉湖经过漫长围垦而成。杨家圩为圩区极洼之处，一遇大水就要被淹，“三年没两头”，一年只能种一季水稻，称为不麦之地。圩民生活很是困苦。

《清史稿·卷二百六十·列传四十七》载：“吴兴祚（1632－1697年），字伯成，号留邨，绍兴府山阴（今浙江绍兴）州山人，后入汉军正红旗。清初名臣。其父为吴执忠，早年作为礼亲王代善的幕僚，被授为头等护卫。”吴兴祚自幼聪颖，奋攻科艺，清顺治七年（1650年）以贡生的身份出仕江西萍乡知县，历任山西大宁知县、山东沂州知州；因为驿务迟误、对白莲教起义镇压不力之罪，于康熙二年（1663年）降补无锡知县，任内清丈田亩，因田征赋，官声极好；康熙十四年（1675年）四月，进为福建按察使；康熙十七年（1678年），被提升为福建巡抚，率部屡败郑经的军队，因功进秩正一品，后又进为两广总督。《广东通志·总督》谓其康熙二十一年以兵部尚书兼都察院右副都御史加正一品任，他上任后上疏言前督尚之信在广东横征苛敛，奏请罢除盐埠、渡税、渔科等苛捐杂税，又奏请允开海禁。康熙二十四年（1685年），他上书请求在广东、广西二省设炉铸造钱币，给事中钱晋锡、御史王君上疏弹劾吴兴祚虚报冒充铸造的钱币，朝廷将他议罪，命他以副都统的身份留用。康熙三十五年（1696年），康熙帝亲征噶尔丹，吴兴祚因功恢复原官职。西征回京之后，吴兴祚在康熙三十六年（1697 年）去世。

吴兴祚初任无锡知县时，县田久不清丈，粮飞隐匿，他采用由票就号丈田，因田绘图给田主，为永久业产。令粮长（征收解运田粮的半官职人员）公买旧有人官田千余亩，作为官府雇募劳役者的费用，从而免除平民被迫轮流从事无偿劳役之苦。

吴兴祚在任无锡知县 12 年间，曾先后六次亲赴芙蓉湖圩区察看灾情。每次必深入湖心视察，召集父老，倾听圩民生活艰苦的状况。得知芙蓉圩内水旱不均，十年九荒，一线长堤，孤危难守，欲保安全，工费浩繁，一时难措，圩民洊饥。

清康熙九年（1670 年）夏大水，芙蓉东西两湖数处决堤，吴兴祚捐助俸米，“赈灾米三千三百六十石，并劝各田主每亩出救济米三升”，分发给各佃户，并详情申报赈济，饥民得救。翌年，二月二十六日至四月十五日，每日组织堤工 3563 名挑筑堤岸。增筑圩内纵横挡水岸，使“高水不入于中，中水不入于下，下水下入于低”，创高低分开之举，全圩受益。筑芙蓉东湖（章渎河）东西两坝，东坝设涵洞通水，内灌各圩。洪涝期间，东西两坝各半设水车将水车入外河。

他考虑到日后堤工生活艰苦，请免圩图各项差役，并编设圩长 36 名，岸甲 108 名，立规管理圩区，催督培修圩堤。规定凡是充当圩图的治水工作的人，专门负责堤工，并优免杂徭役，专值岁修圩岸。

吴兴祚将六次探视治湖水利之状辑成《治湖录》（又名《探湖录》）一卷。清康熙十四年（1675 年）尺木堂刊刻。康熙五十九年（1720 年）无锡知县张璨作序。民国 13 年（1924 年）木活字本刊印。《治湖录》详细记述了芙蓉湖（杨家圩和芙蓉圩）的水情及治理过程。

清康熙十四年（1675 年）四月，吴兴祚离任无锡知县后，杨家圩圩民为了纪念吴公治理圩区的功绩，在卫泾卫巷靠近锡澄运河河堤处建造了三间半的吴公祠。

中华人民共和国成立后，北圩大队把吴公祠作为生产用房。20 世纪 60 年代，北圩在此办起淀粉厂。70 年代中期起，在吴公祠建起北圩粮饲加工厂。2015 年冬至 2016 年春，锡澄运河由五级航道拓宽为三级航道，吴公祠被拆除。

观音堂

石幢观音堂坐落在石东村北侧，坐北朝南，东倚锡澄运河。它始建于明朝末期，三间两造，占地面积194.4平方米，建筑面积151.2平方米。整个建筑都为砖木结构。堂中间为两扇大墙门，进门就是三间通畅的观音大殿，送子观音屹立在大殿中央，殿东侧排列着十八个罗汉，殿西侧挺立着“四大金刚”。走进观音大殿是一个宽大的花园，在园东侧种植着一棵偌大的梧桐树，树干足有三人合抱之粗。园北面是三间平房，为看守人等人的住宿和厨房。

石幢观音堂初建时，曾蜚声四乡八村，因大殿内摆放的是一个粉色的送子观音，乡民们少见多怪，都十分尊爱。而在那个年代里，家里生了男孩都想着望子成龙，期盼长大后有一个好出息，能发家致富，所以大多数人家生了男孩后认观音娘娘为义母，领着孩子在观音菩萨面前跪地认从。特别是每年农历二月十九观音生日时，都会齐聚在观音堂内焚香点烛，在供台上摆上供品，然后跪地祈祷观音娘娘平安，观音堂内整天热闹非凡。

中华人民共和国成立后，不断开展破旧立新的宣传活动，迷信观念逐渐淡薄，烧香拜佛也日渐减少。1958年，观音菩萨等全被清除。1960年，观音堂被生产队改造为仓库和养蚕所用。1966年，生产大队在这里先后办了回纺厂、五金厂，观音殿成了车间。直至1980年，观音堂的建筑被拆除，成了一片废墟。

德庆庵

德庆庵位于石幢河亭上村北端。东侧百米是锡澄运河，南是宽阔的村道，过村道便是条条村巷。庵西是无垠的田野，而北面却是亩大的河塘，此河是建庵时需用土被开挖出来的，河水清澈，后成为庵内和村民的生活用水水源地。

德庆庵历史悠久，据前辈相传，它始建于明清时期。坐北朝南，踏进庵门是偌大通间的佛殿。殿的上方并排着道光、咸丰、光绪年号的匾额。靠门口是弥勒佛菩萨，背后是韦驮菩萨。左厢房是武关公，右厢房是李纯阳药师。过佛殿是宽敞的天井，天井内种有一棵大白果树，已有百年历史。树干有抱之粗，树冠茂盛，每年结白果许多。到时村民们都提着篮子前来采摘，有的拿着竹竿不停地敲打果实，特别是一群小孩，在地上你抢我夺，乱成一团。

过天井是庵的大殿，中间坐着三世菩萨，右边是文关公，左边是三官菩萨。大殿东西两侧按顺序排列着十八罗汉塑像。大殿东是观音殿，伫立着一尊观音菩萨。德庆庵在周围四村八乡都有名声，平时佛事多多，特别是每年二月、六月、九月十九观音菩萨生日，村民们都提前十天半月忙着筹备。从十八日就有香客前来进香拜佛。十九日清早，香客、佛陀们纷纷带着香烛、佛珠前来，依次排坐在大殿内，念起佛词。民国时期，老尼姑孙昌宝坐在佛台上，嘴里念着佛语，手拿木柱不停地、有节奏地敲着盆大木鱼，小尼姑孙龙义立在一旁，低着头，口里不停地念叨，手里拿着佛珠不停地拨动着。整个大殿内香火缭绕，佛声琅琅，佛民祈祷着太平安康。这一天，凡是进庵烧香念佛者，或敬香者，不管老幼，中午都享受素面一碗。除白天烧香祭拜外，晚上还请艺人唱戏。看戏的人从四面八方赶来，戏坊内外一片热闹。

德庆庵佛事活动的用餐费用，都由高家尖大小四房高氏族人轮流分担。他们为佛事慷慨解囊的精神，受到了广大佛民的赞许。

中华人民共和国成立后，佛事逐年减少。直至“文化大革命”时期，德庆庵遭到破坏，庵内的所有菩萨被陆续清除，佛殿也被拆除。从此，德庆庵成了乡民们的记忆。

第四节　施药局

施药局，是施舍药物的地方，在农村的历史上是很罕见的，但北圩村却有一个，它坐落在卫巷旁，始办于 1946 年春天。

局主田夏林是田巷上人，是一个工商人士，长期在上海经商，开办了一家“花行”。由于经商有方，成了富豪。但他富了始终不忘家乡父老乡亲，逢年过节都会回乡祭祖，探望亲朋好友。有一年回家后，看到村上缺医少药，村民们苦不堪言，心里十分内疚，萌生了“搞个药房，解决村民们生病求药难题”的想法，得到了相邻朋友的赞同和支持。当时，在卫巷上有三间庵房，因年久失修屋面瓦房破碎、墙体脱落，田夏林得知以后立即实地察看，决定将此庙修建翻新。说干就干，经过 20 多天施工，三间庙屋焕然一新。接着又请人四处打听，从外乡请来了王姓医生。这时，本村青年朱兴根聪明能干，对医学很感兴趣，正想找个学医的行业。田夏林得知后，聘请他为财务管家，一边学医，一边管理财务。人员定下后，随即委托王医生等人到无锡采购中西药材和药柜、台桌等家具用品，一切俱备，定名为“施药局”，并在门口挂了一块牌子。1946年农历二月初，施药局正式开业。村民们欢欣鼓舞，纷纷登门参观，赞赏有加。

施药局初期主要诊断常见病，如伤风、咳嗽、头痛发热和腹泻等疾病。施药对象以本村百姓为主。时过三月，施药免费的消息传遍四乡八村，邻乡邻村的患病者陆续前来。田夏林见此高兴地作出决定：“只要乡民前来看病，一律免费施药。”诺言一出，连渔民、运河上来往的船民也闻讯上门问诊求药。有一年秋末的一天下午，来了一只木船，他们从无锡回兴化，6岁的儿子突然发病，闻讯这里有医生就靠岸，上门恳求治疗。王医生一复脉，发现孩子高烧十分严重，立即采用中西药联合诊治，连续治疗5天，小孩的高烧退了下来，夫妻俩跪在施药局门前千拜万谢。

凡是来就医求药者，不管本村村民和外来人员或渔民船民，都进行登记，每年被施药医治者达到500多人次。施药局成了名副其实的医院门诊所。除施药惠民外，田夏林还出资购买了50多套棉衣棉裤和30多条棉被，施舍给贫困家庭。

中华人民共和国成立以后，人民的生活水平不断提高，农村的医疗卫生条件也得到了改善。1954年，施药局停办。1960年，前洲供销社在此开办了下伸杂货店。施药局成了人们心中的记忆。田夏林的美德得到了人们的钦佩和敬仰，他的公益善举精神永远铭记在人们的心中。

2015年冬到2016年春，锡澄运河由五级航道拓宽为三级航道，施药局被拆除。

施药局旧址　（2015年摄）

第十七章　附　记

第一节　文　选

在北幢村一千多年的发展中，生活留给我们很多记忆。这里收录的文章，记述了本地区特有的生活、生产风貌，尽管有些作者不是北幢人，他们也生活在前洲，且离北幢不远，他们和北幢人经历的农村生活是一模一样的。

漫谈无锡芙蓉湖的前生今世

佚　名

神州大地的大好河山常因文人墨客的诗词歌赋的描写而令人神往。正所谓寒暑相易、沧海桑田，一些山河虽随着历史变迁流逝、消失，但曾经有过的文化印记却依然空谷回响而历久弥新。北京的太平湖没了，但老舍的故事却口口相传；无锡的芙蓉湖没了，但《全唐诗》中李绅的《却望无锡芙蓉湖》却被人吟唱。颂其诗，读其文，欲访其地可乎？不幸湮没的山川湖泊的具体方位则成了悬而难决的问题。以盛产芙藕、盛开芙蓉的芙蓉湖亦不例外。

史载长江三角洲境内的芙蓉湖，常州境内有，无锡境内也有。按照清朝无锡籍历史地理学家顾祖禹的考证，常州的芙蓉湖在常州府以东五十五里。常州的芙蓉湖在芳茂山南，那么无锡的芙蓉湖又在何处呢？顾祖禹先生认为，无锡的芙蓉湖在无锡县西北十五里，即上湖。此湖流浩衍，北接江阴，南连武进。其后湮没。今（清初）自城以北，运道所经。亦曰芙蓉湖。也就是说在清初时，连接常州的运河无锡北称之为芙蓉湖。他援引《宋会要》记载说：元祐时是堰芙蓉湖为田，绍圣中时转运副使毛渐复奏导芙蓉湖入江。今（清初）县西北十里运河北出者曰高桥堰，旧名五泄堰，亦曰五泄河，即芙蓉河下流也。自高桥而北四十里接武进、江阴界曰雉尾口，又北四十七里至申浦上口入江，潮汐所至，胜数百斛舟。

从现存的史料看，最晚在宋朝时，芙蓉湖还是绵延常州、无锡两地的湖泊。此即宋朝乐史在《太平寰宇记》中所说：“上湖，一名射贵湖、芙蓉湖，一谓之无锡湖，在晋陵（今常州）、江阴、无锡三县界。东去（常）州五十九里。东南流为五泄水。《南徐记》云：无锡县水清。《越绝书》云：无锡湖通长洲（今苏州吴县境），多鱼而甚清。”在清朝时候，常州的芙蓉湖部分尚存，然无锡的芙蓉湖基本已经成为陆地。那么湮没的无锡的芙蓉湖又位在何处呢？

按照《越绝书》的说法，“无锡湖，周万五千顷，其一千三顷，毗陵上湖也，去县五十里，一名射贵湖。”这个无锡湖即芙蓉湖。据说芙蓉湖与太湖南北相对，面积 14000 顷。其中 1003 公顷为毗陵（常州）上湖。唐陆羽《惠山寺记》称该湖“南控长洲，东洞江阴，北掩晋陵”。旧县志载：“无锡故水区也，芙蓉号巨浸。”芙蓉湖水清浅，多产芙藕，故以芙蓉为湖名。

一个万顷的芙蓉湖是什么时候从陆地消失，变成良田的呢？史载，东晋元帝时，晋陵内史张闿曾泄芙蓉湖水，入五泻河，注太湖。五泻河又名五泻水，即今天惠山区西漳白荡圩一带。张闿想治芙蓉湖为圩田，可惜没有成功。到了南朝宋元嘉年间，在五牧之南和安阳山（今惠山区阳山境）之北筑阳湖堰，得良田数百顷，疏治芙蓉湖初次获得成功。北宋元祐年间，又筑莲蓉闸，并在芙蓉湖筑堰泄水为田。绍圣时，转运副使毛渐开莲蓉河引水入长江。至明宣德年间，江南巡抚周忱上筑溧阳东坝，下开江阴黄田港，以泄湖水，又在芙蓉湖西部筑堤修成芙蓉圩，有圩田 10.8 万亩，合平田 7 万余亩。另筑杨家圩。自此后，芙蓉湖开始大为缩小，明弘治《无锡县志》载：湖“东西亦五、六十里”，面积约为 100 平方公里。但芙蓉湖水势仍延至北塘。至清代，芙蓉湖又缩小成仅 20 多平方公里的小湖圩。

由上述史料可证，芙蓉湖大约从宋朝始至明朝晚些时候，因东海水位下降陆地上升，加之围堰造田，芙蓉湖遂逐渐从陆地变小，彼时的湖面已成良田。无锡境内的芙蓉湖，根据顾祖禹先生在《读史方舆纪要》确立的地理位置推断，距无锡西北十五里处，大约在今天的玉祁、前洲带。南宋乾道六年，常州守臣请填筑五泻闸及修闸里堤岸，仍于闸内郭渎港口舜郎庙侧水聚处，筑捺硬坝，以防走泄，委无锡令主掌，非水盛时，不许开闸通放客舟。盖是时以运河浅淤，切于堤防也。今高桥为武进、江阴之要道，有巡司戍守。据今时无锡地名学者郁有满考证，今乡人常称芙蓉圩为西湖（玉祁一带），杨家圩为东湖（前洲一带），两地原址都属芙蓉湖境内。前洲原为芙蓉湖中的一块洲地，随着芙蓉湖围成圩田后，人口渐多，至清代后期形成现时东西长 1.5 公里的街镇，遂称前洲。

古往今来的锡澄运河

锡澄运河原名江阴运河，古称五泻水、运粮河、经河，自古以来便是骨干河道之一，东有横向支流东横河、应天河、冯泾河、青祝河等，贯通白屈港、张家港、长寿河、祝塘河等，并与张家港、常熟等市县连接；西有西横河、黄昌河、环山河等沟通澄西诸港并与武进县诸河相接。北起长江，南连太湖，跨江阴、无锡二市，与江南运河相交于无锡市区，是无锡运河连接长江的主要通道。全长 37.5 公里，无锡市区范围航道，自皋桥口至 151 号铁路桥，长 0.44 公里；市区外航道，自 151 号铁路桥至泗河口，长 13 公里；江阴航道，自泗河口至黄田港，长 23.57 公里。

一、古代的疏浚

锡澄运河在北宋皇祐年间（1049－1054 年）由江阴知军葛闳集粟 2 万斛，进行疏浚。江阴南门外应天河以北至港口段称黄田港。黄田港为锡澄运河的入江咽喉，潮汐涨落，水流涌急。北宋大观四年（1110 年）距港口一里许建闸，以拦蓄江潮，取名黄田闸。明宣德年间，周忱围垦芙蓉湖，重建黄田港、蔡泾河水闸，锡澄运河正式形成。明天顺年间（1457－1464 年），常州西北吕城堰坍塌，镇武段运河阻断，漕船改锡澄运河出江驶往瓜洲，成为贯通大江南北的漕运要道。明《嘉靖县志》记有：“夏港、黄田二港相距九里，各自入江。昔人于九里之间凿渠以通舟楫。遂以九里名河。”河床多弯而窄，两岸积土如山，壁立数丈、舟行其中，如临三峡，人称九里十三弯。南闸向南经月城、青阳等市镇至泗河口进入无锡县境，过石幢入白荡圩，穿皋桥(现为新桥)与京杭大运河相接。清雍正十二年（1734 年）改“黄田闸”为“定波闸”。清末漕运废止，江南运河镇武段日趋淤塞，锡澄运河遂成为江南运河通江的要道。运粮漕河江水混浊，泥沙沉积，河床易淤浅，历代封建王朝均重视此河的疏通。有史记载的自宋代以来已疏浚四十多次，明代十七次，清代十八次，明清两代平均每隔十五年疏浚一次，民国时期疏浚多次。

二、新中国成立前的疏浚

民国 4 年（1915 年）1 月，江阴知县谢崇礼浚运河，自南门外磨盘墩北大坝起，至小青阳南大坝止，工长五千六百余丈，自上年阳历 12 月 25 日断坝，越十余日，河水干，淮侠数千，全数下宕，1 月而工成。于 3 月 31 日开坝，河身面宽 5 丈，底宽 2 丈，挑土方 7.64 万余方。

民国 15 年（1926 年）1 月，江阴县知事王家锦浚运河，自南门磨盘墩起，至青阳南新桥止。南北二坝间工长 5100 余丈，于 2 月 2 日动工，4 月 2 日工竣，4 月 7 日开坝。挑土方 1.32 万余方，耗银 7.7 万元。

民国 23 年（1934 年），夏季大旱，河床淤高，江潮受阻，灌溉失水，船只困损。时江苏省政府趁疏浚镇武运河之便，责成浚河工赈处设段以工代赈，按原河身挑浚，自民国 24 年 2 月下旬动工，至 4 月底竣工，实浚土方 67 万平方米。由于经费限制，工期短促，以致青阳以南河道未及疏治，河道的弯曲亦未能改善。

抗日战争时期，黄田港、锡澄运河在日军严密封锁控制下，河道失修，水运不兴。无锡解放前，锡澄运河最后一次疏浚是在民国 35 年（1946 年）。至民国 37 年 5 月，黄田港定波闸东堤坍塌，沿堤道路龟裂，房屋倾斜，河道浅狭，行船过闸更为艰险。直至新中国成立后的多次全面整治，古老的锡澄运河才旧貌变新颜。

三、新中国成立后的整治

新中国成立后，苏南行署水利局于 1951 年进行规划勘测并制定拓浚锡澄运河和筹建黄田港船闸的计划。根据中央和华东军政委员会指示：以枯水深 2.5 米、通航 300 吨船只双线航行为原则进行设计，确定河底宽 16 米，河底高负－0.25 米，分期择要施工。

1952 年又经华东军政委员会报中央批准，拨款 230 万元，用于黄田港改善工程，包括疏浚黄田港旧航道 1218.5 米，裁直南门及青阳茶庵嘴两处弯道，在澄江镇西开辟顺直通江的新航道，新建 1 座江阴船闸，开辟南北待船港各长 135

米，底宽 40 米，工程于 1952 年 2 月 24 日开工，至 1953 年 9 月基本结束，共疏浚航道 5424 米。

1956 年 3 月 30 日，成立江苏省苏州专区锡澄运河疏浚工程指挥部，全线按 6 级航道标准开挖，原流经青阳、月城、南闸 3 个镇内的河道改线由青阳镇西、月城镇东、南闸镇西通过，并于同年 5 月 24 日正式开坝通航。

1975 年 2 月至 1979 年底，江阴境内西门段和南闸段两岸修筑直立式驳岸保护河道。建成驳岸 4774.9 米，疏浚航道土方共 185987 立方米，使西门段航道河底拓宽为 40 米，水深达 3 米左右。

1981 年冬至 1982 年底，人工开挖锡澄运河中段，即开挖江阴西郊三板桥至泗河口的 18.9 公里航道，新建公路桥 3 座、机耕桥 3 座、人行桥 1 座，新建驳岸 4.6 公里。1984 年始，重点拓宽整治江阴县西门至黄田港段航道 1.3 公里，改建西门桥、浮桥、通运桥等桥梁 3 座，修建驳岸。1983 年，江苏省交通厅、水利厅共拨款 770 万元，在疏浚、折宽锡澄运河江阴段(三板桥至泗河口)的同时建造“江阴二线船闸工程”（即复线工程）。复线工程于 1984 年底动工，全部工程于 1988 年 6 月完成。

锡澄运河无锡段沿线为石塘湾、西漳、前洲、堰桥及无锡市黄巷 5 镇圩区。经多年风浪冲刷和船只碰撞，圩堤驳岸损坏严重，岸线多处缺损、滑坡，危及航运及圩区安全。1999 年末，市政府对锡山段皋桥至泗河口 12.8 公里河段按五级航道标准进行改造。航道疏浚加宽、切角和锚地挖土 45.5 万立方米，新建石驳护岸 4.09 公里，土工模袋混凝土护坡 10.86 公里，修理石驳岸 5.99 公里，护岸岸顶高程均为 5.5 米，投入劳力 1000 余人，大中型设备 45 台，作业船 32 艘，于 2000 年 4 月底完工。

四、新时代的锡澄运河

锡澄运河作为江苏省最重要的干线航道之一，此前因航道等级低、护岸破损严重，限制了锡澄运河和城市的发展。2012 年，江阴启动历史上投资量最大、涉及范围最广、建设内容最多的水运工程——锡澄运河航道整治工程。整个工程涵盖在江阴境内约 25 公里的航道及新建桥梁 17 座，沿线经过青阳、月城、南闸和夏港，于夏港河长江入口新建船闸，现已全部完工。

锡澄运河航道整治江阴北段起自新夏港河璜观桥，终至新夏港河船闸上游引航道，全长 5.856 公里。该项目总投资约 8.4 亿元，环保投资约 675 万元，占工程总投资的0.8%。锡澄运河航道整治江阴南段起自锡澄运河江阴、惠山交界处，终至锡澄运河江阴南闸镇璜观2号桥桥位处。全长17.866公里。主要建设内容包括航道整治及配套附属工程，新建护岸约33654米，桥梁工程9座，该项目总投资约9.78亿元，环保投资约3454万元。

此外，江阴市着力打造的锡澄运河公园样板段西岸已正式开放，二期南段的建设工作也已启动。东岸工程正在进行土建与园建基础开挖，已经完成总体进度的25%。预计到2022年，全面建成的锡澄运河公园将与滨江公园一起，最大限度地将绿地空间与城市空间融为一体，从原有的航道运输、码头堆场拓展到“开卷历史、旅游休闲、景观生态、社区文化”等综合功能，锡澄运河也将在江阴新一轮城乡建设中焕发出勃勃生机，成为名副其实的文化长廊、活力走廊和生态水廊。

（摘自《水韵无锡》，原标题：《古往今来的锡澄运河》）

横贯南北的是锡澄运河，紧挨着运河西岸的村落是北幢村　（2015年1月摄）

“天鹅潭”的变迁

三万六千杨家圩是众所周知的低洼圩区，十年九荒，圩民生活十分贫苦。在明朝时期引起了皇廷的高度重视，曾派官吏亲临圩区督导治水事务。筑堤防水，建闸挡水，圩区的灾情逐年减轻。“天鹅潭”却面貌依旧，因是低洼圩区中的低洼地。它坐落在杨家圩北端，马路上附近，隶属北圩村，面积有 70 多亩，呈圆形，又称“洛锡潭”。由于地势低洼，潭内常年积水，最深处有 3 米多。这里杂草丛生，蒿草、芦苇成片，芦苇内黄雀、野鸭成群。每年秋天，雁群飞往此地都会下来栖息、觅食，或筑巢繁衍生息。因此，这片洼地被叫作“天鹅潭”。

在抗日战争时期，这里成为圩民的避难地。1941 年秋天，一队日军来到杨家圩“扫荡清乡”。圩民们闻讯后，纷纷躲进“天鹅潭”，茂盛的芦苇正好成了避难的屏障，而日军追至潭边，因地形不熟，又怕不测，提心吊胆，不敢进入潭内，圩民们侥幸地逃过了一劫。

中华人民共和国成立前，“天鹅潭”成了圩民们搞副业的“活宝”地。每年农历四五月份，端午节前后，又是芦苇疯长的时期。芦叶又长又宽，村民们成群结队来到“天鹅潭”摘芦叶。 有人摘多了，就拿到街上卖，也是一笔好的收入；大多人领回去包粽子，清香扑鼻。秋末，芦苇枯萎，村民们都到潭内用镰刀收割芦苇，挑到家里，将芦花摘下，编扎芦花靴筒，穿在脚上既舒服又暖和。又粗又长的芦苇用草绳扎成链子，叫作芦编，做床垫或盖屋所用。有的将芦苇扎成拦鸡的篱笆，围在菜地的周围，确保叶菜不受啄噬。会捕鱼的圩民，拿着渔网到潭内捕鱼捉虾，捕多了就拿到街上出卖，增加家庭收入。

中华人民共和国成立后，农民组织起来，成立了合作社、人民公社。20 世纪 60 年代中期，大队决定开垦“天鹅潭”。干部群众齐上阵，奋战了两个冬春，在潭内开沟筑渠，低洼处开挖鱼池，高一点的田种植桑树、桃树。开垦结束后，大队成立了副业队，所有鱼池、桑田都归副业队管理，天鹅潭成了副业基地。1970 年春天，无锡县政府在“天鹅潭”召开了万人动员大会，号召各乡镇、大队大搞农田水利建设。按照大会精神，前洲公社制定了农田水利建设大规划。“天鹅潭”列入规划之中，统一开挖河道、整田平地，面貌焕然一新，成了平整、格子化的水稻田块，一年稻麦两熟。因潭泥土壤肥沃，稻麦长势十分旺盛，粮食产量略高于其他田块。从此，“天鹅潭”变成了“米粮仓”。

石幢大桥变迁记

王鹤松

锡澄运河连通着长江与京杭大运河与太湖，是重要的水利枢纽。石幢大桥曾是锡澄运河上的第一座大桥，随着时代的变迁、经济的发展，石幢大桥在中华人民共和国成立后经历了五次拆建，可谓是运河桥梁史上的奇迹。

第一座桥于清康熙年间（1662—1722年）由杨绍雍建，取名“龙寿桥”（百姓俗称石幢大桥）。嘉庆六年（1801年）重建，改称“仁寿桥”，是一座环洞石桥，东西坐向，步行阶东西面各34级，宽约8米。1956年，因锡澄运河拓宽，加上桥洞狭窄，阻碍河水流量，影响防汛抗洪和船只航行，故被拆除。

第二座桥于1956年6月在原石桥北百余米处，新建木桥桩三孔桥，横跨运河，宽约3米，多年后因松木材质，桥桩被行船碰擦和水泡，桩木烂糟，桥面裂缝，桥身晃动，经桥梁部门鉴定后，认定危桥，决定拆除重建。

第三座桥于1964年在原木桥处，改建三孔水泥墩桥。10多年后，因水泥桩单调，河船往来增多，船与桩经常碰撞，致使桥桩不时受伤，桥身颤动，十分危险，向上级反映后，同意拆除再建。

第四座桥于1978年重建。桥身坐落原石桥处。按照县桥梁工程处设计为水泥双曲拱桥。由于桥面过矮，与水面距离相对偏低，特别是运河船只吨位加大，空船艄棚经常碰擦，又不宜农业机械过往，再次决定拆除。

第五座桥于2000年在原桥南百余米处，重建钢筋水泥桥梁机耕桥。方便了农机行驶，但随着经济的大力发展，车辆的快速增多，桥面狭窄已不适应时代的发展。

第六座桥于2017年在市、区道路建设大规划之下，惠山区新建北惠路，此公路穿越石幢河亭上，横跨锡澄运河，经实地勘察和设计，新建了六车道石幢大桥。

神州明星——无锡县前洲镇

前洲镇地处秀丽的太湖之滨。全镇4.1万人口，总面积36.6平方公里，有21个行政村，1个居委会，耕田2.8万亩，劳力2.2万个。目前，全镇有企业280家，拥有固定资产4亿元，自有流动资金1.8亿元，职工2万余人，有纺织、机械、冶金、轻工、化工、建材等行业500多个品种。1991年，全镇企业完成产值14.72亿元，实现销售收入13.01亿元，名列全国乡镇榜首。1992年1—7月，完成产值14亿元，同比增长76%；外贸收购额1.35亿元，同比增长96%。

十多年来，我镇坚持走以集体经济为主，乡镇企业为主，商品经济为主，共同富裕的道路。1983年，我镇成为全国首批亿元乡之一，继而多年工农业总产值名列全国乡镇第一，被赞誉为“中国第一乡”。我镇被授予市级以上荣誉称号达60多次，其中，国务院嘉奖令1次，部、省级嘉奖和表彰19次。1989年，中组部授予镇党委“全国先进基层党组织”称号。1990年，被评为“中国最佳乡镇”和“全国出口创汇先进乡镇”。党和国家领导人曾多次到镇视察，勉励前洲镇“发展乡镇工业，繁荣农村经济”，进一步向新的高峰攀登。

今年以来，我镇以邓小平南方谈话为指针，进一步解放思想，加快投入，加强科技进步，并制定了人才引进的十条优惠政策，建造了招贤大楼，欢迎有真才实学的科技人员来我镇工作。我镇年内创办中外合资企业20家，总计达25家，引进外资1500万美元，引进设备1200万美元，力争产值突破20亿元，销售收入18亿元，外贸收购额突破3亿元，并有6个村和7家企业产值或销售额超亿元，使全镇的经济总量再上一个新台阶。

亿元村、亿元企业

北圩村　下辖前轧钢联营厂、往复泵厂、石油化工机械厂、汽车修配厂、锡安印刷厂等10多家企业，拥有固定资产2500万元，自有流动资金1000万元。主要产品有建筑螺纹钢、角铁、高压往复泵、清洗机、不锈钢焊条、钢塑网，以及彩印、汽车修理等。与上海第三钢铁厂合资联营的三前轧钢厂，生产的圆钢、螺纹钢、角铁、合金钢等28个品种，远销泰国、中国香港等东南亚国家和地区。3D系列高压往复泵、CM系列高压清洗机和3DZ系列增压注水泵通过省级鉴定，填补国内空白，并出口阿尔巴尼亚等国家。今年产值将超1亿元，销售9000万元，外贸收购额2000万元。

（摘自《人民日报》1992年8月18日第四版）

江苏名村——北圩村

高敏明

北圩村在前洲镇的东部，东邻锡澄大运河。锡玉公路横穿境内，正在建设中的沪宁高速公路在村中斜插而过。村内地势平坦，河道纵横。主要物产有大米、小麦、淡水鱼。全村总面积 2.4 平方公里，耕地面积 2024 亩，人口 2430 人，人均土地 0.8 亩。1992 年，工农业总产值达 1.1516 亿元，其中工业产值 1.118 亿元。上缴国税款 100 余万元，完成国家商品粮任务 41 万公斤，人均年收入 2017 元，劳均年收入 3517 元。北圩村是镶嵌在锡澄河畔的一颗明珠。

圩田今貌

北圩村位于杨家圩北端，系古芙蓉湖的东湖，宋开始有人在此筑堤围垦，至明宣德年间，工部侍郎周忱在江南兴修水利，将东湖全部围成圩田，即杨家圩。其中最低洼的“天鹅潭”就在该村。新中国成立前虽是水乡，实多水患。现在还流传着“杨家圩种田真苦头，大水一来没两头，……穷人一年苦到头”的“百头”歌谣。沧海桑田，新中国成立后，北圩人民依靠集体经济的力量，挖渠开河，平整土地，从 1970 年以来填平老河 20 条，新开河道 12000 米，筑石驳岸 2500 米，建大型排涝站 3 座、小型灌溉站 11 座，修建地下渠道 8000 米，共完成土石约 50 万方。近十年，村用于建农、补农资金 300 余万元，现拥有大型联合收割机 5 台，中型拖拉机 6 台、远射程喷雾机 8 台，并有机耕、植保两支专业队伍，为农服务周到负责。昔日芦苇丛生、野鸭成群的“天鹅潭”，今天已成为稻麦旱涝保丰收的米粮川。粮食亩产由 20 世纪 70 年代的 500 多公斤提高到 750 公斤左右。1992 年，全村粮食总产量达 755000 公斤。

铁首巨龙

1978 年以来，北圩村坚持走发展经济，狠抓工业的道路。现在村里有中外合资的无锡佳前冶金钢铁有限公司三前钢厂、往复泵厂、汽车修理厂、锡安印刷厂、农机厂等企业。这些工厂是一条发展北圩村经济的巨龙，三前钢厂则是巨龙的钢铁龙首，带动其他各厂。该厂东面紧靠锡澄运河，南接锡玉公路，水陆交通便利。厂区面积 2.5 万平方米，现有固定资产 2000 多万元，主要生产设备有 300 轧机二组，250 轧机一组。1992 年产各种钢材 3.5 万吨，年产值达 1.018

亿元。主要产品有10～25圆钢、螺纹钢、2.5～5#角钢系列。该厂有高级工程师2人、工程师1人、助理工程师2人、各类技师5人。种种理化检测手段完善，利用上海第三钢铁厂软技术指导生产和质量管理，先后通过二级基础管理和三级计量验收。10～25螺纹钢钢筋混凝土变形钢筋通过冶金部验收获《技术质量合格证书》，并在香港进行产品注册，商标为“晨顺”牌。现产品远销全国各地，出口韩国、马来西亚、泰国以及中国香港等东南亚国家和地区。1992年创汇2000多万元。

往复泵厂以两台皮带车床起家，经过全厂干部职工的艰苦创业，规模逐渐扩大，产品不断创新。现有厂房8700平方米，各类车床26台，固定资产265万元，1992年总产值达600万元。生产的高压泵、清洗机广泛用于油田、化工、煤矿、制糖、造纸、发电等行业。去年试制成功的油田增压注水泵3DZY-5-10/15-30系列泵，解决了中原油田和南阳油田的急需，深受用户欢迎。

村党支部书记、三前钢厂厂长吴兴苟以三前钢厂为依托，发挥冶金行业的优势，投资1500万元建造钢管厂；为确保该村的电力正常使用，投资400～500万元建3.5万伏变电所一座；另外，上海冶金设备总厂前洲分厂、无锡佳圩高压泵有限公司、同德国合资建办的无锡金化生物工程有限公司等新企业正在筹建或准备投产。

造福于民

集体经济发展了，北圩村委一班人，首先想到办好教育事业。1990年投资150余万元新建了北圩小学。新校舍占地1万平方米，建筑面积2000平方米，建有250米的环形跑道和田径运动场。教学大楼为宾馆式造型，铝合金窗户，水磨石地面，校园内点缀假山、曲桥，荷花池四周花木掩映，四季飘香。学校教学设施齐全，固定资产6万元。为了鼓励老师在北圩安心任教，学生勤学上进，村委每年拨款2.4万元，按照“教师工作条例”和“奖学金条例”奖给师生，极大地提高了广大师生善教乐学的积极性。国家教委李仲汉司长两次来校视察并题词：教书育人无上光荣。该校校牌由国家教委副主任何东昌所题。

北圩村为了提高全村群众的健康卫生水平，1987年投资50余万元建造自来水水塔，铺设自来水总管道3.5公里，使全村户户用上自来水。在村外工作的职工每人发给一只液化气包。全村已80%的人家用上了液化气。村里有乡村医生两名，其中一名是乡村医师级，方便了村民看病就医。村里老年人每人每年发给养老金200元。

村内主要交通干道平整，筑有黑色化路面的公路，并装上了路灯。村内安装程控直拨电话21门及100门的电话总机。

1992年村里投资20万元建造了封闭型灯光篮球场，丰富了群众的体育活动内容。村农民篮球队经常利用工余时间赛上一场，并已多次邀请国家、省、市队来村传授球艺，使该村的体育水平不断得到提高。

该村村民家家都住楼房，人均住房面积41平方米。随着生活的富裕，群众对住房的要求也越来越高，村里已规划建设两个“洋房”住宅小区，现已有50多户村民喜迁新居。

（摘自1993年版《江苏名村志》）

第二节　文件及村规民约

惠山区人民政府关于前洲镇行政村和社区居委会区划调整优化工作的批复

惠府复〔2009〕19号

无锡市惠山区人民政府关于同意前洲镇行政村和社区居委会区划调整优化工作的批复

前洲镇人民政府：

你镇《关于行政村和社区居委会区划调整优化工作的请示》（前政报〔2009〕22号）收悉。按照《中华人民共和国村民委员会组织法》《中华人民共和国城市居民委员会组织法》和《国务院地名管理条例》的有关规定，经研究，同意你镇行政村和社区居委会的区划作如下调整.

一、撤销南圩村村民委员会和中圩村村民委员会。合并设立新的村民委员会，其名称为杨家圩村村民委员会。办公地点设在原南圩村村民委员会所在地。

二、撤销北圩村村民委员会和石幢村村民委员会，合并设立新的村民委员会，其名称为北幢村村民委员会。办公地点设在原北圩村村民委员会所在地。

三、撤销前洲村村民委员会和前洲居民委员会，合并成立新的社区居民委员会，其名称为前洲社区居民委员会。办公地点设在原前洲居民委员会所在地。

四、撤销印桥村村民委员会和张明桥村村民委员会，合并设立新的村民委员会，名为新印桥村村民委员会。办公地点设在原印桥村村民委员会所在地。

以上区划调整及村（居）民委员会名称确定后，原南圩村、中圩村、北圩村、石幢村、前洲村、前洲居民委员会、印桥村、张明桥村等八个村（居）民委员会名称自行终止。新组成的村（居）民委员会应严格按照《村民委员会组织法》《居民委员会组织法》的要求，在规定时间内选举产生合并村（居）委班子。

特此批复。

无锡市惠山区人民政府

二〇〇九年十月二十一日

北幢村村规民约

一

提倡勤俭持家，反对铺张浪费；
提倡尊老爱幼，反对虐待遗弃；
提倡夫妻互爱，反对男尊女卑；
提倡勤劳致富，反对游手好闲；
提倡邻里互助，反对斤斤计较；
提倡清洁卫生，反对污浊肮脏；
提倡移风易俗，反对封建迷信；
提倡爱国爱村，反对损公肥私。

二

爱国家，爱集体，跟党走，人心齐。
守纪律，懂规矩，倡新风，树正气。
勤治家，好学习，不赌博，禁恶习。
爱公物，胜自己，公益事，积极做。
讲奉献，不贪利，孝长辈，讲伦理。
爱小辈，细教习，睦邻里，重情义。
宽他人，严自己，讲卫生，保健康。
执行好，都受益，共发展，齐努力。

三

村有规，民有约，遵纪守法重承诺。

村核心，思路清，团结群众方向明。

讲民主，不独断，集体资产大家管。

议事会，常研判，村委“两委”不独断。

为难事，开富路，少数服从大多数。

参与多，监督勤，公共财产放在心。

重乡贤，树榜样，热爱公益新风尚。

敬老人，爱子女，传统美德乐无边。

邻里间，多商量，莫拿小事做文章。

黄赌毒，要举报，打击教育引正道。

遏攀比，禁奢侈，陈规陋习要抵制。

垃圾多，该分类，环境需要大家保。

涉安全，无小事，生命至上记心间。

黑要扫，恶要除，村匪地痞要上箍。

驾了车，不喝酒，全靠自己把规守。

稳发展，创新路，致富路上勤耕耘。

扬正气，抑邪风，安定和谐一家亲。

本村规，人人守，共建美好地球村。

四

家庭和睦，邻里融洽，夫妻相敬，尊老爱幼。

以诚待人，互尊互让，扶贫济困，互帮互助。

抵制迷信，告别封建，抛陈习新，绿色健康。

反对陋习，信奉科学，红白喜事，节俭从简。

勿攀勿费，拒绝铺张，身体力行，告别啃老。

言行举止，文明礼貌，垃圾分类，卫生保洁。

安全用电，节约用水，防火防盗，定期排查。

矛盾纠纷，平和调处，维护稳定，禁黄赌毒。

民主管理，珍惜权利，选好干部，全村共富。

表彰先进，惩处违者，遵规守约，全村共鉴。

五

爱国爱家爱村巷，学法用法守法纪。
助残济贫献爱心，移风易俗不迷信。
公共部位保整洁，楼梯杂物不堆放。
邻里团结讲礼貌，敬老爱幼夫妻和。
文明公约共遵守，同心协力创文明。

村民文明行为规范

（一）热爱祖国，遵纪守法　（二）保持秩序，遵守礼仪
（三）维护村容，爱护公物　（四）保持生态，节约资源
（五）热心公益，互帮互助　（六）诚实守信，勤俭敬业
（七）尊老爱幼，互帮互助　（八）崇尚科学，移风易俗

文明家庭准则

爱国守法、尊德守礼、平等和谐、敬业诚信、
家教良好、家风淳朴、绿色节俭、热心公益。

《北幢村志》主要参考文献

［至正］《无锡志》，（元）王仁辅撰，《无锡文库》凤凰出版社 2011 年版。

［万历］《无锡县志》，（明）周邦杰修、秦梁等纂，同上。

［乾隆］《无锡县志》，（清）华希闵等纂，同上。

《无锡金匮县志》，（清）裴大中、倪咸生等修，秦缃业等纂，同上。

《治湖录》，（清）吴兴祚编，（民国）佚名续《续治湖录》，同上。

《杨家圩周文襄公祠考略》，（清）孙藩圻辑，同上。

《无锡县地名录》，无锡地名委员会编，内部资料，1985 年。

《江苏名村志》，江苏省地方志编纂委员会编，1993 年版。

《前洲镇志》，《前洲镇志》编纂委员会编，江苏人民出版社 2002 年版。

《无锡谢村志》，《无锡谢村志》编纂委员会编，凤凰出版社 2015 年版。

《新印桥志》，《新印桥志》编纂委员会编，凤凰出版社 2019 年版。

《惠山乡土》，惠山区政协学习文史和文教卫体委员会编，凤凰出版社 2022 年版。

北幢村部分宗氏家谱，见本志第 91～92 页。

后 记

改革开放以来，无锡前洲取得了跨越式的发展，因为经济建设的需要，北幢村落已拆迁消失，留住乡音、乡风、乡思，继承传统文化精华，挖掘历史智慧，厚植文化根基，成为我们这代人极其重要的工作。2020 年 3 月，村党总支、村委会决定编纂《北幢村志》，以期起到“存史、资政、教化”之功。

先是确立编纂宗旨，以马克思列宁主义、毛泽东思想、邓小平理论、“三个代表”重要思想、科学发展观、习近平新时代中国特色社会主义思想为指导，坚持辩证唯物主义和历史唯物主义的立场、观点和方法，存真求实，力求全面、客观、系统记述北幢村村落发展变化进程，反映小康社会建设进程，达到传承和抢救乡土历史文化、激发北幢人的爱国爱乡情怀、留住乡愁的目的。

在编纂过程中，本书得到了上级领导的热情指导，也得到了村老干部、老同志、广大村民及在外乡贤的大力支持和合作，使得村志的编纂工作顺利进行。值此志书出版之际，谨向关心和支持《北幢村志》编纂工作的各级领导、各界人士表示崇高敬意和感谢！

为了保证村志的质量，编纂人员做了大量的调查工作。其一是认真查阅县志、镇志，到市、区档案馆查阅资料；其二是查阅了本村的氏族宗谱，从宗谱中了解本村的兴衰演变；其三是多次召开村老党员、老干部、年老村民座谈会，深度挖掘口述资料及有关线索；其四是主动上门走访农户，查找祖辈们在生产、生活中应用的具有时代性的实物，并拍照录入村志；其五是及时与在外乡贤取得联系，求取他们的相关信息。

编纂人员在收集大量资料的基础上，本着实事求是对历史负责的精神，认真审核考证，去伪存真，字斟句酌，几易其稿，方成本志。在此，也向村志的所有编纂人员表示衷心感谢！

由于村志内容涉及面广，历史跨度大，又无前例，全靠编纂人员边摸索边编写，虽已竭尽全力，但难免有遗漏或疏忽。加上编写人员水平有限，经验不足，错误在所难免。敬请各位领导、有识之士和广大读者批评指正，纠讹匡正。

《北幢村志》编纂委员会

2023 年 5 月